在大学，遇到更好的自己

主编：梁敏捷　梁国初　梁丁丁

副主编（按姓氏笔画排序）：

伍灿明　李欣怡　陈　慧　秦　爽　覃钰梅

中国书籍出版社
China Book Press

图书在版编目（CIP）数据

在大学，遇到更好的自己 / 梁敏捷，梁国初，梁丁

丁主编 . -- 北京：中国书籍出版社，2022.7

ISBN 978-7-5068-9070-0

Ⅰ . ①在… Ⅱ . ①梁… ②梁… ③梁… Ⅲ . ①大学生

—入学教育 Ⅳ . ① G645.5

中国版本图书馆 CIP 数据核字（2022）第 110587 号

在大学，遇到更好的自己

梁敏捷　梁国初　梁丁丁　主编

责任编辑	李雯璐
装帧设计	李文文
责任印制	孙马飞　马　芝
出版发行	中国书籍出版社
地　　址	北京市丰台区三路居路 97 号（邮编：100073）
电　　话	（010）52257143（总编室）（010）52257140（发行部）
电子邮箱	eo@chinabp.com.cn
经　　销	全国新华书店
印　　刷	天津和萱印刷有限公司
开　　本	710 毫米 ×1000 毫米　1/ 16
字　　数	290 千字
印　　张	16
版　　次	2023 年 3 月第 1 版
印　　次	2023 年 3 月第 1 次印刷
书　　号	ISBN 978-7-5068-9070-0
定　　价	68.00 元

前　言

对每位大学生来说大学生活仿佛很漫长却在不经意间稍纵即逝，从手拿大学录取通知书兴致勃勃地汇集到向往已久的大学校园，到怀揣毕业证书意气风发地奔赴祖国的四面八方去建功立业，每位同学都经历了无数的曲折与坎坷。本书将对如何在大学遇到更好的自己进行介绍。

本书共十章。第一章是绪论，从第二章到第五章是思考篇。第二章是在社交中遇见更好的自己，主要内容有大学生社交概述、友情、爱情、师生情和大学生社交存在的问题及对策；第三章讲述的是在图书馆遇见更好的自己，包括大学图书馆概述、大学生阅读现状与特点、在图书馆培养阅读习惯、在图书馆提升阅读能力、在图书馆培养阅读情趣；第四章是在运动场遇见更好的自己，主要介绍了大学生身体素质与体育锻炼现状、大学生体育锻炼的重要性、大学生体育锻炼的原则与方法；第五章从三个方面介绍在心灵世界遇见更好的自己。第六和第七章属于探索篇。第六章是在舞台遇见更好的自己，主要内容有参加学术活动、参加社团活动、参加学科竞赛；第七章是在实践中遇见更好的自己，主要包括大学生实践概述、在社会实践中受教育长才干、在专业见习中阔视野长见识、在毕业实习中找距离攒经验等内容。成长篇是第四个篇章，包括了第八章到第十章的内容。第八章是在公益路上遇见更好的自己，包括大学生公益活动、参加公益体会奉献与幸福、参加公益提升修养与智慧；第九章是在创新路上遇见更好的自己，主要内容有大学生创新概述、培育创新思维、提升创新能力；第十章是在未来路上遇见更好的自己，主要讲述了制订学业规划，圆满完成大学学业和制订职业规划，实现人生价值。

本书是"玉见"辅导员工作室阶段性成果。其中，第一章、第三章、第五章由梁敏捷撰写，第二章由梁国初撰写，第四章由伍灿明撰写，第六章由李欣怡撰写，第七章由梁丁丁撰写，第八章由陈慧撰写，第九章由覃钰梅撰写，第十章由秦爽撰写。

在撰写本书的过程中，作者得到了许多专家学者的帮助和指导，参考了大量的学术文献，在此表示真诚的感谢。本书内容系统全面，论述条理清晰、深入浅出，但由于作者水平有限，书中难免会有疏漏之处，希望广大同行及时指正。

"玉见"辅导员工作室
2021 年 12 月

目 录

第一章 绪 论

刚进入大学校园的大学生对一切都很好奇，身边的老师、同学都是陌生的，新的校园、新的上课方式、新的学校生活都需要慢慢适应。如何快速、和谐地融入大学，是摆在每个新生面前的第一道难题。

一、大学生刚入学产生的问题

作为大学新生面临最大也是最多的问题便是各种"不适应"。新生们容易出现"不适应"的典型症状有如下几种：

（一）生活不适应

进入大学后，新生面临的第一个巨大变化就是生活环境的"不适应"。学生们来自天南地北，由于地域的差异，气候、饮食习惯，甚至各地方言都不相同，这些突然的变化会给新生带来很多的"不习惯"，甚至是"不舒服"。另外，由于学生们在大学之前几乎都依赖家长的悉心照料，基本不具备独立生活技能，进入大学面对相对独立的集体生活，面对生活环境和生活方式的巨大转变，他们会遇到很多困难，感到力不从心，容易产生孤独感，因而出现想家、思念亲人、怀念老同学等现象，并由此可能产生各种烦恼，出现焦虑、抑郁、敌对、低落的情绪，严重者会影响心理健康。

为了逃避生活上的不适应，一些学生表现出不良的生活习惯，诸如睡懒觉、逛街、打牌、熬夜、沉迷于网络等，大部分时间都浪费在消遣活动中，对学习逐渐失去了兴趣。时间长了，很多学生几乎淡忘了在大学里还能做点儿其他更有意义的事情。

（二）学习不适应

进入大学，新生会发现大学的学习和之前的学习完全不是一回事，出现学习上的"不适应"。

首先便是没有了学习目标。大学以前的学习目标是明确而具体的，考上一所理想的大学凝聚了所有高中学子的动力和希冀，然而进入大学后，大学生的未来由自己自主规划。另外，大学对学生的评价标准与之前的"高分万岁"截然不同，大学会关注学生的专长，提供个性化的舞台，注重培养学生的创新意识。在这里，学习是丰富多彩的。再者，教师的教学方式和学生的学习方法发生了变化。在高中，老师可能会用一节课或两节课的时间来讲解某一个定理或公式，但大学的老师一节课可能讲一章或几章的知识，知识量加大了，而授课时间却减少了。高中时，基本上是老师带领着学生去学习，但是大学里的学习方式在很大程度上是学生的自主学习。大学里，很多时间留给学生自己去支配，学校有自习室和图书馆，假如学生不把这些资源充分利用起来进行学习，完全靠上课时吸收的一点儿知识，不可能取得很好的成绩。

面对学习上的诸多不适应，很多学生不知所措，出现学习迷茫的问题。尤其对那些高中阶段的学习尖子来说，这种挫折可能会造成自信心的丧失，严重者会出现心理疾病。

（三）心理不适应

心理不适应是新生面临的又一困境。由于之前的认知中赋予大学太多的梦幻，导致现实大学与理想大学的冲突明显，另外，从一名中学生到一名大学生，是每个新生都面临着的角色转换以及自我重新定位。在这种角色转换的过程中，如果自身的行为不能随着角色的变化而变化，不能随着时间、环境的改变而进行相应的调整，就可能会出现角色的冲突，从而出现心理不适的症状。

多数新生在初、高中时是班上的佼佼者，备受老师的青睐、同学的羡慕和父母的"呵护"，这使他们产生了较强的优越感。而进入大学后，面对全新的生活，他们缺乏必要的心理准备与足够的心理承受力，特别是在人才济济的新环境中，自身具有的优势已不复存在。自我评价的误区和"中心"地位的失落，理想与现实的反差等各种因素，造成了他们心理上的不平衡，一些新生不同程度地出现了"心理障碍"：有的新生经常想家，怀旧情绪总是无法排解，生活中稍有不尽如人意的事情就会一蹶不振；有的新生失落感、失宠感强烈，一经挫折和轻微的打击就长时间处在焦虑、自责的心境之中不能自拔。

（四）人际关系不适应

大学新生来自四面八方，彼此性格不同、生活习惯不同，要他们马上融合在一起是很难做到的。另外，由于大学中师生之间除了教学上的接触以外，其他方面交流和互动明显较少，这种人际关系的悄然变化和新生渴望如同中学阶段那样与人交往、获得友谊的心理要求是不相适应的。再者，他们往往认为，自己已经是个独立的"大人"了，凡事无需别人指手画脚，但又无法独立解决在大学这个"小社会"中所面临的许多过去所未面临的复杂问题，因而产生了希望独立却又无法独立的矛盾。

通过上面的分析可以看到，基于新环境中人际关系的不适应，致使新生丰富的情感体验无法倾诉，因而常常表现为沉闷、孤独，产生"知音难觅"的心理困惑。

二、新生为什么容易产生适应困难

从一个熟悉的环境到一个崭新的完全陌生的环境，校园、老师、同学和最要好的朋友，忽然间全都不在自己的身边。大学新生面临的是一个全新的世界。无论是学习环境还是学习方法，无论是个人目标还是社会期望，都发生了很大的变化，知音难觅的孤独、中心地位的失落是导致新生适应困难的重要因素。

（一）新环境中知音难觅

处于青春期的新生，有着强烈的自尊、认同和心理归属的需要，非常渴望从朋友中获得感情的共鸣，但由于青春期的闭锁心理，当他们与大学里的新同学接触时，总习惯拿高中时的好友为标准来衡量他人。由于有老朋友的存在，常常会觉得新面孔不太合意，因此，他们宁愿采取被动接受的态度，也不主动和他人交流，从而阻碍了相互间的沟通和交流。

此外，在高中阶段，上大学几乎是所有高中生最一致的目标，在这个统一的目标下，找到志同道合的朋友很容易。但是在进入大学后，各自的目标和志向发生了很大的变化，要找到一个在某一方面有共同追求的朋友，就需要较长时间的努力。

（二）自我认同的落差

一般来说，能挤过高考独木桥、考上大学的同学，在高中阶段都是学习中的佼佼者。老师的青睐、同学们的羡慕，使他们成为同龄人的中心，无形中可能会产生某种过高的自我评价。进入大学后，全国各地成绩优异的佼佼者聚在一起，很多新生会发现自己很普通，成绩比自己更优异的同学比比皆是。这个现实使一些新生在心理上一时难以承受，无法接受理想自我和现实自我之间的差距，失落感便自然产生了。

（三）如影随形的自卑感

由于心理上的不成熟，许多新生容易产生强烈的自卑感。比如，某些男生可能会因为身材矮小而自卑；某些女生可能因长相不佳而自卑；还有一些来自农村或小城镇的学生，与来自大城市的同学相比，往往会觉得自己见识浅薄，没有特长，从而产生自卑感。

如果未能及时进行自我心理调适，克服这种自卑感，有些大学生往往会陷入自我封闭的怪圈，久而久之，甚至可能会出现心理障碍。

因此，诸多因素造成了大学生的心理自卑，大学生要学会自己给自己减压，调节情绪，做自己的心理医生，及时预防和避免一些不良心理问题的出现，让自己每天沐浴阳光，健康快乐地度过自己的大学生活。

三、新生如何适应大学生活

（一）正确为自己定位

大学生既要保持自信，又要认清自己的优点和缺点，要认识到每个人都有优点和缺点。因此，在相互对比时，既要肯定别人的优势，又要善于挖掘自己的潜能，可以用某方面的特长来补偿自己的弱项，以此获得心灵平衡的支点，保持自信。

（二）广泛涉猎，激发学习兴趣

大学时代是博览群书的黄金时间，要在知识的海洋里寻找到自己感兴趣的领域，有了兴趣就有了热情，有了热情就意味着有了向那个领域"钻"的动力。充分利用图书馆、网络等，查阅各个学科的专著、期刊和网上的最新信息，博览群书，同时可以确定自己的学习、研究兴趣和将来的发展方向。大学的学习绝对不是纯粹为了应付考试，而是真正地充实自己，为将来的发展打下坚实的基础。

（三）确立现实目标和理想目标

大学生一方面要确立现阶段的学习目标，高度重视实践课。理论来自实践，实践出真知，要认真观察和思考实验的过程、结果，培养自己的动手能力。一个月内读一两本专业书籍；另一方面要确立长远目标，即明确自己发展的大致方向。

例如，出国留学或是在国内继续深造？发展的领域是什么？树立了目标就能制订出可行的计划，培养或提高达到目标需要的能力，同时也增加了学习的动力。

（四）不断探索，总结经验

大学生活以学习为主，学习以自学为主，因此，需要有一套不同于中学时期的学习方法。大学生可以主动地听专家、学者的学术报告和讲座，提高自己的综合素质和科研能力，也可以通过与别人的交流以及自己的不断探索，在一次次的考试和总结经验后发现真正适合自己的学习方法。例如，尽快学会利用图书馆和网络查找资料，阅读专业书籍，做读书笔记，进行实践性学习等。

总之，学习意味着付出努力和艰辛，但正所谓"苦中有甜"，有了浓厚的学习兴趣和热情，有了明确的学习目标，有了不断发展和完善自身知识体系的动力，学习就变得快乐起来。

思考篇

第二章　在社交中遇见更好的自己

本章主要内容有大学生社交概述，友情、爱情、师生情和大学生社交存在的问题及对策；重点解释和阐述大学生人际交往的相关知识。

第一节　大学生社交概述

一、人际关系的内涵

人际关系是一个内涵十分深刻、外延又非常广阔的概念，它有广义和狭义之分。广义的人际关系，即在各种社会关系中，一切个体的人与人之间关系的总和，它包括人与人之间的直接关系，也包括人与人之间的间接关系。狭义的人际关系，即两个或者两个以上个体人，通过各种媒介进行思想和行为的相互作用，所形成的相互依存的关系，它包括人与人之间的心理关系、法律关系、道德关系、经济关系等。

人际关系存在于社会之中，它是人们在社会实践活动中形成的各种社会关系在不同领域、不同方面的具体表现。我们可以把社会看成是由无数人际关系组成的网络结构，而社会上的每一个人都可以看成是这一复杂网络中的一个节点，这一节点同四面八方、各种各样的人发生着联系，这些联系把孤立的个人联结起来，形成各种各样的群体。在人类社会这个复杂网络中，任意两个节点或更多节点之间通过双方的人际交往，相互接触、相互联系、相互影响、互相作用，从而形成各种各样的人际关系，如利益关系、心理关系、利害关系、和谐关系、非和谐关系等。因此，如果网络中任意两个节点之间没有任何形式的人际交往，也就不可能形成人际关系。总之，人际关系是一个包含内容十分广泛的概念，它存在于每一种社会关系之中，并在社会生活的各个角落表现出来。由于人们的社会生活实践是多方面的，因此，人与人的交往和关系也是多方面的。按照一个人的生命历程，开始是从一些直接的、人数不多的交往中形成比较简单的人际关系，随着年龄的增长，人际交往的范围则越来越广泛，形成的人际关系也越来越复杂。

二、人际交往对大学生的意义

（一）人际交往有助于促进大学生的社会化

从一个自然人到社会人，从一个人人一无所知的人到一个能思想、具有一定行为能力的并掌握一定社会生活准则的人的过程，这个过程就是人的社会化。科学与研究表明，人的成熟发展必须具备三个基本条件：第一，身体的成长，以个体生理成熟，特别是性成熟为标志。第二，心理发展完善，以个体的成熟稳定，主要是以自我意识完善为标志；第三，社会化程度提高，以明确自己在社会中所处的位置、得出对社会责任的正确认识为标志；三个条件达到成熟的水平，则形成了完整的人格。

青年大学生社会化的主要内容是：掌握作为社会成员应具备的生活基本知识和技能，掌握社会关系有关的行为规范和准则，确立生活目标，培养社会角色，明确责任。大学生活是大学生逐渐走向成熟、走向独立、进行社会化的重要历程。一个人的成长不仅与身心发展水平有关，而且也取决于社会化的程度，而社会化程度的提高，又取决于个体在社会交往、实践活动中所取得的经验和收获。大学生的社会成熟是以个体对自身在社会中所扮演的角色，以及所担负的社会责任的正确认识为标志；大学生要使自己社会化程度不断提高，必须进行人际交往，在人际交往中发展自我、完善自我，使自己成为社会所需要的人。

（二）人际交往可以完善大学生的自我意识

完善自我意识的途径主要有他人的反馈、反射性评价和社会对比等途径，而这些途径都离不开与别人交往。良好的人际交往可以提高和完善个人的自我意识，反之对个体和自我意识则起负面作用。人的自我意识的保持和自我价值感的确立是通过社会比较过程来实现的。一个人只有将自身置于社会背景中，通过自己与别人的比较才能确立自己的价值，所以人需要了解别人，也需要通过别人来了解自己。一个人必须不断地通过社会比较获得充分信息，使自己相信自己是有价值的，才能保持其稳定的自我价值评判。

大量的科学研究揭示，人们对于自己的能力、性格与心理状态的评价，以及对人、对事、对物所持有的看法，常常是不确定的。人们要想在这些方面做出明确地判断，必须通过自身的状况与他人的状况进行比较，找到一个参照系，并确立了自己在这一参照系中的位置之后，才能形成明确的自我评价和自我意识，而这些都离不开人际交往。

（三）人际交往有助于促进大学生的心理健康

心理健康是一种持续的、积极的心理状态，是大学生必备的心理素质之一，也是大学生更好地适应社会、自我发展、自我完善的主要条件和保证。

愉快、广泛和深刻的人际交往有助于个性发展与健康。心理学家研究发现，如果一个人长期缺乏与别人的积极交往，缺乏稳定而良好的人际关系，这个人往往就有明显的性格缺陷。如在大学生心理咨询中发现，绝大多数学生的心理危机都与缺乏正常的人际交往关系有关。有研究发现，在同宿舍里，同伴之间的心理交往状况，往往决定了一个大学生对大学生活的满意度。那些生活在没有形成友好、合作、融洽的人际关系的宿舍中的大学生，常常显示压抑、敏感、自我防卫、难以合作的特点，学习和生活的满意度低。在融洽的宿舍里生活的大学生则以快乐、注重学习与成就、乐于与人交往和帮助别人为主流，可见人的心态与性格状况，直接受到与别人交往和关系状况的影响。

（四）人际交往有助于促进大学生成才

大学时期是走向成人的关键时期，大学期间也是开始面临各种各样复杂人际关系的时期，大学生在这一段时间的交往经验将会对其今后的成长产生重要影响。大学生的人际交往主要包括与老师、同班同学、朋友和社会上的人际交往。大学生在与这些人交往过程中，总会涉及彼此的专业文化知识、兴趣爱好和人格等方面的内容。通过人际交往，大学生可以互相传递信息，交流信息，使得自己丰富学识，开阔视野，活跃思维，启迪思想。孔子曾说："独学而无友，孤陋而寡闻。"人际交往过程就是认识他人同时也是提高对自己的认识、完善自我的重要手段。

21世纪是人才竞争的时代，但对于一个事业成功的佼佼者来说，若想在人才竞争中脱颖而出，不仅要靠出众的才华，而且还要有适应社会生活的能力、良好的人际协调能力。在科技日新月异的时代，知识的更新换代极为频繁，每个人都需要不断地进行知识的补充与更新。但是每个人的能力都是有限的，光靠书本上的知识很难适应社会发展的实际需要，而积极的人际沟通与交往，是获取新知识的有效途径。对于大学生而言，他们思想活跃，渴望建功立业的动机强，然而，由于社会经验的不足、知识的局限，他们在看问题时难免会出现偏差。因此，大学生彼此间的畅所欲言、互通有无，将会使他们在沟通交往中产生新的火花，构建他们对事业、人生和成功的积极看法。

三、大学生人际交往的特点

（一）交往的迫切性

人际交往是人的基本需要，青年学生思想活跃、精力充沛、兴趣广泛、活泼好动，与其他年龄段的人相比，他们更渴望友情和爱情的滋养，渴望交流与分享，渴望自我价值的实现，渴望得到群体的认同和获得归属感。

（二）交往的开放性

大学生的交往对象由以前的亲缘、朋辈扩展到更广泛的领域：既包括师生之间的交往，也包括同学之间的交往。同学交往不局限于同班，可以辐射到同年级、同学院、同校甚至异校；既包括同性之间的交往也包括异性之间的交往；既包括现实生活的交往，也包括虚拟网络的交往。

（三）交往的自主性

社会心理学研究表明，青年时期是人的自我意识发展和完善的时期，在这个阶段的人际交往过程中，大学生不再愿意依赖他人，交往的自主性明显增强，从交往观念的建立到交往对象、方式的选择等一系列的活动都由自己决定。

（四）交往的平等性

大学生的交往对象主要是同龄人，人际关系主要是同学关系。由于同学之间个人阅历、社会经验、认知能力、思想观念等都大致相同，青年学生自我意识较强，独立自尊要求较高。在交往过程中互相尊重、彼此平等就显得尤为重要。

（五）对异性交往的迫切性

异性相吸是自然界的一种现象。大学生处于生理成熟期，由于性的成熟，很自然地在心理上产生对异性交往的渴望和兴趣。

（六）交往的理想性

大学生普遍通过交往获得友情或爱情，交往动机较为单纯，在交往中往往注重思想上的交流，更在意通过情趣相投、兴趣一致来满足交往双方的精神需要。但大学生心理发育还未成熟，社会阅历有限，再加上客观条件限制，不可能完全地接触社会，往往会根据头脑中预设的理想模型在现实中寻找交往对象，因此对交往对象抱有较高的期望值，并将其理想化。

（七）交往的不稳定性

大学生心理发育还不完全成熟，自我意识的增长与认知能力的发展尚未完全协调，缺乏驾驭情感的意志力量，情感体验表现出明显的敏感性和波动性，情绪经常处于不稳定状态，情绪的波动直接导致交往的不稳定状态。

四、影响大学生人际沟通能力的因素

每个新生进入大学后，都希望有丰富的人际交往，拥有令人感到友善、温暖、和谐的人际关系。然而，一段时间过后，有的同学人际关系和谐，精神振奋，而有的同学人际关系糟糕，心情非常郁闷，影响学习和生活。出现问题的学生要以积极的态度去了解自身出现人际交往障碍的原因，从而提升自信，尽快走出人际交往困局。

造成大学生人际沟通能力参差不齐，大部分学生人际沟通能力较差的因素有哪些呢？我们认为有如下几个方面：

（一）家庭因素

当代大学生大部分是独生子女，他们在家中往往都极受父母和长辈对他们的宠爱，养成一切以自我为中心的性格。长大以后，家长们望子成龙、望女成凤，对孩子百般呵护，使孩子形成很强的优越感，从而缺少宽容、谦让、合作的品质。他们踏入大学过集体生活，其弱点就暴露出来。在与别人交往时，只顾自己的需要和利益，不考虑别人的感受，受这种因素影响，大学生之间的沟通有很多困难，如果大学生之间不能成功沟通，会导致两种情况：一种情况是遇到烦恼无处申诉和发泄，产生孤独和绝望，严重的甚至自杀；另一种情况是同学之间发生纠纷时头脑不冷静，故意激化矛盾，甚至出现人身伤害事件。

（二）环境因素

当代大学生生活在一个社会转型的时代环境里，在中学阶段，由于一切为了应试，学生、家长、教师、学校都要追求高分数，没有认识到良好沟通的重要性，更缺乏沟通能力的训练。进入大学以后，部分大学生忙于钻研专业课和技术训练，只关心个人成绩；部分学生则忙于社会活动，同学之间缺乏互相关心。因此，沟通是在很有限的条件下进行的，沟通能力的训练明显不足。

（三）社会因素

在市场经济的负面效应影响下，部分大学生从实用主义出发，以个人利益为处世原则，结交其认为对自己有用的同学，有的大学生看不起农村同学，看不起家庭困难的同学，巴结父母有权势的同学、家境条件好的同学。因此，形成大学生之间沟通的阻碍，加剧了大学生之间的隔阂。

（四）心理因素

由于社会转型和生活、学习方式的变化，部分大学生受学习、社交、工作、经济、家庭等方面压力的影响，有强烈的失落感、焦虑，可能会产生一些心理疾病：

（1）自卑心理。部分大学生认为自己处处不如别人，总感觉别人瞧不起自己，总是极力回避与人接触。不得不交往时，表现出紧张恐惧，造成沟通的障碍。

（2）孤独心理。部分大学生表现为不合群，不愿与他人往来，喜欢独来独往。

（3）嫉妒心理。部分大学生不能正确对待别人的长处和优点，看到别人比自己优秀心生嫉妒，对比自己水平高的同学采取讽刺、挖苦、打击、嘲笑等不当方式，给别人造成伤害，严重影响了同学之间的感情和沟通。

五、大学生人际交往的技巧

（一）让人喜欢的技巧

（1）修炼良好个性。就人际交往而言，良好的个性不在于内向还是外向，也不在于活泼还是沉静，而在于积极和自信。个性积极者乐观开朗、豁达大度，与之相处，让人感受到的是愉悦和正能量；个性消极的人悲观消沉，多疑狭隘，与之相处使人感觉压抑忐忑。自信的人宽容大度，容易相处；自大者令人反感；自卑者时常令人无所适从。

（2）学会交流和沟通。要善于表达自己的想法和感受，尽量使用第一人称表述，尽量使用客观的行为描述，说话注意场合和分寸，避免使用"从不、总是、又"等修饰词，合理使用幽默技巧增强人际吸引力；沟通过程中善于倾听他人，倾听过程中努力做到不否定对方的知觉、不反驳对方的情绪、不毁掉对方的愿望、不嘲笑对方的行为、不轻视对方的观点、不损伤对方的品行、不贬低对方的人格、不怀疑对方的经验并力求设身处地地理解对方的想法和感受。倾听是对别人的一种尊重，做一个好的听众是建立友谊最有效的途径。

（3）懂得尊重、赞美和欣赏他人。人际交往中，尊重他人首先要做到的就是接纳他人的独特性，肯定他人的价值，而不是以自己的观点、看法和标准强加于人；在接纳的基础上，抱着欣赏的心态对待每一个人，时时留心身边的人和事，善于发现别人的优点和长处，懂得赞美和欣赏他人。欣赏他人要真诚，表达赞美也要真诚。不要不切实际，也不能让赞美之词有阿谀奉承之嫌。赞美要因人而异、注重细节、突出特点，人云亦云的赞美得不到良好的回应，只有发自内心地欣赏和赞美才能打动对方。

（二）避免犯错的技巧

（1）明晰自我边界。自我边界与"界限"不同，它并不是井水不犯河水的冷漠，也不是老死不相往来的疏离，它是人与人之间的一种心理界限，是尊重他人的体现。自我边界是随着个体的成长而逐渐形成的，是个体心理成熟的一个标志。自我边界清晰是指在人际关系中，个体非常清楚自己与他人在心理上是分开的，是互不侵犯的。

自我边界清晰的人可以自我负责，必要时不拒绝别人的帮助；别人需要时，能自信地走近；别人不需要时，也能安静地走开，既能放心地付出，也能坦然地接受，令人感到安全。自我界限清晰的人，不过多地表露自己的心声，过分地渴望他人了解自己，过度地依赖他人，或者过度热情地想要了解他人的内心世界，想要别人依赖自己；自我界限清晰的人，与他人接近既不会近到失去自己，也不会远到别人感受不到自己。

（2）适度自我表露。自我表露是指个体与他人交往时，自愿地在他人面前真实地展示自己。过多或过少地自我表露都会造成个体的适应性困难。从不表露自己的人不可能与他人建立亲密关系；过分表露自己的人，会使他人感到难以适从，也难以建立亲密关系。人际交往是由低水平的自我表露开始的，在互惠的表露进程中，信任的纽带逐步建立，朋友之间开放的程度逐步加强。理想的自我暴露是对少数亲密朋友做较多的自我暴露，对一般的朋友做中等程度的暴露。大学生在人际交往中，要根据对方暴露的程度、对方的反应以及彼此的关系有分寸地进行。

（3）完善印象管理。在人际交往过程中，人人都希望给别人留下一个好的印象。印象管理是指一个人通过一定的方式影响别人形成对自己印象的过程。当个体试图使自己为某件消极事件承担最小责任或想摆脱麻烦时，就可以使用解释、道歉、置身事外等策略。当个体试图使自己对某一积极结果的责任最大化，或者想让自己看起来比实际更出色时，会使用争取名分、宣扬、联合、揭示困难等策略。恰当的印象管理并非虚伪，它代表着一个人的修养和能力。

（4）遵守社交礼仪。社交礼仪是人们在人际交往中约定俗成的给人以尊重、友好的习惯做法，遵守礼仪是一个人内在修养和素质的外在表现。通过礼仪，既能传达出尊重、友好、真诚等态度，也能进一步获得他人的尊重和认同。

（三）解决冲突的技巧

（1）为自己说话。要学会表达自己：以第一人称开始，使用客观的描述，说你想要的、比较喜欢的、说自己担心的；直接清楚地表达自己的感受和需要，帮助别人了解自己。不使用暗示、猜测；不说自己不想要的；不主动给对方提建议。

（2）认真倾听。倾听是沟通的前提和基础；倾听也是对对方的一种尊重。在倾听过程中要专注地听，既要听对方要传达的言语，也要关注对方的其他身体语言，了解对方情绪情感并适当地回应，让对方知道你听到了。

（3）巧妙沟通。选择适合的时间和空间进行沟通。不在情绪不稳定时沟通，不在不安全的环境下进行沟通。在沟通过程中客观真诚地表达自己，认真地倾听对方，有技巧地答复对方，就事论事，避免用刻薄的话、恶毒的语言回答对方。

第二节　友情、爱情、师生情

一、友情

（一）友情的内涵

友情是人与人之间一种美好而又亲密的情谊，是一种崇高的道德力量，是激励人前进、促进人全面发展的精神力量。或者说，友情是以个人之间在情感上的互相依恋为前提，建立在思想、志趣、爱好、利益等一致的基础上的个人之间关系的一种形式，是人的一种永恒的需要。

良好的人际关系离不开真挚的友情。古罗马哲学家西塞罗说："没有友情，世界仿佛失去了太阳。"古希腊作家斯托贝说："财富不是朋友，而朋友却是财富。"这些至理名言说明了人类具有一种共同的需要——友情。交往产生友情，友情加深交往。交往和友情，皆源于人的情感生活。真正的友情是人与人之间的亲密情谊，体现的是人与人之间的友爱，是相互间爱的给予。有的人常常不易接受别人的批评，却能接受朋友的规劝，正是由于知道友情的体现者——朋友，是爱护他尊重他的。

真正的友情是一种崇高的道德力量，是人类把美德化为情感的无偿赐予，它能沟通心灵、美化生活、稳定和巩固社会。友情可以成为鼓舞人们前进的力量，使人从情感上把自己与他人的前途和命运联系起来，相互之间开诚布公，畅所欲言，一起分享喜悦，一起分担不幸。

有的人出于私利以对自己有用还是无用的势利眼光来择人交友，这只不过是庸俗卑劣的人情交易。友情是心灵的默契，人间美好纯洁的情感的缔结是彼此真诚地袒露，需要平等、互尊、互助、互爱的心灵默契。真正的友情是不掺杂任何杂质的，朋友需要的时候不请自来，朋友有难的时候奋不顾身。真正的友情要经得起考验，廉颇与蔺相如如果没有先国家之急而后私仇的宽大胸怀，便不会有负荆请罪的动人场面。友情不是某些人的专利，只要怀有一颗真诚的心，将心比心，你就会得到真正友情的回报。能把真诚赠给朋友，你会赢得更多朋友，多一个朋友多一个世界，蓦然回首，你不再是孤寂的独行人。

（二）友情的价值

歌颂友情的诗句人们百听不厌，李白的"桃花潭水深千尺，不及汪伦送我情"，苏东坡的"但愿人长久，千里共婵娟"，王维的"劝君更尽一杯酒，西出阳关无故人"，王勃的"海内存知己，天涯若比邻"，千百年来，人们念着它们，受着它们的感染，演绎着一幕幕动人的篇章。大学生友情对于大学生的成长具有特殊的意义，既具有青年期情感依恋和人际交往的一般意义，又对大学生的心理发展和社会化进程具有特殊的意义。同学友情不但会促使大学生发现自我，理解他人，从而推动自我意识的发展，还会促进大学生互相学习、互相帮助，加速其社会化的进程。除此之外，大学生友情是每一个大学生在人生中极其独特珍贵的一份精神财富，它比中学时代的友情要深沉、理智，又比毕业后进入社会阶段复杂的交情要单纯、真挚。

有了友情，就有了朋友，就有了关心自己的人，生活就有了意义。所以友情对于人生，就像炼金术士所要寻找的那种点金石，它能使黄金加倍，又能使黑铁成金。

（三）真挚友情的基础

真挚友情的基础是信任。没有信任的友情就如沙堆上的楼房，不用多久就会倒塌。朋友之间没有信任，轻则会导致分手，重则酿成不可挽回的悲剧。朋友之间要有共同的理想志向和追求。当然，交朋友要有宽大的胸怀，要有"海纳百川，有容乃大"的精神，对朋友不要苛求，更不要过于计较小节，要知道世界上没有完人。要求过高，便没有了朋友。但也不能把标准定得太低，不辨黑白，不明是非，凭一时之江湖义气，一时谈得来，便成挚友，那是万万不可的。所以，真朋友难交，真友情不易得。

共同的兴趣、爱好是联结友情的纽带。兴趣是个体对客体的有意选择并力求认识的一种倾向，兴趣的进一步发展就表现为爱好。在集体生活中，一部分兴趣广泛的同学比较容易结交朋友，就是因为共同的兴趣爱好促进了友情的建立和发展，促使他们互相接近，有更多的共鸣，有良好的沟通。

真挚的友情经得起时间和风雨的考验。恩格斯花了整整 20 年的时间在其父亲经营的公司，干着他称之为"该死的生意经"的事情，从精神上、经济上一直无私地支持着马克思的工作和生活。正是这种伟大的友情，造就了跨时代的巨著——《资本论》。人生在世，美丽的青春年华都会像流水一样一去不复返，唯有朋友间的真挚友情不会枯萎，可以天长地久。

（四）交友的原则

友情的播种也需要遵循一定的原则。

1. 平等原则

人际交往作为人与人之间的心理沟通，是主动的、相互的、有来有往的。人都有友爱和受人尊敬的需要，都希望得到别人的平等对待。人的这种需要，就是平等的需要。尽管人与人之间各方面情况不同，但是朋友双方在人格上是平等的，在心理上是对等的，平等是建立良好人际关系的前提。有句老话就是"爱人者，人恒爱之；敬人者，人恒敬之"。只有保持平等的心态才能保持真正的朋友关系。现代社会生活中，人们要获得友情，发展友情，就要与人为善，与人为善就是在播种友情。

2. 相容、诚信原则

人际交往中的心理相容，即指人与人之间的融洽关系，与人相处时的容纳、包涵、宽容及忍让。要做到心理相容，应注意增加交往频率，寻找共同点，为人处世心胸开阔，宽以待人。要体谅他人，遇事多为别人着想，即使别人犯了错误，或冒犯了自己，也不要斤斤计较，以免因小失大，伤害相互之间的感情。只要有利于事业、团结，做出一些让步是值得的。不同的人有着不同的性格、爱好，在社会生活中要获得友情，须学会宽容，善于原谅。"人非圣贤，孰能无过？"善于原谅他人的人，就是宽以待人、心地坦然、谦虚自重的人。友情的发展过程是朋友之间相互影响，相互愉悦的情感体验过程。要做到真挚诚实、信用可靠。信用即指一个人诚实、不欺骗、遵守诺言，从而取得他人的信任。与他人以诚相见，以诚相处，才能以心换心。人离不开交往，交往离不开信用，要在相互了解的基础上充分信任朋友和讲信用。

3. 选择原则

"交往"与"交友"是不同的，交友要有所选择，要注意慎交友，交益友。与品行高洁、善解人意、知书达礼、思想健康的人交友，自己也会获益匪浅。如果与道德低劣、见利忘义、损公肥私、不重情义之人交朋友，对自己的人生修养、人格发展和理想追求都将带来损失。当然，要获得真挚的友情须严于律己，严于律己就是要求自己具有较高的思想境界，品行端正，作风正派。金钱能买到友情吗？朋友之间的交往固然需要有一定的开支，但感情才是友情的本质属性，我们需要的是真诚的友情。那么怎样获得真挚的友情，保持发展朋友关系？以诚相见，以心换心。有句格言说得好，获得朋友的最好办法，就是你自己成为别人的朋友。交友必须以诚相见，以诚相处，没有忠诚得不到友情。对朋友的忠诚，也就是以友爱之心去换取友爱之心。古人云："朋而不心，面朋也；友而不心，面友也。"友情的诚挚和热情，首先表现在对朋友的推心置腹，向朋友袒露自己的内心世界，与朋友分享自己的快乐、分担自己的忧愁。只有关心和理解别人的人，才会得到别人的理解和关心，不能光想向别人索取友情而自己却不向别人奉献友情。

4. 广交友、慎交友

尽量扩大友情圈，广交一般朋友。这不仅有助于寻觅知音，更重要的是可以开阔视野、增长见识，从而促进情感升华、道德发展、思想和心理不断成熟，而且知心朋友往往是在广交的一般朋友中选择。慎交友是指大学生的人际交往必须有所选择，不能无目的地滥交朋友。在朋友的选择上，我们要寻求品质高尚的好朋友；在相知的程度上，要追求知心朋友；在交往的方式上，要提倡"君子之交淡如水"，反对拉拉扯扯的酒肉之交。法国有句谚语叫"酒肉之交非善邻"，我国古训也有许多这方面的警言，如汉代刘向的所谓"以财交者，财尽则交绝。以色交者，华落而爱渝"，说的都是朋友之交淡如水的重要意义。

5. 主动伸出友情之手

友情是美好的、无私的。渴望友情的人，珍视友情的人，总是首先向前半步，将自己的友情之手主动伸向对方。同时，这也是培育真挚友情的关键一步，它要求我们主动敞开心灵的门户，对别人真心感兴趣。只要我们细心地关注自己周围的同学，就会发现几乎每一个同学都有许多可供我们学习借鉴和需要我们关心帮助的地方。一个真正热爱生活的人，必然是对别人真心感兴趣的人。一个人只有对别人真心感兴趣，才会真正体验到他对别人友情的需要和别人对他的友情的需要，才会真正感受到生活的丰富、充实和可爱。主动伸出友情之手，还要求我们心中总装着一些人。久而久之，形成习惯，种下友情，心装着的便是一些真实而诚挚的朋友。

（五）大学生交友存在的问题

1. 交友功利化

多元文化的冲击，对学生思想、价值观的形成产生了一定的影响，当代大学生交友观也发生了较大的变化，看重利益而缺乏真诚，功利性的交友现象也日益增多。主要体现在交友中只关心、考虑自身利益，计较得多，这种学生只会向他人索取而不懂得付出，其很难被他人所接受。

2. 实用主义交友

大学生交友目的性较强，往往选择对自己有利的，若是不能为自己带来好处，时常会保持冷漠、拒绝与对方联系。这种交友特点极大地削弱了学生之间的感情，以经济利益为目的交友的现象越来越多，极大地影响了学生健康交友观念、方式的形成。

3. 交友恐惧性

友情应当是纯洁、珍贵的，在大学生活中构建良好的友谊是十分重要的，但在外界环境的影响下，学生交友之间存在的安全感、信任感在逐渐降低，而诚信、尊重的交友原则已逐渐被弱化。有大学生表示不喜欢交友，这主要表现在交友不积极，不愿参与校园活动，其自身对交友有一种恐惧感，这对大学生身心、社会化发展带来一定的阻碍。

4. 交友冷漠性

在大学校园中学生对他人冷漠、见面不打招呼的现象十分普遍，这不仅是学生友情维持存在的重大挑战，同时对学生人格、品质发展有着直接影响。由于多数学生的交友方式带有功利性色彩，经常与对自己带来利益、好处的学生保持热情，而对自己没有用的就会变得冷漠，以及有的学生自我保护、防御意识较强，这些都是造成学生对他人冷漠的重要因素，这极大地影响了学生今后的社会发展，也不利于积极、健康人生观的形成。

（六）大学生交友的建议

1. 形成自尊—尊他的观念意识

大学阶段是个体心智发展尚未完全成熟的时期，在这一时期大学生对自我的认同更多地依赖于他人给予的肯定、认可；相应地，他人对自己的不赞同、不尊重，甚至于人格尊严的侮辱会使大学生在友情交往过程中产生诸多负面情绪，而长期负面情绪的积累则会损害大学生道德人格及个人性格的健康发展，甚至导致大学生人格走向扭曲。形成从尊重自己到尊重他人的观念意识，是大学生建立健康平等的友情关系，避免对他人造成人格伤害，缓解自身与他人友情焦虑问题的可能路径。让大学生形成自尊—尊他的观念意识，即要求大学生客观正确地评价自身、恰当地看待自己与他人在各方面的差异，既不过分地贬低也不过分高估自己；在自我尊重的基础上尊重他人，即把他人看作是同自己一样自由、独立、完整、有独特的人格和个性的人，在看待他人与自己在个性、生活习惯、经济条件等各方面的差异时做到与人为善，站在他人的立场上理解他人，给予他人选择的自由，不以自己的喜好来嘲笑、蔑视他人。

2. 具备内省—提升的自我发展能力

真正的友情是建立在共同的价值观基础之上，是有助于促进交往双方自我价值实现的存在。最早提出内省观点的儒家学说认为内省是人修身养性、改善认知、提升人生境界的途径与方式，其强调的是通过自我观察与反思实现对人生意义与价值的寻求。在大学生的友情关系建构中，大学生要具备的内省能力应包括以下几个方面：一要迁善改过，对于在友情交往中所出现的矛盾与争执，应首先自我反思自己的行为与观念是否合理、真诚，对于自己的过错及时反省并改正；二要择善从之，在友情交往过程中通过对他人的行为观察反思自身，以自身的发展需求正确选择交往对象，慎交嬉戏之友，善于在与志同道合者的交往中提升自我；三要勤加自勉，个人道德修养的提升及人格建构只有通过自身的努力才能实现，友情关系的升华有赖于交往双方互相促进，又离不开自身努力向上。

3.养成宽容—欣赏的包容态度

在开放、多元的文化环境下，大学生价值观念呈现出复杂而又多样化的特点。人际交往过程必然包括不同价值观念的交融与碰撞，正所谓君子和而不同，小人同而不和，当代大学生在树立正确的人生价值观基础上，积极养成宽容的价值和包容态度是合理面对人际交往中价值差异性，避免人际冲突的必然要求。我国学者贺来指出："宽容乃是一种建立在对人与世界的多样性、真理的相对性与人性的多面性自觉意识基础上的理性和明智的思维方式、行为方式与人生态度。"[1] 在人际交往中要求大学生要具备的宽容意识应包括以下几方面：一要宽容他人与自己不一致的言语与行为。大学生来自不同的生活环境，他们的言行都受到他们各自的成长环境的影响，因而大学生在彼此的交往过程中应宽容他人在行为习惯上的差异；二要宽容他人性格中的弱点。人的性格兼具有优点与缺点，容忍他人的弱点即对他人成长的宽容，适当的宽容有利于增强交往对象的自我认同度，促进其人格的形成与发展；三要在宽容界限内善于发现、欣赏他人的优点。宽容不是无原则、无边界意识的，过度的宽容必然会走向毁灭自由的反面。大学生在人际交往中的宽容态度是构建良好友情关系，纾解友情焦虑的有效途径，其体现的是"和而不同"、共同发展的本质。

二、爱情

大学生随着性心理的成熟，对爱情的期待和向往慢慢在他们心中发芽。爱情成为大学生们最为关注的话题之一。他们产生对异性的好感和关注，这对于大学生来说是非常正常的心理需要，对他们心理的成长发展很有帮助。究竟什么是爱情，大学生应该如何对待爱情，正确处理爱情带来的困扰和烦恼，这是每一个大学生都要思考的问题。

（一）爱情与恋爱

1.爱情概述

所谓爱情是一对男女基于一定客观物质条件和共同的人生理想，在各自内心中形成的相互间最真挚的爱慕，并渴望对方成为自己终身伴侣的最强烈、专一和稳定的感情。

爱情是自然属性和社会属性的统一，决定了爱情有以下基本特征：

（1）互爱性。爱，是相互的。爱不是单相思，不是一方的强求，而是男女

---

[1] 贺来.宽容意识[M].长春：吉林教育出版社.2001.

双方出自自愿，各自既是爱者，又是被爱者。

（2）专一性。爱情是一对男女的事情，任何第三者的插足都是不允许的。双方必须一心一意，不可三心二意、虚情假意、也不允许欺骗。陶行知先生讲得非常深刻，"爱情之酒甜而苦。两人喝，是甘露；三人喝，是酸醋；随便喝，要中毒。"

（3）无私性。爱情体现着男女之间的一种社会关系，在处理相互关系时，都必须具有无私精神，也就是说，都要为对方的幸福和利益着想，对你的爱侣的命运、前途承担责任。

（4）持久性。男女双方既已倾心相爱，就意味着把自己和对方的一生紧紧地联系在一起。真正的爱情必定经得起时间的考验，经受住了考验的爱情必定是稳固和持久的。

爱情与喜欢的区别如下：

（1）依恋。卷入爱情的双方在感到孤独时，会强烈地想让对方来陪伴和安慰，而喜欢的双方不会有同样的表现。

（2）关怀与奉献。恋爱中的人之间会高度关怀对方的情感状态，觉得让对方快乐和幸福是自己义不容辞的责任。在对方有不足时，也会表现高度的宽容。

（3）亲密。恋爱的双方，不仅对对方有高度的情感依赖，而且会有身体接触的需求。亲密是爱情的基础，是爱情的核心成分。

2. 恋爱概述

恋爱是一种心理现象。心理学家给男女之爱下的定义是："恋爱是一种与异性接近的欲望，是一种欲求两人合二为一的冲动。"恋爱是青少年性心理发展的必然产物，也是青少年性行为的主要原因。健康的恋爱心理应包括以下四个要素：

（1）恋爱的目的是为了寻求一个能与自己在未来的人生路上志同道合、同舟共济的终身伴侣。

（2）恋爱的内涵包含丰富的内容。其中既有本能的、不可抗拒的性冲动，又有人类崇高的人性和理性；既有自发性，又有自觉性；既有欲望，又有克制。爱情是肉欲、激情与理智的结合，是生理、心理、美感、道德的体验。

（3）恋人之间的心理相容是恋爱成功的必要条件。一对恋人如果能够做到心理相容，就会通过相互理解、相互承认、相互弥补、相互影响来取人之长、补己之短，形成和谐互动、相得益彰的最佳互动效果。

（4）恋爱是恋人之间逐步认识对方、发展感情的过程，不是转瞬即逝的一时冲动。

（二）大学生性心理的形成与发展

性心理是指与人类"性"有关的心理，它包括围绕性欲望、性冲动、性行为、性满足而产生的认知、情感、需要和经验等心理活动。

青年大学生的年龄和生理状态使他们萌生渴望被爱和渴望爱一个人的心理，这是大学生生理发育和心理发育成熟的自然结果。

1. 大学生性心理的形成

（1）疏远期

进入青春期后，第二性征的出现使青少年对自己的身体及强烈的性冲动感到不安、害羞和罪恶感，认为两性在感情上的接近是不纯洁的表现，因此对异性强烈的关心和亲近的愿望以一种疏远和冷淡的方式表现出来。

（2）向往期

这一时期开始表现为对长者的崇拜和向往。由于性发育给青年人带来心理上的不安，因此青少年特别容易对某个长者（可以是老师、高年级学生、明星、名人、父母等）产生崇拜，从中体验相应的性别角色，这种崇拜对安抚青少年内心的焦虑和负罪感有相当程度的补偿作用。

（3）接近期

随着性生理发育高峰期的出现，同龄异性之间接近的愿望随即产生并逐渐明朗化，同时以情感吸引和实际接触需求的形式强烈地表现出来。

（4）恋爱期

一般在18岁以后，大学生的性意识随着交往的增多逐渐发展成明确的恋爱，对异性的欲望集中在一个人身上，此时对其他异性的关心明显地减少，喜欢与自己选择的异性单独在一起活动。大学生未来的职业方向逐渐清晰，成才大有希望，"成家"问题也就提上了议程，考虑恋爱、婚姻等问题已成现实，开始进入恋爱期。

2. 大学生性心理特点

（1）对性由神秘封闭而趋于开放

当代大学生对性的认识与他们的父母那辈相比较，有着天壤之别，性对他们来说已不再神秘，因为社会允许他们正大光明的去获取有关性的知识。

（2）对性欲、性冲动和性行为的认识

部分大学生对性欲、性冲动和性行为的认识，还多停留在一个感性认识的初级阶段，还缺乏理性的思考和调控，或者说，他们只知道性的自然属性，过分地强调了人的本能，而忘记了它的社会性、道德感。

（3）性情感特点

①多情。一是钟情，一是痴情。

②敏感。进入恋爱时期的年轻人对于外界环境是非常敏感的，特别是对自己所喜欢的人、自己的追求对象，更是一触即发，反应迅速。对方的一句话、一个手势、一个眼神都会马上在心里引起回应，产生联想。

③单纯。在性情感的表现上，大学生还是比较单纯的。他们还缺乏相应的人生经历，把什么事情都想得简单而美好，所以总是把性理想化，在交友、恋爱中常常把对方想象得洁白无瑕，完美无缺，很少去观察发现对方的不足之处。单纯的另一种表现就是，轻易相信对方，只看外表，不审心灵，特别是女孩子，常常是凭直觉来判断事物，而缺少理性的分析思考。

④紧张。当与异性接触时，会莫名其妙地感到紧张，出现脸红心跳，口齿不清，手足无措的现象。这种情况在那些心中有喜欢的异性的人身上更为多见。比如，某个女孩暗恋着某个男生，而这个男孩子又未有觉察，当他们互相接触时，她的反应也会非常明显。当然，这只不过是结交异性朋友初期阶段的表现，随着互相接触、互相了解的增加，这种紧张心理就会逐渐减轻、消失的。

（4）性意志特点

①不稳定性。其一，在交友恋爱中总希望一帆风顺，一旦受到挫折或打击时，就容易产生自卑、丧失信心。其二，就是容易犯冷热病，热时两人可溶为一团，冷时则如冰霜，拒人于千里之外。其三就是这山望见那山高，挑三拣四，动摇不定，到处留情，遍地撒网。由于其性意志的不稳定，所以大学生谈恋爱的成功率不是很高。

②自制力较弱。主要表现，一是易于冲动，二易走极端。如今的大学校园里，学生对性本能属性的认识程度远比社会属性要高，他们往往过多强调了性的本能，而忽视了性的社会性。

（三）当代大学生的恋爱类型

由于心理的成熟度、社会价值观、恋爱取向和恋爱动机不同等，在大学生中所形成的爱情类型也不尽相同。

1.务实型

恋爱双方思想和心智发展比较成熟，相互间有着共同的理想、情趣、爱好、语言，彼此对对方的优点和缺点了解清楚，对未来的生活打算心中有数儿，有比较清晰的人生规划，对爱情充满信心，能够很好地处理恋爱、学业、事业等各方面关系，并能平稳、长久地维系深厚感情。

2. 幻想型

表现为青春期爱"做梦"的特点。他们会把爱情完全置于最美好的想象之中，情感丰富，喜欢追求花前月下的浪漫，更喜欢找寻缠绵厮守的喜悦。玩的是心跳，演的是魔幻，对爱的本质似乎不过于追求。

3. 时尚型

原本没有谈恋爱的想法，也没有认真考虑清楚到底什么是谈恋爱，甚至还根本没有那个"人"的存在，只是看到自己的哥们儿、姐们儿都有自己的意中人，而且每天演绎着最浪漫的故事，于是为了追求这种时尚，以至于不让自己落伍或被边缘化，他们也开始搜寻自己的"猎物"，让自己也成为那个让人"注目""钦羡"的圈内人。

4. 功利型

这种类型比较普遍。受社会某些不良风气和社会现实的影响，许多大学生的恋爱观更关注自己的生活和未来，表现为"非常现实"。对方的家庭住所、房屋车辆、存折存款等被摆在了爱情的首要位置。"白富美"和"高富帅"成了青年学生爱情的代名词，是大家渴望的最高目标。感情被亵渎，爱情变了味儿，爱人成了集市上的交易品。

（四）当前大学生恋爱的特点

1. 人数增多，公开度加大

现今的大学校园，恋爱已不再是一道惊异的风景线，而是主流景观了。操场、教室、图书馆、食堂，校园周围的大街小巷随处可见成双成对的身影。这其中除了真情者，也不乏寂寞者、从众者、休闲者。而且，这些年轻的学生已不再受任何传统的观念约束，无视旁眼，不闻碎语，远离了矜持与含蓄，甚至"为所欲为"。

2. 周期缩短，变换率加速

据调查，不少大学生谈恋爱的动机并不端正，有的是为攀比，有的是为充实内心，有的是为金钱、工作，有的是为了享受过程，有的是为相互取暖，有的干脆是为共同取乐。"短平快式""协议式""出租式""尝试式"等各种恋爱方式都不同程度地存在着，让人瞠目结舌。

3. 约束力差，悲剧结果增多

相当一部分大学生在谈恋爱时情绪大于理智，主要体现为不能很好地处理学业与爱情的关系，置学习于不顾，甚至彻底荒废学业；完全沉迷于恋人怀抱，放弃了与他人的交往与友情，不能很好地处理与恋爱方的情感关系，一旦失恋，往往容易造成爱情悲剧，或伤害对方，或自残，或转嫁自己的愤怒，产生不良后果。

4. 性吸引力加重，爱的表达方式增多

当今大学生谈恋爱过度地追求外在，少求实质，更多是激情与冲动在发挥着作用，其中性激情占据着更加重要的地位，包括性梦想、性好奇、性接触等。而且，现代大学生的恋爱方式也已不再是传字条、写情书、"暗送秋波"了，更难见"爱你在心口难开"。他们会采取最直接、最主动的方式，借网络、电话、信息、游戏等多种途径和机会表白自己的爱意。

5. 冲突剧烈，内心困惑难解

由于恋爱认知偏差、传统观念与现代意识矛盾等的冲击，大学生恋爱过程中会出现一些心理上的困惑，如单恋，包括"一厢情愿""暗恋"等，处于单恋状态中的大学生会遭受极度的感情折磨，深陷痛苦与忧伤之中；又如失恋，也会产生一系列相应的心理反应，再如羞愧、悲伤、失落、绝望，有的甚至还会产生自杀和伤人的冲动；再如，感情纠葛困扰、自卑情绪、嫉妒心理等，都会给恋爱中的大学生带来心灵上的烦恼。

（五）当前大学生恋爱心理问题与调整

1. 恋爱对大学生心理发展的影响

恋爱对大学生来说是一把双刃剑，一方面它帮助大学生心理发展走向成熟，另一方面它又带来各种心理问题。

（1）恋爱对大学生心理成熟的促进作用

①恋爱是大学生释放日益强烈的性冲动的重要途径。大学生正处在性机能旺盛时期，容易引起性欲，产生性冲动，常常会因性冲动带来许多困扰。

②恋爱能满足大学生情感发展的需要。很多大学生，尤其是低年级的大学生，初次较长时间离开父母、家庭，他们的情感世界出现了"饥荒"，孤独、空虚随之产生，接下来也就自然地在大学生活中寻找感情的交流和满足，这时，"爱情"对于这些渴望情感寄托的大学生来说，是无法抗拒的。

③恋爱可以加速大学生社会化的进程。大学生谈恋爱，大多数的终极目的是为了婚姻与家庭。人们通过婚姻与家庭，从而达到社会化的目的。而且，恋爱中双方关系的协调、各种矛盾的解决，都会不断丰富男女大学生的生活经验，促使双方在心理上趋于成熟。同时，恋爱中的男女大学生为了获得异性的爱，提高自己在对方心目中的形象，总是力图完善自己、丰富自己，爱成了一种积极的内在

动力，升华了人格，形成了一种良性循环，最终促进人格的成熟。

（2）恋爱对大学生心理发展的消极影响

①影响学业的完成。恋爱需要时间和精力，若处理不好恋爱与学业的关系，则会影响学习、耽误学业，将造成大学生更重的心理负担。

②影响人际关系。因为恋爱具有排他性，若处理不好爱情与友谊的关系，将带来人际关系处理上的烦恼。

③影响心理健康。处在热恋中的大学生会为一些小事而极度高兴或极度烦恼，这都会带来高度的心理紧张，持续的心理紧张对心理健康是不利的。

④恋爱进一步发展带来的后果。婚前性行为、同居怀孕等问题会给双方带来过重的心理负担。另外，恋爱受挫后会给人带来极大的痛苦，失恋的大学生身心都会受到沉重的打击，有的人还会失魂落魄，觉得人生意义不复存在，甚至走上轻生的道路。

2. 大学生恋爱中常见的问题及调整

（1）单恋

单恋是指一方对另一方的、以一厢情愿的倾慕与热爱为特点的畸形恋爱，是青少年"爱情错觉"的产物。单恋是一种具有臆想性的恋爱情结和幼稚的行为方式，会令人沉浸在幻想的情爱中而不能自拔。

（2）暗恋

暗恋常见于性格内向的大学生。暗恋具体表现为不表露内心的体验，被爱对方根本不知道有这回事，甚至对方还不认识自己，而自己执着地恋着对方。暗恋者往往对所恋对象朝思暮想，遇见时又表现出紧张回避，形成痛苦、压抑、焦虑、失望等不良情绪，严重者影响生活和学习。

（3）多角恋

所谓多角恋，是指同时与多个异性建立恋爱关系，企图同时占有数个异性的感情而玩弄爱情游戏。多角恋历来被认为是典型的爱情不专一，朝三暮四，视爱情为游戏的代表。

（4）失恋

有恋爱就可能有失恋。失恋是一种痛苦的情感体验，会产生许多复杂的心理情况。

①颓废型。一旦失恋就灰心丧气，整天愁眉苦脸，不思茶饭，走进死胡同而不会转弯，精神不振，有的甚至痛不欲生，走上轻生或自残的道路。

②疏远型。在人际关系中特别是男女关系中，只承认爱情，不承认友情、同

窗之情等其他情感的存在。

③闭锁型。一次恋爱失败后，就再也不敢谈恋爱了，甚至不愿或不敢与异性接近、亲密。余悸在心，谨小慎微，沉默寡言，深居简出，把自我封闭起来。

④报复型。这一类型的人中，有的是心理变态者。在大学生虽较为少见，但后果严重，值得注意。这些人在失恋后，会采取卑劣的手段去威胁或迫害对方，如写信进行人身攻击、恶意诽谤，更甚者使用武力或化学药品毁损对方容貌，直至行凶杀人。

失恋者必须学会心理调整，使痛苦的情绪得到疏导和发泄。比如，向别人倾诉内心的痛苦是很有必要的。或者，采用积极的心理防卫机制，接受正规的心理咨询、心理干预，把失恋的情感进行代偿迁移，以缓解心理紧张。

3. 大学生性心理困惑与调整

（1）性认识偏差带来的困扰

在对性的认识上，由于受我国几千年封建社会性愚昧和谈"性"色变的保守观念的影响，不少大学生又未受到系统、正规的性科学教育，对"性"持有不正确的认知。

另外，也有极少数大学生对性抱着一种满不在乎，随意为之的态度。他们过于强调性的生物性，受西方"性自由""性解放"的影响，把恋爱当作一种时尚，当作一种能力，把自己谈了多次的恋爱作为炫耀的资本。

（2）性冲动带来的困扰

产生性意识困扰的大学生大多数都能人为地压抑自己的性的要求。适度的性压抑是社会化的需要，也是性心理成熟的一个反映。

有的大学生为缓解性冲动的困扰，采用性自慰行为来宣泄性的欲望。但是由于对性自慰存在不正确的看法，或对性自慰存在强烈的罪恶感，或性自慰过度而影响了身心健康。

（3）婚前性行为的认识误区

热恋的大学生往往会对性爱的激情产生一种难以抑制的性冲动，使情感突破理智的防线，容易发生性行为。婚前性行为可能会给当事人双方造成心理压力和身心痛苦，尤其对未婚先孕的女性来说，带来的身心问题更严重，这可能会影响今后正常的婚姻生活和家庭幸福。

因此，谈恋爱的大学生们要在道德上有责任感，在心理上要把握住婚前婚后的界线，在言行上要防止挑逗和过分的亲昵，防止婚前性行为的发生。

（六）培养爱的品德与爱的艺术

1. 培养爱的品德

（1）树立正确的恋爱观

首先，提倡志同道合的爱情。爱情应该是理想、道德、义务、事业和性爱的有机结合。

然后，摆正爱情与事业的关系。不能把宝贵的时间都用于谈情说爱而放松了学习。因为学业是大学生价值感的主要支柱。

最后，懂得爱情是一种相互理解，是相互信任，是一份责任和奉献。理解对方是为个人和对方营造一种轻松和快乐的氛围。责任和奉献则意味着个人道德的修养，它是获得崇高爱情的基础。

（2）发展健康的恋爱行为

恋爱言谈要文雅，讲究语言美。恋爱行为要大方。恋爱过程中要平等相待，相敬如宾。善于控制感情，理智行事。

（3）培养爱的能力

①学会表达爱。虽然表达爱情只需要一句话，却不是一件容易的事，正所谓"爱你在心口难开"。当我们心中有了爱，越是珍视这份爱情，越难以启齿；越担心会被拒绝，就越顾虑重重，这是正常的心理状态。虽然我们的内心脆弱，但是爱情的动力是较强的，为了得到我们期待的爱情，我们必须鼓起勇气表明心迹。表明爱意就是让对方了解自己的心意，让对方也来爱你。当然，有时即使不做任何"爱的告白"，也可以用行动将自己心中的爱表达出来。表达的最普遍的一种办法就是在对方生日的时候，或者在一些特殊的节日中送上一份自己精心构思的礼物并表明自己的心意。

②拒绝爱的能力。当求爱的人不是自己喜欢的对象时，我们会感到苦恼，内心想拒绝对方又担心会伤害对方，如果对方与自己有着深厚友谊的话，这苦恼就更为强烈。拒绝自己不愿或不值得接受的爱，这更是件不容迟疑的事，拒绝对方要选择恰当的理由，拒绝对方时也要选择恰当的方式。一是在并不希望得到的爱情到来时，要果断、勇敢地说"不"，因为爱情来不得半点儿勉强和将就。二是要掌握恰当的拒绝方式，根据对方的个性特点，选择面谈、电话、书信等表达方式。不顾情面，处理方法简单轻率，甚至恶语相加，结果使对方的感情和自尊心受到伤害，这些做法是很不妥当的。

③发展爱的能力。就是要培养无私的品格和奉献精神，要培养善于处理矛盾

的能力，有效地化解、消除恋爱和家庭生活中的矛盾纠纷，为恋人负责，为社会负责，才能创造出幸福美满的婚恋。

（4）提高恋爱挫折承受能力

情感受挫的打击对每个人而言都是沉重的，也是对心理承受能力的一次巨大考验。对情感失败的应对方式反映了一个人的心理成熟水平。如果我们能够经历情感的考验，理智地从失败的感情中解脱出来，往往会使自己变得成熟起来。当我们的爱情不幸遭遇挫折，请勇敢地用自己的理智来驾驭感情。

如果我们失恋了，请积极行动起来调整自己的心态。一是适当地发泄自己的情绪。不要强忍自己的悲伤，如果感到委屈，请尽情地哭吧。二是找个知心好友尽情地谈一谈。向好友倾诉自己的经历和感受，也许对方会给出对事情不一样的看法或给出一些有用的建议。三是做出不在乎的样子。虽然不可能不在乎，但既然在乎也不能挽回什么，那就不要去在乎了。四是清除他（她）的痕迹。将一切能引起回忆的东西尽量全部丢掉，不要再与他（她）联系，除非你已能坦然面对他（她），但最好还是不要太相信自己而去冒险再次相见。五是敞开心胸，多参加派对、聚会、郊游等各项活动，多结交一些新的朋友。六是将精力投入到学习和工作中去。化悲痛为力量，好好努力，成就更加美好的将来。

2. 学会爱的艺术

（1）选择恋人的艺术——内在价值占首位

选择恋人，首先要追求的是心灵上的"门当户对"，要把对方品行的高低作为第一要素，如果追求的是一个品位低下的人，自然也降低了自身的价值。

（2）识别恋人的艺术——看他待人的态度

恋爱双方在识别对方是什么样的人的时候，不仅看对方是如何对待自己的，更要看他（她）是如何对待别人的。只有通过对方对他人他事的表现，才会看清他（她）的本性，清楚他（她）的为人。

（3）表达情感的艺术——含蓄而不冷淡

恋爱中的含蓄更会给双方解除拘泥和紧张，营造出一种轻松温柔的意境，有利于双方打开心扉。

（4）表白的艺术——适当适时的表白

在适当情况下的恰当表白是对对方的尊重，除了在适当的时机进行爱的表白外，更为重要的是精神上的交流和沟通。

（5）爱的表达艺术——真心的关怀

人与人之间的相处，关怀是最容易使人感动和难忘的，交朋友、谈恋爱更是如此。青年男女在交往中，真正能打动对方心灵的是发自内心的关怀，是时时事事都为对方着想。

（6）巩固和发展爱的艺术——用心培育

爱情就像一棵树苗、一枝蓓蕾，必须要经过辛勤地浇灌、精心地培育才能长成参天大树、绽放出灿烂的花朵。因为爱情并不是静止、永恒不变的东西，更不是与世隔绝的东西，它会随着社会的发展而增添新的内容，也会随着个人学习、工作、地位等环境条件的改变而变化。

（7）理智地对待性——不过早发生性行为

在恋爱当中过早地出现性行为，是一种不负责任的表现，也是不尊重对方的表现，还常常因此而引起对方的反感，导致自身价值的贬低。另外，在恋爱中轻率地发生性行为，很容易产生误会，导致自身的贬值。除此之外，大学生正处在生理、心理发育还没有完全成熟阶段，过早地发生性行为，不仅会影响自身的生理、心理发育，还要面临性行为后果带来的各种问题，给今后的婚姻生活造成影响。

所以，在大学恋爱成功的概率不高的情况下，更应该克制自己，不要做出失去自尊自爱的行为来。

三、师生情

（一）师生关系

师生关系是教育过程中人与人之间最基本、最重要的关系。其重要性并不在于关系本身，而是这种关系所产生的教育效应。教师是要把学生培养、塑造成德、智、体、美、劳全面发展的人，他在学生面前不仅仅是知识的传授者，更应该是一个人格榜样；学生要通过接受教师的教育而达到自我成长及完善的目的，奠定人生发展的基础。这一特点使师生关系比其他人际关系具有更特殊的意义。

作为一种人际关系，师生之间也处在相互影响、相互作用之中，因而也免不了会有一些矛盾冲突。首先，师生在教育和教学过程中处于不同的地位，负有不同的职责。教师的主要责任是教，学生的主要责任是学。教师的严格要求不一定会被全体学生所理解和接受，学生便可能产生消极抵触的情绪；学生的特点、困难、意见被教师忽视，也会造成师生之间的隔阂和情绪上的对立。其次，师生在知识、社会经验、世界观和人生观的成熟度方面存在客观差异，如果彼此不能正确对待，缺乏相互之间的沟通和交流，师生关系就会疏远、冷淡，给教育工作造成困难。此外，教师不关心、不热爱学生，缺乏教育工作责任感，甚至偏爱、歧视一些学生，或者学生不尊重教师，自由散漫，学习松懈等，都会影响教和学的积极性，导致师生关系的对立和紧张。因此，协调师生关系，教师和学生都应遵循一些伦理规范。师生情就是在良好的师生关系的基础上建立的。

（二）如何与教师建立师生情

学校是学生所处的最主要环境，学生总是力求适应，力求被老师接受、喜欢和欣赏。除了学生之间的关系外，师生关系可以说构成了大学生人际关系的重要方面。和中小学相比，大学师生的个人交往范围要小得多，而且具有自发性、偶然性且多局限于知识学习方面。不少大学生在对老师的关系上表现得拘谨和胆怯，更不知如何去建立和谐良好的师生关系。

当师生关系良好时，学生在安全环境下，会感到对外部环境的适应，处于健康的心理状态，有足够的自信，从而以积极的态度学习，提高学习效率。反之，学生总是提心吊胆，心理处于不健康的状态，注意力会分散，自卑、消极，知识加工能力无疑会降低，造成学习成绩不理想。

从社会心理学的角度看，教师因在教育过程中处于主导地位，他们与大学生交往的作风、方式往往会对师生关系起重要作用。但俗话说"一个巴掌拍不响"，学生的自觉能动性也对师生关系起重要作用。在师生关系的相互作用过程中，作为老师应该是学生的良师益友，应该做到关心、尊重、爱护学生；作为学生也应有积极的学习态度，尊重老师，这样才能建立起和谐良好的师生关系。那么作为大学生，应当如何去做呢？

首先，必须尊敬老师。"一日为师，终身为父"，表达了人们对老师的尊敬。随着社会的发展，人们的很多观念都发生了变化，但尊师的主流一直没有变。对于任何一个人来说，尊师都是做人的一个最基本的准则。人来到世上除了父母的养育之恩，就是老师的传授之德。人类文明的传承和延续，首推老师之功。老师对学生传道、授业、解惑，毫无私心和保留。教师在培养造就人才的事业中乐于做人梯，让学生踩着自己的肩膀攀登科学高峰，用自己心灵的火花去点燃学生心灵的灯盏，用知识在学生的心灵中盖起摩天大厦。这种对人类文明的无私奉献难道不值得我们去尊敬和爱吗？

其次，对老师应有礼貌。礼貌是尊重他人的表现，每一个人在心理上都有得到别人尊重的需要，学生对老师有礼貌正是内心尊敬老师的反映，可以缩短师生之间的心理距离，产生积极的效应。在和谐的师生关系氛围内，"教"与"学"

双方都会以积极主动，富有创造性的、热情的态度去完成教学过程，并且教学也能达到一种理想而满意的效果。因此大学师生人际关系的和谐协调发展，是具有极其重要的意义的。

再次，多想想老师的困难和苦衷。师生之间既有长幼之分，又是同志朋友间的平等关系。相互之间应该真诚友爱、坦诚相见。的确，教师也难免有这样那样的缺点，或者对教师工作感到厌倦，或者教学质量不够理想，或者动辄责骂学生等。老师也是人，也有自己的七情六欲。作为学生，应当主动地、个别地找老师交换意见，陈述自己的想法，婉言指出他们的缺点，"老师，您这样做与教师身份不够符合""老师，您错了"。但是我们也应看到，老师生气、发怒、批评、教训无非都是期望我们成为好学生，取得好成绩。因而作为一个学生，无论在哪一位老师面前都应记住自己的学生角色，即使遇到老师误解了自己的情况或对自己的评价欠公正，也应积极沟通，设法让老师了解或理解你，切不可当面顶撞，防止分歧公开化、扩大化，更不该背后议论，把关系弄僵。如果与老师的分歧一时难以统一，可以求同存异，保留自己的不同意见。若老师对你做出不公正的处理，你也要保持冷静，除了进一步向老师陈述自己的意见外，还可以通过正常的组织程序向上级组织反映，维护自己的合法权益。

最后，在专业学习过程中多与老师交往。这是在大学建立和谐师生关系最重要的一个方面。大学老师与学生交往中比较多的是专业课的教学过程，作为大学生学好每门课程是达到培养目标的要求，所以你必须对教师所教授的课程专心致志，认真听课，刻苦钻研课程内容，专心去探究该课程的基本知识、基本技能，认真完成作业。多去请教，多与教师探讨，在请教与讨论中学习知识，学习教师治学的方法，也可在请教中为教师做些教学中力所能及的工作，在这些教学交往中增进了解，创造和谐师生关系。

第三节　大学生社交存在的问题及对策

人类的交往是人的一种本能行为，任何人都需要与他人进行交往以获得心理上的满足。德国学者斯普兰格说，"在人的一生中，再也没有像青年时期那样强烈地渴望被理解的时期了。没有任何人像青年那样深陷于孤独之中，渴望着被人接近与理解。"处于青年期的大学生，思想活跃，精力充沛，兴趣广泛，人际交往的需求极为强烈，希望被人接受和理解的心情尤为迫切。和谐的人际交往能帮助大学生更好地认识世界，了解和丰富自我，促进身心健康，是他们个体心理正常发展的必要条件。但是，大学生在实际交往中，经常会有交往不畅、交往受挫，甚至交往困难的体验，这些体验常常会给大学生带来心情郁闷、身心受损等各种不良后果。在影响大学生与人有效沟通、建立良好人际关系的各种因素中，不良的交际心态表现最为突出，如不加以调整，将直接影响他们正常的学习和生活，甚至影响身心健康。普遍存在的影响大学生人际交往和与人沟通的不良心态有：自卑心态、自负心态、嫉妒心态、猜疑心态。

一、自卑

自卑心理是指由于不恰当的自我评价和自我认识所引起的自我否定、自我拒绝的心理状态。自卑，并不是客观上看来自己不如别人，而是主观上认为自己不如别人，认为自己不够好，别人都比自己好。简单说就是还没开始做某事就已经断定自己不行的心理。自卑是一种不能自助的、软弱的复杂情感。有自卑感的人常常轻视自己，认为无法赶上别人。这种心态表现为对自己缺乏一种正确的认识，在交往中缺乏自信，办事无胆量，畏首畏尾，随声附和，没有自己的主见，一遇到有错误的事情就以为是自己不好，最终导致大学生失去交往的勇气和信心。

（一）自卑的表现

自卑的人悲观、忧郁、孤僻，性格内向，不敢与人交往，认为自己处处不如别人，总觉得别人瞧不起自己，这类人的自卑心态主要是由以下几种原因引起：过多的自我否定、消极的自我暗示、挫折的影响和心理或生理等方面的不足。例如，有的学生因为身材矮小、相貌丑陋、家庭条件困难、学习差等原因就是低估自己的能力，觉得自己各方面不如人。自卑的人在人际交往中表现为：

（1）紧张害羞

担心因为出错被别人耻笑，在人际交往中谨小慎微，见了人总是退缩回避，不敢也不愿意主动同别人交往，总是担心由于自己的某些缺点和不如人之处招来别人的非议，宁愿把自己封闭在一个尽可能少与人交往的环境中。

（2）敏感多疑

过分在意别人对自己的评价，别人不经意的一句话，都可能引起他的曲解，让他寝食不安。甚至别人真诚的夸奖，也会被他理解为挖苦；也常常把别人的不快归为自己的不当。跟他交往时，必须谨小慎微，非常累人。久而久之，大家会渐渐远离他，一个内心自卑的人，外在表现一般体现在两个方面：一是对别人的语言行为过分敏感，总觉得别人话中有话矛头指向自己；二是外在行为常常表现出过激反应，为一件小事或一句话大发雷霆，因为内心的虚弱需要用外表的强悍来保护。克服自卑最好的办法是某件事做到极好，赢得别人的赞美，这样胸怀自然就开朗了。

（3）过分自尊

不能容忍别人的一点儿不敬，为了保护自己，常表现得非常强硬，莫名其妙地情绪失控，让人难以接近。导致自卑心理的原因有很多种，有思想认识方面、社会环境方面、生理素质方面、性格气质方面、社会生活经历等。一个自卑、不自信的人在人际交往过程中往往不会得到他人的认可，而这种不认可的态度又会反作用于有自卑心理的一方，进而会加重该人的自卑感，从而形成一种恶性循环，发展到最后就会厌恶与人交往，形成孤僻的性格，更有甚者会引发心理问题。

（二）调整自卑心态的对策

（1）正确认识自己和他人

只要正确认识自己，能客观地看待自己和他人，就会感觉自己并没有那么差，而只是可能状态不佳。他人的看法或想法往往存在片面性，不必要引起自卑感。因为人与人性格差异很大，一个人要正确认识自己，了解自己的性格优势与不足，要学会扬长避短，增加自信心。人是不断变化发展的，我们需要不断更新、不断完善对自己的认识，才能使自己变得更好和更完美。

一代"球王"贝利初到巴西最有名气的桑托斯足球队时，他害怕那些大球星瞧不起自己，竟紧张得一夜未眠。他本是球场上的佼佼者，却无端地怀疑自己，恐惧他人。后来他设法在球场上忘掉自我，专注踢球，保持一种泰然自若的心态，从此便以锐不可当之势进了一千多个球。

"球王"贝利战胜自卑的过程告诉我们：不要怀疑自己、贬低自己，只要勇往直前，付诸行动，就一定能走向成功。久而久之，就会从紧张、恐惧、自卑中解脱出来。因此，不甘自卑、发愤图强、积极补偿是医治自卑的良药。

（2）确立自信心

相信通过自己的努力，一定能达到目标。从心灵上确认自己能行，自己给自己鼓劲。

解放黑奴的美国总统林肯，不仅是私生子，出身微贱，且面貌丑陋，言谈举止缺乏风度，他对自己的这些缺陷十分敏感。为了补偿这些缺陷，他力求从教育方面来汲取力量，拼命自修以克服早期的知识贫乏和孤陋寡闻。他在烛光、灯光、水光前读书，尽管眼眶越陷越深，但知识的营养却对自身的缺陷做了全面补偿。他最终摆脱了自卑，并成为有杰出贡献的美国总统之一。

贝多芬从小听觉有缺陷，耳朵全聋后还克服困难写出了优美的《第九交响曲》，他的名言——"人啊，你当自助！"成为许多自强不息者的座右铭。

（3）要学会广交朋友

朋友们推心置腹的话语能给你一种安慰，一种大胆说话的机会，一种锻炼你的场合，让你不怕任何人，敢于表示自己的意见或建议，发表自己的见解。因为朋友能让你远离孤独，融入社会而获得快乐。没有友情的人生是暗淡的，就像大地失去了太阳的照耀，没有光彩。没有友情的人生是枯燥的，就像受了潮的火柴，任你怎样摩擦，也点燃不了生活的希望之火。没有友情的人生是不完整的人生，一个人活在世上，如果没有朋友、没有朋友的关怀，又怎能理解人生的真正乐趣呢？

二、自负

（一）自负的表现

自负就是盲目高估自己的能力，觉得谁也不如自己。自负的人在人际交往中表现为：

（1）孤芳自赏

孤芳自赏，自以为了不起。不屑于主动与人交往。在交往中态度傲慢无礼，以自己为中心，只关心自己的需要，从不顾及别人的感受。不求于人时，对人不理不睬，没有丝毫的热情；有求于人时，对人不尊不敬，似乎人人都应该为他服务。这样不仅伤害了别人的自尊心，也破坏了自己与别人之间团结友好的相互关系。

（2）目中无人

目中无人，认为别人都不如自己。这种人固执己见，唯我独尊，总是将自己的观点强加于人。在明知别人正确时，也不愿意改变自己的态度或接受别人的观点。总爱抬高自己贬低别人，把别人看得一无是处。

大二女生小谢，身高1.65米，是学校舞蹈队队员，认为自己长得非常漂亮、才能超群。参加活动积极、踊跃，喜欢卖弄自己，认为自己什么都行。她穿着鲜艳、时尚，常常对同学不屑一顾，看不起周围同学，认为其他女生穿衣没品位，男生就知道献殷勤。小谢担任班上文娱委员，什么工作都喜欢插一手，喜欢指使、支配别人做事，而对别人提的意见却总不能接受，认为自己做的都是对的、好的，别人没有资格评论。

（3）嫉妒心强

嫉妒心强，容不得别人强于自己。当别人取得一些成绩时，其妒忌之心油然而生，极力去打击别人，排斥别人。当别人失败时，幸灾乐祸，不向别人提供任何有益的信息。同时，在别人成功时，这种人常用"酸葡萄心理"来维持自己的心理平衡。

自负的人存在着过于浓厚的自我中心观念，凡事都需要满足自己的愿望，要求人人为己，却置别人的事于度外，不愿为别人做半点儿牺牲，不关心他人痛痒。表现为自私自利、损人利己。要求所有的人都以他为中心，恨不得让地球都围绕他转，这种人强烈希望他人尊重自己，却不知道自己也得去尊重别人。心中充满了自我，唯独没有他人。过于自负的人会影响一个人的自我形象及良好思想品德的形成，以致被人厌恶、瞧不起，谁也不愿与之交往。

（二）调整自负心态的对策

自负就是过高地估计自己。人的自我意识主要包括三个方面：自我认知、自我意志、自我情感体验。评价自己，靠的就是自我认知，过低地评价自己，就表现为自卑；而过高地评价自己，则表现为自负。自卑和自负是人的自我认知的两个极端。自负对大学生的成长极为有害，它使人用一种井底之蛙的眼光看待周围的一切，凡事以自我为中心，不能善待他人，结果常常陷入孤芳自赏的封闭和孤独境地。怎样调整自负的心态呢？

（1）认识自己

在古希腊德尔菲神庙前的柱子上，赫然刻着这样的一句话："认识你自己"。

首先，自负的人要承认一个事实："金无足赤，人无完人。"必须承认，每个人都有自己的优点与缺点，长处与短处。觉得自己无比完美，别人一无是处，就是不认识自己的表现。

其次，自负的人要明白这样的道理："人贵有自知之明。""自知是睿智的灵动，是心智的飞升。自知之明表现为能够比较清醒地认识自己，评价自己，准确地把握自己，严格地反省自己。"人应该正确认识自己的优点，更要正视自己的不足。只看到自己的优点与长处，而忽略其不足，也是没有正确认识自己的表现。

最后，自负的人要有意识地去了解自己的缺点。"不识庐山真面目，只缘身在此山中。"自我感觉良好不一定是真好，也要听一听别人对自己的评价，更好地认识自己；多参加活动，扩大人际交往面，体会"人上有人，天外有天"的箴言；在与他人比较的时候，看一看自己与他人的差距，并通过取人之长，补己之短，不断完善自己。

著名心理学家皮亚杰指出，2—7岁的幼儿属于了解自己的敏感时期，这时期幼儿的思维有一个特征是自我中心。所谓自我中心就是指儿童往往只注意主观的观点，不能向客观事物集中，只考虑自己的观点，无法接受别人的观点，也不能将自己的观点与别人的观点协调。由此可见，自负者的行为实际上退化到了幼儿期。因此，自负的超越，必须了解自己那些婴儿化的行为。

（2）在失败中找回自己

太高估自己就等于迷失了自己。古今中外，因为自负导致失败的例子不胜枚举：项羽因自负而垓下惨败；关羽自负失荆州；拿破仑因自负而被囚圣赫勒拿岛等。但是，自负的人总是认识不到自己的不足，面对失败，总是找出种种借口，或把责任推到别人身上。克服自负心理，就要调整心态，遭遇挫折和失败的时候，敢于承认，勇于担当，接受批评，以积极的态度改正错误。在失败和挫折中明白自己并非完人，不再愚蠢地抬高自己，要认识到失败在所难免，不用逃避。"失败，更能让一个人认识自己，认识自己的不足，认识自己的片面，认识自己的无知，认识自己的局限。"要从失败中找回真正的自己，不断完善自我。

（3）为他人着想，懂得付出，学会分享

自负的人过高估计自己，认为自己了不起，因而看不起别人，在交往中态度傲慢无礼，只关心自己的需要，从不尊重别人的感受。要想克服自负的心态，必须学会换位思考，设身处地多为他人着想，学会尊重、关心、帮助他人。生活中最简单的爱的行为便是关心别人。俗话说：要想获得爱，首先必须付出爱。我们要遵循成熟的爱的原则——"我被爱因为我爱"，摒弃幼稚不成熟的爱的原则——"我爱因为我被爱"，学会分享爱，体会为他人着想的快乐。

（4）感受与人平等相处的快乐

由于自负者在与人相处时以自我为中心，无论在观念上还是行动上都无理地要求别人服从自己，所以他们不受欢迎，没有朋友，因而处处碰壁。平等相处就是要求自负者在与人相处时不仅考虑自己，更要顾及他人，不能高高在上，要以一个普通社会成员的身份与别人平等交往。只有克服自私、自大的毛病，与人平等相处，甚至学会吃必要的亏，才能融入集体之中，被他人理解、接受和支持，真正感受与人相处的快乐。

三、嫉妒

虽然嫉妒心态是一种人性固有的心态，但就大学生群体来说，其表现有着相对于社会环境来说不同的内容，与生活、学习、人际交往等方面有关，如嫉妒别人学习成绩优秀，综合测评成绩高，有专业特长或者其他方面专长；嫉妒别人家庭生活富裕，用钱阔绰，排场很大；嫉妒别人综合素质强，社交范围广，与人相处关系融洽，处理生活问题能力强；甚至嫉妒别人相貌出众，恋爱成功等等，也就是说大学生嫉妒主要有妒才、妒德、妒名、妒财、妒能、妒貌这几种形式，具体来讲就是表现为学业嫉妒、经济嫉妒、人际交往嫉妒、外表嫉妒和就业嫉妒、爱情嫉妒等六个方面。

（一）嫉妒的表现

（1）学业嫉妒

大学生作为学生群体，其对学业的关注度非常高，但自己的学业不如其他的同学时，就容易滋生嫉妒心理。学业嫉妒主要表现在：其他同学在考试中取得优异的成绩，而自己成绩平平；其他同学在学期末拿到了奖学金，而自己却未能得到；其他同学因为成绩好而被保送到名校读研究生，而自己却在待业大军队伍中拥挤。

（2）经济嫉妒

随着经济全球化浪潮的推进，大学校园已经不再是一片净土，大学生不可避免地受到经济影响，家庭条件差的同学，可能因经济困窘嫉妒经济条件好的同学。经济嫉妒表现在：经济条件好的同学花钱大方，穿着时尚光鲜，消费上追求名牌，使用高科技产品，追随时尚潮流，而自己却囊中羞涩，衣着寒酸，在迫不得已需要消费的时候，要考虑价格等诸多因素；经济条件好的同学衣食无忧，自己不得不靠勤工俭学来支付自己的生活费，靠助学贷款勉强维持生活和学习，不得已的情况下还要补给家庭开支，等等。长期拮据的生活，严重地影响了他们的心理健康，造成他们心理障碍。

（3）人际交往嫉妒

人际交往能力越来越成为衡量大学生能力的一个重要指标，它是大学生展现就业实力的一个重要方面。目前就业形势非常严峻，人际交往能力好的同学，往往凭借很强的交往能力赢得就业机会，这往往遭到交往能力差的同学的嫉妒。人际交往嫉妒表现在：在人际交往中，不能清楚地表达自己的看法；同学的沟通能力比自己强；自己不能够简单明了地描述一件复杂的事情，使大家都能听懂；同学和各种各样的人都能聊得来；同学可以很好地融入一个陌生团体之中；同学比自己更擅长维持与朋友的关系；在人际交往中，自己不能够有效控制过激情绪，使交往顺利；在人际交往中，同学比较幽默风趣，而自己却显得很古板；在人际交往中，同学比自己更随和，比自己更受朋友们欢迎，等等。

（4）外表嫉妒

外表嫉妒表现在：同学的相貌比自己出众；同学的身材较好，既不胖也不瘦；与同学相比，自己的身高不够高；大多数朋友或同伴的外表比自己更有魅力。

（5）就业嫉妒

就业嫉妒表现在：朋友能选择一个与自己喜爱的生活方式相适合的职业；同学的父母能帮他找到一个合适的工作；同学在毕业以后能够从事专业对口的工作；同学所找到的工作单位比自己的好；择业时朋友能从关系网中获得较大帮助；同学找到理想的岗位，而自己却找不到工作；平时成绩、能力不如自己的同学却找到了更好的工作等等。

（6）爱情嫉妒

爱情嫉妒表现在：当看到自己所爱的人与别人有亲密的动作时，就非常恼怒；常感觉到没有他（她）自己就活不下去；看见同学与其伴侣约会，觉得有些懊恼；经常怀疑自己所爱的人在背地里欺骗自己；自己所爱的人行为不检点，会气得发疯；当某人对自己所爱的人表示亲近时，常感到恶心；当所爱的人与异性同学一起走时，会觉得心里不舒服；当看到所爱的人对别人热情而对自己冷淡，心情就会很糟；当看到所爱的人与别人跳舞，会非常不安；在约会时，如果他（她）迟到半个小时以上，会产生猜忌和疑虑；失去所爱之人的青睐会自卑；当所爱的人给予某位异性很高的评论时，会感到失落；当看到同学恋爱成功时，会感到内心很空虚；不知道如何才能确定所爱的人是最可信赖的；当所爱的人注意别人时，会觉得孤独并有一种被忽略的感觉；当所爱的人在聚会上嬉戏，而自己不在场，就会觉得不是滋味等等。

（二）调整嫉妒心态的对策

（1）认清嫉妒的危害

嫉妒心强可能使我们结交不到知心朋友。嫉妒心强的人往往事事好胜，常想方设法阻止别人的发展，总想压倒别人。这可能使大家想躲开你，不愿与你交往，从而给自己造成一个不良的人际关系氛围，会让你感到孤独、寂寞。如前所述，嫉妒的危害一是打击了别人，二是伤害了自己、贻误了自己。遭到别人嫉妒的人自然是痛苦的，嫉妒别人的人一方面影响了自己的身心健康，另一方面由于整日沉溺于对别人的嫉妒之中，没有充沛的精力去思考如何提高自己，也延误了自己的前途。认清这些是走出嫉妒误区的第一步。

（2）克服自私心理

嫉妒是个人心理结构中"我"的位置过于膨胀的具体表现。总怕别人比自己强，对自己不利，因此，要根除嫉妒心理，首先要根除这种心态的"营养基"——自私。只有驱除私心杂念、拓宽自己的心胸，才能正确地看待别人，接纳自己，即常说的"心底无私天地宽"。

（3）正确认知

客观公正地评价别人，也要客观公正地评价自己。别人取得了成绩并不等于自己的失败。"人贵有自知之明。"强烈的进取心是人们成功的巨大动力，但冠军只有一个，尺有所短，寸有所长，一个人不可能事事都走在人前，争强好胜不一定能超越别人。一个人只要客观地认识自己的优势和劣势，现实地衡量自己的才能，为自己找到一个恰当的位置，可以避免嫉妒心理的产生。

（4）将心比心

将心比心是老百姓常说的一句俗语，在心理学上叫"感情移入"。当嫉妒之火燃烧时，不妨设身处地地为对方着想，扪心自问，"假如我是对方又该如何呢？"运用心理移位法，可以让自己体验对方的情感，有利于理解别人，有利于抑制不良的心理状态的蔓延。

（5）提高自己

既然嫉妒心理是一种损人不利己的病态心理，严重影响自己的身心健康，那么如何克服呢？嫉妒的起因就是看不惯别人比自己强。如果能集中精力，不断地学习、探索，使自己的知识、技能、身心素质不断得到提高，那么，也可以减少嫉妒的诱因。而且，丰富多彩的课余生活将自己的闲暇时间填得满满的，自然也就减少了"无事生非"的机会，这是克服嫉妒心理最有效的方法之一。

（6）完善个性因素

但凡嫉妒心理极强的人，都是心胸狭窄、多疑多虑、自卑、内向、心理失衡、个性心理素质不良的人。这类人要努力完善自己的个性因素，提高自己的心理素质，以健康的心态面对生活。

（7）树立正确的竞争意识

公平、合理的竞争是向上的动力，对手之间可以互相取长补短，共同进步；

还必须建立正确的竞争意识，嫉妒是人类心灵的一大泥潭，所有的大学生都应该自觉克服嫉妒心理，走出心灵误区，成为身心健康的栋梁之材。

四、猜疑

主观成见是认识客观真理的障碍。当带着成见去观察世界时，必然会歪曲客观事物的原貌。对任何人或事物，切忌先入为主，不要戴着有色眼镜看人，避免错误与偏差，避免陷入认知的误区。

（一）猜疑的表现

大学生活中不少同学比较好猜疑，他们对人、对事十分敏感。比如看到同学们围在一起说话，总疑心是在议论自己；看到某个同学从身边走过没跟自己打招呼，便怀疑人家一定是对自己有意见；买来东西后总要反复检查，看是否有质量问题，生怕卖东西的人坑了自己；平时很注意把自己的物品小心存放，对人很难产生信任。

从心理角度分析，青少年对他人不能完全信任、怕被人在背后议论等，在某种程度上是正常的。因为青少年时期是从儿童到成人的重要过渡时期，在此时期，青少年的自我意识增强，特别珍视自我形象，渴望获得外界的评价，希望得到社会承认的要求很强烈。因此，一旦发生伤害自尊心的事，就会被一种不安的情绪所笼罩，产生恐惧心理。害怕别人背后议论，正是受到不安情绪笼罩时所产生的一种恐惧的具体表现。

相识的同学擦肩而过却没打招呼，好猜疑者会迅速陷入不安："为什么对我视而不见呢？是瞧不起我？是故意孤立我？还是背着我说我坏话？"这些反应都与青少年迅猛发展的自我意识密不可分。另外，青少年的社会阅历比较少、情绪紧张度高、内心波动大，容易对较小的刺激也产生强烈的反应，所以经常表现为疑神疑鬼、对自身以外的人或事抱有不信任心理。

在猜疑心理作用下，人会陷入作茧自缚、自圆其说的封闭性思路中，即以某一假想目标为出发点，最后又回到假想目标上，把假想当作根据，又据此得出结论，在猜疑心理的笼罩下，被猜疑者的一言一行都会带上可疑的色彩。

猜疑会导致同学间人际关系紧张，既伤害他人的感情，同时也使自己处于不良的心态当中。英国哲学家培根说过："猜疑心是乱人心智的。它能使你陷入迷惘、混淆敌友，从而破坏人的事业。"猜疑是一种不健康的人格品质。

（二）调整猜疑心态的对策

（1）优化个人的心理品质

也就是说要加强个人道德情操和心理品质的修养，净化心灵，拓宽胸怀，提高精神境界，以此来增强对别人的信任度和排除不良心理的干扰的能力。

（2）摆脱错误思维方法的束缚

猜疑一般总是从某一假想目标开始，最后又回到假想目标。只有摆脱错误思维方法的束缚，扩展思路，走出"先入为主""按图索骥"的死胡同，才能促使猜疑之心在得不到自我证实和不能自圆其说的情况下自行消失。

（3）敞开心扉，增加心灵的透明度

猜疑往往是心灵闭锁者人为设置的心理屏障。只有敞开心扉，将心灵深处的猜测和疑虑公之于众，或者面对面地与被猜疑者推心置腹地交谈，让深藏在心底的疑虑来个"曝光"，增加心灵的透明度，才能求得彼此之间的了解沟通、增加相互信任、消除隔阂、排释误会，获得最大限度的消解。

（4）无视"长舌人"传播的流言

猜疑之火往往在"长舌人"的煽动下会越烧越旺，致使人失去理智，甚至酿成悲剧。因此，当人们听到"长舌人"传播流言时，千万要冷静，谨防受骗上当，必要时还可以当面予以揭露。

（5）识破各种离间计

要综合分析被猜疑对象的长期表现，识破各种离间计。当我们开始猜疑某个人时，最好能先综合分析一下他平时的为人、经历以及与自己多年共事交往的表现，这样有助于将错误的猜疑消灭在萌芽状态。

第三章　在图书馆遇见更好的自己

本章讲述的是在图书馆遇见更好的自己，主要内容有大学图书馆概述、大学生阅读现状与特点、在图书馆培养阅读习惯、在图书馆提升阅读能力、在图书馆培养阅读情趣。

第一节　大学图书馆概述

高校图书馆是高等教育的重要组成部分，是大学精神底蕴的象征，大学图书馆的馆藏和服务质量，会很大程度上影响一所大学的未来。众所周知，高校办学有三大支柱，一是教学质量，二是科研水平，三是图书馆。世界上一流的大学都拥有馆藏丰富、功能完善的一流图书馆。

教育部印发的《普通高等学校图书馆规程》中对高校图书馆的性质与地位做了明确规定："高等学校图书馆是学校的文献信息资源中心，是为人才培养和科学研究服务的学术性机构，是学校信息化建设的重要组成部分，是校园文化和社会文化建设的重要基地。图书馆的建设和发展应与学校的建设和发展相适应，其水平是学校总体水平的重要标志。"[①]

高校图书馆同时也是学校和社会信息化的重要基地。随着知识经济时代的到来，互联网技术的普及，高校图书馆通过数字化教学参考资料服务、数字化教学辅助、用户信息素质教育、网上虚拟参考咨询服务、数字资源保存和利用、支持网络化教学、支持终身学习、支持知识创新等功能，以发挥图书馆在学校信息化中的核心作用。

在外观上，图书馆已经成为学校的形象工程，学校发展水平与现代化程度的象征；在内涵建设上，馆藏资源的质量和数量，馆员素养和结构，为教学和科研服务水平等又是一所现代化大学办学水平的标志之一。在现代社会，没有一个好

---

① 教育部.普通高等学校图书馆规程.2015 年.

的图书馆，很难办成一所高水平大学，因此，师资队伍、现代化图书馆、实验室并称为现代化大学的三大标志。

一、高校图书馆的类型及特点

（一）类型

高校图书馆有两种类型：一是综合性图书馆，如综合性大学图书馆和师范院校图书馆；二是专业性图书馆，如多科性理工科院校图书馆和单科性院校图书馆。

（二）特点

高校图书馆的共同特点：高等学校图书馆的服务对象主要是教师、学生以及相关的科研人员，他们对文献资源需求的特点是由教学工作和科研工作的特点决定的。高等学校教学的主要任务是向学生系统地传授专业知识，教学内容具有相对的稳定性，这种稳定性不仅表现在课程内容体系的相对稳定上，还表现在高等学校专业设置和教学计划的相对稳定上，这就决定了读者需要的稳定性。科研工作与教学工作类似，科研内容的稳定性也决定了用户需要的稳定性，其稳定性一般表现在对文献资料内容需求上的稳定性和对文献资料专业性质需求上的稳定性。

高校图书馆的个性特点：各个高校图书馆依据本校的不同特点也会形成自己独特的个性。另外，高校所处地区的不同，也会让高校图书馆的特点有所不同，如重点高校和普通高校的图书馆有所不同，上海高校和新疆高校的图书馆有所不同等。不同特点的高校图书馆承担的任务和工作重点也有所不同，如研究型大学的图书馆更加注重提供科学研究信息和前沿、热点研究成果方面的服务，而地方应用型高校图书馆侧重为教学和实践服务。

二、高校图书馆的任务

高等学校图书馆的性质决定了高校图书馆的任务。

（一）收集和整理信息

高校图书馆必须根据学校的性质和特点去采集各种类型的文献资料，同时用科学的办法对信息进行整理，采取编目、分类处理的办法予以正确地管理。

在采集和整理信息的任务中，高校图书馆往往结合地区性特征。例如玉林师范学院图书馆除收集学校教学、科研需要的文献信息外，还注重对桂东南地区的文化信息进行搜集和整理，这些地方文献资料能够从经济、文化、社会、历史、人口等多角度去反映本地区的现实和历史情况。从本地区的文献出发，在采集上更为方便，在整理上也更为得心应手，这对地区的研究和发展具有重要意义，也能很好地促进地方经济文化事业的建设。

（二）配合学校开展思想政治教育工作

图书馆作为高校三大支柱之一，是高校教学科研的保障。高校图书馆要配合学校开展思想政治工作，对教师、学生、其他科研以及图书馆工作人员进行思想政治宣传教育，通过开展思想政治教育工作可以提高全校师生、员工的政治觉悟，提高其在工作中遵纪守法的自觉性，使其能更好地开展教学、科研及服务工作。

（三）开展流通阅览和读者导读工作

流通阅览部是图书馆面对读者的窗口部门，其所提供的流通阅览服务是图书馆最重要的基础性工作之一，直接关系到读者是否能够有效利用图书馆的文献资料。对于不同类型的读者和利用文献资料的不同目的，图书馆应制定不同的流通阅览制度，提供不同的服务。对于博士生、硕士生、科研人员等，他们借阅文献资料主要是用于科学研究，应该延长借阅时间和增加借阅的书籍数量；对于课外阅读的师生则可以在图书馆内进行阅览，缩短借阅时间。对于流通阅览制度的把握，要根据读者借阅规律来制定和调整，同时还要根据读者的阅读行为习惯进行文献信息的搜集和采购工作，更好地开展读者导读工作。

（四）信息咨询服务工作

高校图书馆是学校的文献信息中心，丰富的馆藏、独具特色的信息资源、可靠的信息服务系统，早已使图书馆成为高校教学工作和科学研究工作的重要组成部分。

高校图书馆提供的传统信息服务包括文献借阅服务、文献检索服务以及参考咨询服务等。在这种传统的服务方式中，图书馆向读者提供的信息资源以纸质文献为主，读者也处在被动地接受文献信息的地位。在互联网快速发展的今天，高校图书馆读者面对的是一个更加复杂的信息环境和信息空间，其信息获取途径、信息需求和信息载体都发生了很多的变化。高校图书馆信息咨询服务工作的服务对象和服务内容也与从前大不相同。这就要求高校图书馆必须转变观念，积极利用数字化和网络化技术为读者提供更加多样、更加方便的信息咨询服务，以满足读者个性化的信息需求。

（五）统筹、协调全校的文献信息资源工作

在教育部印发的《普通高等学校图书馆规程》中明确指出，建设全校的文献信息资源体系，为教学、科研和学科建设提供文献信息保障[①]，是高校图书馆的主要任务之一。图书馆作为高校教学、科研活动的服务基地，其文献信息资源建设不仅是开展读者服务的物质基础，也是提高教学质量、科学研究的保障。高校图书馆对全校的文献信息资源进行统筹、协调和整理，促进学校教学和科学研究工作的展开，不断推进高校教育的进步。

（六）开展图书馆间的合作工作

现代图书馆的进步和发展，始终离不开图书馆之间的合作。高校图书馆是高校以促进学校教学和科研进步为基础而存在和发展的，实施高校图书馆之间的合作交流十分必要。尽管各个学校的图书馆都运用了计算机与网络，但是孤木难成林，仅凭单打独斗是难以满足读者和用户的众多需求、难以搜集全各方面的信息的。所以，各个图书馆要联合起来，共同发展，提高开发和利用文献资源的综合能力，实现高校之间的互相合作、互通有无，使资源信息得到全面的共建、共享。合作与共享一直是图书馆追求的目标和努力方向，图书馆联盟是图书馆之间实现资源共享的有效组织形式。

（七）培养图书馆专业干部

高等学校图书馆作为一项事业，作为学校的重要组成部分，需要不断地结合学校实际，促进自身的发展。图书馆的发展能够培养专业的图书馆干部，而专业的图书馆干部反过来又能促进图书馆事业的发展。在现代社会中，对图书馆的管理、发展、资源共享、信息资源的搜集和整理的要求越来越高，高校应通过不断加强图书馆专业干部的培养，进一步提高图书馆的管理效率，让高校图书馆更好地服务于高校的教学和科研工作。

（八）进行图书馆学等相关学科的研究工作

要想促进图书馆事业的快速发展，学习西方高校图书馆的优秀管理办法，让高校图书馆在教学、科研和管理中发挥更大的作用，在图书馆的工作中开展图书馆学、文献学、情报学等与图书馆的管理和服务工作相关的学科研究也十分必要。

---

① 教育部.普通高等学校图书馆规程.2015年.

在实践中对这些学科进行探索和研究，促进这些学科的发展与进步，再用这些研究成果更好地指导实践工作，使图书馆的管理与服务工作更加完善。

三、高等学校图书馆的性质

高等学校图书馆是为教学和科研服务的学术性机构。为教学和科研服务，是高校图书馆的基本特性，也是高校图书馆全部工作的出发点和归宿，并贯穿于全部工作的始终。

高等学校图书馆是根据学校教学和科研的需要，搜集、整理和提供各种文献为广大师生服务的，它担负着为教学和科研服务的双重任务，是高校教学和科研活动的中心之一，是培养合格人才和开展科学研究活动的重要基地。

（一）学术性

高等学校图书馆是服务性的学术机构，而不是一个行政性机构。服务内容、服务手段和服务方法均反映出它的学术性是基于服务性的，图书馆的服务是一种专业性、学术性很强的服务。

图书馆工作对科研工作来说是科学研究的前期劳动。人们利用高校图书馆的文献进行学习和研究，通过实践和总结创造出新的理论和知识，因此，文献研究也是教学科研工作的重要组成部分。图书文献是科学研究的物质基础和条件，无论是自然科学研究还是社会科学研究，都要掌握丰富的文献资料。而图书馆系统完整地保藏了社会科学和自然科学的知识，它为科研人员提供了前人所取得的成就，使科学在这个基础上进行。图书情报工作是科研工作的重要前提，情报工作人员的学术水平将对科学研究起着重要的作用。

高校图书馆的学术性也体现在图书馆自身的业务工作中。现代高校图书馆不仅仅从事"借借还还"这种简单的重复劳动，主要还是从事复杂的脑力劳动。如文献采访、分编加工、参考咨询、读者分析、读者研究、文献检索、情报分析与研究、文献资源开发与利用、数据库建设、各种数据统计分析等等，无疑这些工作也都属于专业性很强的智力劳动。因此，图书馆工作中出现的新问题，也要通过研究找出解决的办法。图书馆专业人员的研究能力，决定着图书馆的发展水平。

（二）教育性

图书馆也是一个教育性机构，以图书文献为手段，以提高学生文化知识及情报意识教育为目的。曾任北京大学图书馆馆长的革命先驱李大钊同志说过："图书馆和教育有密切的关系，想使教育发展，一定要使全国人民不论何时何地都有研究学问的机会。换句话说，就是使全国变成一个图书馆或研究室。但是达到这种完美教育的方针非依赖图书馆不可。"这充分说明图书馆的教育性。高校图书馆的教育性主要包括两个方面：一是对师生员工进行政治思想教育；二是对读者进行科学文化教育。高校图书馆是政治思想教育的阵地，它利用收藏的文献资料向读者宣传党的路线、方针、政策，宣传有益于社会和国家经济建设的思想，培养学生高尚的道德情操，帮助读者树立爱祖国、爱人民和全心全意为人民服务的思想。

图书馆这个知识的宝库中，蕴藏着丰富的科学文化知识。图书馆的知识是供读者学习利用的，因此图书馆还起着传播科学文化知识和进行科学文化教育的作用。图书馆利用丰富的馆藏，向读者提供文献资料，丰富读者的知识并提高他们的文化水平。图书馆是培养学生自学能力的场所，图书馆的文献资料和各种工具书为大学生自修提供了良好的条件，大学生可以针对自己在学习中遇到的问题，进行学习、探讨和研究。高校图书馆的教育性，是一种综合性素质教育，它是教学活动的重要补充。即使在高度发达的网络时代，图书馆的这种教育功能也不会消失。

（三）服务性

高等学校图书馆又是一个服务性的机构。高校图书馆为教学和科研收集、整理、保存图书资料，最终目的是向教师和学生提供馆藏资源。为了充分满足教学和科研的需要，高校图书馆的一切工作都必须围绕学校的教学和科研工作进行，为教学和科研服务是高等学校图书馆工作的宗旨。

图书馆建立的目的，就是为学校教学和科研服务。图书馆通过提供文献资料和利用各种文献载体及设备为读者服务。无论从图书馆的管理目标，还是图书馆的业务工作，如图书借阅、文献检索、读者咨询等，都是以为读者服务为目的。由于它是服务性的，因此，它主要还是公益性的。

图书馆的服务性，要求图书馆工作人员既要掌握科学文化知识、图书馆业务知识，熟悉图书馆馆藏，了解读者需求，掌握读者阅读倾向和规律；又要有良好的职业道德，为人师表，端正服务态度，树立全心全意为读者服务的思想，以主人翁的姿态对待服务工作。这样才能不断提高服务质量和服务水平，充分发挥高校图书馆在教学和科研中的支柱作用。

四、高校图书馆的职能

（一）基本职能

图书馆的职能是指图书馆在人类社会所承担的功能和所起的作用。图书馆的职能与社会发展相适应，在传统图书馆学里，图书馆的发展分为三个时期：

第一时期以英国产业革命为分界线，指的是 17 世纪中叶以前，这一时期的图书馆其实是藏书楼，职能是以藏书为主，注重图书的保存性，讲究版本精良，没有复本，几乎不流通。

第二时期以第二次世界大战结束为分界线，指的是 17 世纪后期至 20 世纪中期，这个时期图书馆学理论初步形成，出现了阮冈纳赞、巴特勒、谢拉以及我国的杜定友、刘国钧等理论界前辈，在这些理论指导下，图书馆职能有所扩展，藏用兼顾，图书出现复本，重视公众服务性，为图书流通创造了条件。

第三时期为 20 世纪中期以后，计算机和大量现代通信设备及技术开始应用于图书馆，知识不再被"钱、权"所垄断，开始在广大人民群众之中普及传播，文献资源需求广泛，图书馆的职能进一步发展，出现以用为主的局面，服务被提上了日程，而此时的服务仅仅限于文献资源能被读者利用。到了 20 世纪 80 年代，除了"读者是上帝""微笑服务"之外，进一步提出了定题服务、跟踪服务、预约服务等更多深层次的服务内容，由被动服务变成主动服务。

进入 21 世纪后，由于计算机和网络技术的迅猛发展，信息呈几何级数剧增，信息载体的多样化和虚拟化，信息需求的精确、及时与个性化，人们求知方式的自我获得性，图书馆已经完全不同于从前意义上的藏用并重，藏的职能已大大削弱。网络的知识已无法再用空间去衡量，图书馆的职能发生了翻天覆地的变化，必须不断探索其全新的生存发展之路，以适应时代的需要。

高校图书馆有两种职能，一种是基本职能，这是任何一种图书馆都具有的功能，也是图书馆的自然职能；另一种是社会职能，在不同的社会、不同的历史时期，不同的图书馆有着不同的社会职能。高校图书馆作为图书馆的一个分支，像其他图书馆一样，其本身也具有基本职能和社会职能。

高校图书馆基本职能与图书馆基本职能相同。图书馆基本职能贯穿于图书馆发展过程中，不会跟随社会的发展而改变。

早在民国时期，就有学者认为"图书馆为保存图书之唯一机关，故间接为保存文化之机关""图书馆一方面保存文化，一方面又发扬文化，传播图书，使一地之文化可以普及各处，一时代文化永留世间"。图书馆要履行保存文化的功能则需要保存好前人留下的珍贵文献资料，具体工作包括对文献资料的收集、整理、加工、组织、管理等；图书馆要发挥传承文化的功能，则需要利用好已经收集、整理、加工和组织的文献信息，通过借阅、复制、检索、咨询等方式充分利用好文献资料。

图书馆是人类的知识殿堂和人类的精神家园，保存和利用文献资料概括了图书馆的全部工作，构成了图书馆基本职能不能分割的两个方面。只有具备了保存的物质基础，才能使传递成为可能，而通过传递和利用，又进一步促进了保存体系的完整。保存和利用二者相互依存，形成一个有机整体，反映了图书馆最本质的社会活动。图书馆保存与传递文献信息的基本职能贯穿于图书馆发展的全过程。图书馆的一切发展变化，都沿着保存和传递这个基本职能轨道运行。各个时期、各个类型的图书馆，只有活动方式、内容和侧重点不同，而没有基本职能的原则区别。

（二）社会职能

在古代社会，图书馆的社会职能主要是收集、整理和保存人类文化遗产。近代工业革命发生后，动力机器开始取代手工劳动，由于工厂开始推广和普及机器生产，要求提高全民文化水平和普及教育，图书馆面向全社会开放，社会教育成了图书馆的主要职能。在现代社会，随着科学技术的发展和新技术革命的到来，人们对知识信息的需求越来越迫切，图书馆又被社会赋予了开发智力、传递科学情报信息的职能。图书馆的社会职能随着社会的发展而不断地变化，它以基本职能为基础，是基本职能在一定社会的表现形式。1975 年，国际图书馆联合会召开了关于图书馆职能学术讨论会，专家学者普遍认为现代图书馆有保存人类文化遗产、开展社会教育、传递科学情报和开发智力等职能。当然，从国内外对图书馆社会职能的研究来看，研究意见并不统一，从不同的角度加以阐述得出的结果自然也不同，可以说是各抒己见，百家争鸣。

但是，我们认为不管图书馆发展如何，其社会职能怎么变化，其主要社会职能还是具有一定稳定性。2015 年 12 月，教育部颁布的《普通高等学校图书馆规程》里明确指出："图书馆的主要职能是教育职能和信息服务职能。图书馆应充分发挥在学校人才培养、科学研究、社会服务和文化传承创新中的作用。"综合图书馆社会职能来分析，高校图书馆应该具有如下几个方面的社会职能：

1. 教育职能

我国图书馆起源于周代史官的收藏。它主要是起到保存文化的作用，但随着图书馆事业的发展，它的社会职能逐步由保存文化向保存和传播文化并重的方向发展，因此，图书馆的教育职能越来越受到社会各界的重视。古代的图书馆就有着教育职能，由于其受众范围小，社会职能不是很明显。近代机器工业的发展，要求工人掌握比较丰富的科学技术知识，社会需要图书馆担负起使工人接受再教育的任务。在这种情况下，图书馆逐渐面向社会开放，广大读者涌进图书馆寻求知识接受教育，图书馆成为一个重要的社会教育机构。1975 年，国际图书馆协会联合会的里昂会议确定开展社会教育是现代图书馆四项社会职能之一。

从高校图书馆职能看，其保存人类文化遗产和传递科学情报的最终目的就是为了教育，显然教育职能是高校图书馆的重要社会职能。高校图书馆教育职能主要包含两个方面：一方面通过传播科学知识，活跃文化生活，使人们在比较轻松的状态下不知不觉地培养科学思维和科学创新的能力，增长新的知识；另一方面，图书馆通过丰富的文献资源和轻松的学习氛围，为读者提供良好的自学及更新知识的场所。

2. 服务职能

高校图书馆的本质是为教学和科研服务的学术性机构，服务性是高校图书馆的本质特征。高校图书馆的服务性决定了高校图书馆在社会实践中承担着为高校自身和社会教育服务的社会职能。

从高校图书馆为高校自身服务来看，高校图书馆需要为高校的教学和科研服务，为它们提供基础性的文献资料和信息；另一方面高校图书馆自己的学术研究也是为高校的教学和科研服务。

高校图书馆为社会服务是目前高校图书馆所遇到的新问题。从高校图书馆的设立初衷和服务对象来看，高校图书馆主要是服务高校师生的教学和科研，很少在社会服务方面发挥重大作用。2002 年颁布的《普通高等学校图书馆规程（修订）》第 21 条规定"有条件的高等学校图书馆应尽可能向社会读者和社区读者开放，面向社会的文献信息和技术咨询服务，可根据材料和劳动的消耗或服务成果的实际效益收取适当的费用"[①]，而 2015 年颁布的《普通高等学校图书馆规程》第 37 条规定"图书馆应在保证校内服务和正常工作秩序的前提下，发挥资源和专业服务的优势，开展面向社会用户的服务"。由此可见，高校图书馆面向社会服务是这个信息时代的需求。

高校图书馆面向社会服务有着自身独特的优势：

（1）文献资源优势。高校图书馆不仅拥有大量的纸质文献资料，而且还拥

---

① 教育部. 普通高等学校图书馆规程（修订）.2002.

有海量电子信息资源。这些资源涉及古今中外文明史中优秀文化成果和现代科学技术，还包含尖端科学和交叉学科等成就。

（2）人才资源优势。高校图书馆不仅拥有丰富的文献信息资源，而且拥有一批既懂图书馆专业知识，又懂信息开发的知识结构较全面的复合型人才。他们具有较强的信息收集、加工、处理能力，不仅能担当校内的信息服务工作，同时也可承担社会服务工作。

（3）技术资源优势。计算机技术、通信技术、缩微技术、信息数字化技术、声像技术等进入高校图书馆，极大地改进了高校图书馆技术服务手段，促进了文献信息资源的开发和利用，高校图书馆信息咨询、资源共享、远程文献传递服务能力有了很大的提高。

（4）"互联网＋"优势。"互联网＋"时代促进了高校图书馆服务能力的提升和拓展。

一是资源共享，一所高校图书馆的文献资源永远满足不了教学和科研的全部需要，这是事实。在云计算、大数据、移动互联网、物联网等技术水平快速发展的形势下，资源共享能够有效地增加大学图书馆资源流量，增强图书馆服务能力。目前，国家建立了多个高等教育公共服务体系，如中国高等教育文献保障系统（CALIS），作为国家经费支持的中国高校图书馆联盟，CALIS 的宗旨是在教育部的领导下，把国家的投资、现代图书馆理念、先进的技术手段、高校丰富的文献资源和人力资源整合起来，建设以中国高等教育数字图书馆为核心的教育文献联合保障体系，实现信息资源共建、共知、共享，以发挥最大的社会效益和经济效益，为中国的高等教育服务。

二是产业融合，"互联网＋"与高校图书馆产业融合的典型表现就是数字图书馆和手机图书馆的产生和发展。数字图书馆中基于数据挖掘的图书采购、基于数据分析的嵌入式学科服务、基于大数据的虚拟参考咨询服务、基于科研数据的知识整合，手机图书馆中基于手机短信的读者服务系统、WAP 网站、外借电子阅览器、微信推送、图书馆 APP 服务等等，无不极大地促进了高校图书馆服务能力的提升与拓展。

三是组织学习，组织学习是指组织知识基础的形成和发展过程，它也是组织创造、获得和转移知识的过程。"互联网＋"时代，高校图书馆面对高新技术的强势冲击时，更应该积极开展组织学习，提高图书馆的高新技术吸收速度，减小图书馆与读者服务技术需求差距，从而促进高校图书馆服务能力的提升与拓展。

3. 文化传播职能

图书馆自产生之日起，因其收藏人类的文明成果而成为文化传播的主要机构。图书馆是人类知识的宝库，几乎汇集了人类所有的文化成果，它对所拥有的资源进行有序化管理，包括加工、整理等，使图书馆具有突出的文化传播优势。

高校图书馆在文化传播过程中主要进行了两个方面的工作：一方面高校图书馆在其发展过程中与各种文化资源相互交流、渗透，创造了富有自身特色的图书馆文化；另一方面图书馆收藏了大量科学文献资料、汇集了最新的科技成就，成为高校组织和利用科学文献的重要基地。高校图书馆通过馆藏文化的传播，打破时空的局限，将人类几千年积累起来的经验、创造的知识、研究的成果，借助于图书馆这种中介性的组织，使馆藏文化得以广泛地传播和交流，从而为科研人员进行创造性的劳动提供必要的先决条件。高校图书馆还通过馆藏文化的收集和传播，实现学科内部和学科间的交流，为科学交叉和知识转移创造条件；通过传播馆藏文化，建构新的有用的知识体系，进而为科学创新积累资料，促进社会科学和自然科学的更大发展。

4. 休闲职能

随着社会经济发展和人民生活水平的提高，人们的闲暇时间越来越多，休闲需求已经成为一种现实的生活需要，休闲成为人类生活的重要组成部分。从一定程度上讲，休闲本身就是一种文化，是人们内在的、自觉的观念和方式，它使我们的情感、理智、意志、价值观和思维方式在心灵的自由、精神的愉悦中得到强化。高校图书馆是信息、知识的集散地，具有优雅的环境、高雅的格调、闲适的气氛，非常有利于高校图书馆休闲职能的发挥。适当地发挥高校图书馆休闲娱乐的功能，一方面可以使图书馆在提供优质休闲服务的过程中逐渐对读者产生亲和力和吸引力，人们愿意在闲暇时间走进图书馆，扩大了高校图书馆社会职能发挥的空间；另一方面图书馆还可以向大众传播科学文化知识，有利于读者陶冶情操，加强德、智、美修养。这将有助于人们在从事真正的科学文化创造时发挥其潜力，间接地促进了高等院校科学研究的发展，使图书馆在潜移默化中发挥思想教化、传承知识的作用。

五、利用图书馆检索书籍

要充分利用图书馆，首先要了解图书馆的馆藏布局、楼层结构、服务项目、图书排架规律、借还流程、OPAC 查询方法及规章制度等。对于刚刚进入大学校门的莘莘学子，要求在短时间内熟练地利用图书馆是不太现实的。因此，图书馆工作人员需要加强宣传与教育，帮助同学们尽快掌握图书馆的利用方法。如在图书馆大厅摆放新生利用图书馆宣传栏，发放图书馆利用宣传手册，进行新生入馆教育，带领新生到各服务室参观，在图书馆网站开辟新生专栏等形式。同时，工作人员应端正自己的工作态度，热情友好地对待每一位同学，让同学们到图书馆有宾至如归的感觉，这样，同学们才感觉到图书馆的温暖，才会愿意到图书馆来。

一回生，二回熟，对图书馆的了解都有这样一个过程，同学们应大胆地走进图书馆，利用图书馆。积极参与图书馆举办的各种培训与讲座，尽快地熟悉图书馆。当你迈向图书馆第一步，就会慢慢地喜欢上图书馆，离不开图书馆。常去图书馆，即使随便翻翻，都会有所收获。如果你大学几年很少去图书馆的话，就等于自己浪费了一大笔财富。

（一）文献信息资源分类

图书馆信息资源建设是一个从信息的采集到分类、加工、组织、典藏、整合的全过程，其目的是要建立一个科学合理的信息资源体系。在这一过程中，信息资源的分类起着重要作用，它是文献信息加工、组织、典藏、整合等步骤的基础和前提，同时也是图书馆及其他信息服务机构开展信息服务的基础和前提。

图书馆对文献信息资源进行分类加工的目的主要是实现信息资源的科学管理和方便读者对信息资源的利用。目前，世界上对文献信息资源有各种分类方法，我国公共图书馆和大学图书馆多以《中国图书馆分类法》（以下简称《中图法》）为图书分类的依据[①]。另外，多数编辑部也要求作者投稿时提交学术论文的《中图法》分类号。

1.《中图法》概述

图书分类是根据图书内容的学科属性或外表特征，依据一定的分类法，将图书分门别类地、系统地组织起来，同时给予与之相适应的标记符号，即分类号，以便按分类号分类组织藏书和编制分类目录。《中图法》是以科学分类为基础，结合图书资料的内容特点，分门别类组成的分类法。

2.《中图法》的体系结构

《中图法》的类目体系是一个层层展开的分类系统，其基本大类以科学分类为基础，结合文献的需要，在五大类的基础上展开，《中图法》采用拉丁字母与

---

① 国家图书馆《中国图书馆分类法》编辑委员会.中国图书馆分类法 [M].北京：国家图书馆出版社.2010 年 .

阿拉伯数字相结合的混合编码制，它依据学科门类，将图书分成五个基本部类，二十二个基本大类（一级类目），下分二、三、四……级类目，类目级别越多，分类越细，类目所表达的内涵越丰富。

了解体系结构，有助于从科学的角度查询信息，在确定信息所属的主要和次要学科或专业的范围时，在分类表中，被确定的学科或专业范围从大类到小类，从上位类到下位类，层层缩小查找范围，直到找出课题相关类目及分类号。

3. 分类号

《中图法》采用大写拉丁字母与阿拉伯数字相结合的混合制号码，用一个字母标识一个大类，以字母的顺序反映大类的序列，在字母后用数字表示大类下类目的划分。为方便读写，分类号中的阿拉伯数字部分由左至右每隔 3 位加一个圆点如 G252.7。

按学科分类的图书，有时会有不同的文献类型，如教材、词典、图谱等。为了进一步细分每类图书的不同文献类型，而又不增加分类表的篇幅，在《中图法》中采用了复分处理。

复分的方法是将带有连字符的复分号加于基本分类号之后，形成新的更为专指的分类号。如：R5-43 内科学教材；H310.42-44 英语水平考级试题。

（二）了解信息资源的排架

信息资源的排架先按信息资源分类的字母顺序排，再按字母后的第一位数字排，以此类推。当你面对书架时，图书的排序是从左到右、从上到下的顺序摆放的。当你进入书库时，首先看每排书架的侧面，上面都标有类目标签。了解了图书的排架，就能很快找到自己所需的图书。例如：要找自动化、计算机类图书，就看 TP 开头的索书号；要找四、六级考试类图书，就看 H 开头的索书号。那么，什么是索书号呢？

1. 索取号

索取号是图书馆对图书、期刊进行排架和索取的依据，因此通常也称为排架号。对于图书又可称为索书号，对于期刊则又可称为索刊号。索取号的构成一般至少分为两段号码，第一段号码是书刊排架的主要依据，第二段号码是第一段号码相同时进一步区分和排架的次要依据。因此，索取号的编码方法与各图书馆的排架方法是一致的。

总之，索取号的任何编码方法，其目的就是为了科学地组织书刊的排架，尽量使每一本书或期刊在书架上都有其唯一的位置和次序，方便馆员管理和读者索取。

2. 图书的排架

图书排架的方法有多种，比较科学、并被多数图书馆采用的是分类排架法，而分类排架的直接依据是索取号。这时，索书号的构成为分类号＋书次号。

分类排架时，首先按分类号顺序排，如果分类号完全相同时，再按书次号顺序排。

图书分类号：使同一学科主题的图书相对集中地排列在书架上，起到方便管理和读者查找的作用，多以《中图法》为分类依据。

书次号：使同类号的图书再按其他的方法区分、排列。各图书馆的编号方法有所不同，有编年法、图书入馆流水号、著者号等。

索书号位于图书书脊标签上。如《大学生信息素养初级教程》一书，书脊标签上有 "G252.65/4037" 索书号，其中 "G252.65" 为分类号，"4037" 为书次号。到书库查找图书时，读者可根据图书的索取号到相应的排架位置查找。

3. 期刊的排架方法

各馆对期刊排架的方法不尽相同，大体包括分类法、字顺法和年代法等。因此，期刊的索取号构成也不尽相同，主要取决于各馆的排架方法。另外，中文、外文，现刊、过刊也有不同的排架习惯。读者到每个图书馆查找期刊时应注意咨询该馆的排架方法，提高查找效率。

（三）OPAC 系统

到图书馆查找资料必然要用到一个重要的文献信息检索工具，即目录。目录是指对文献信息加以著录，并按照一定方法组织而成的一种揭示与报道文献信息的工具。它的实质是揭示与报道文献信息的内容特征和形式特征，以便人们准确地识别和检索文献。图书馆有书刊目录，出版社有发行目录，网站有网页目录等。

20 世纪 90 年代之前，图书馆主要使用的是传统的卡片式目录。随着网络技术的发展，卡片式目录已经淘汰，联机目录已成为查询图书馆信息资源的主要工具。

读者可以通过校园网终端查询图书馆 OPAC 系统（Online Public Access Catalogue），了解图书馆的馆藏资源及自己的借书情况等内容。

1.OPAC 的发展

OPAC 可供读者用户通过终端直接检索图书馆收藏的各类文献。OPAC 具有新书报道及时、检索点和检索方式多样化、检索覆盖面广等特点，是图书馆自动化集成系统的重要组成部分，它的出现和发展推动了图书馆工作向网络化方向的发展。时至今日，OPAC 已经经过了三个发展时期。

第一代 OPAC 出自 20 世纪 70 年代的美国联机图书馆系统，限于当时的科技水平，只是简单替代了原先使用的手检目录，利用终端采用菜单引导进行联机检索，只能提供几项检索点的组配检索，如题名、责任者等。读者对第一代 OPAC 满意度很高，它提高了检索速度，消除了卡片目录中查检的疲劳。

第二代 OPAC 起源于 20 世纪 80 年代初，这类 OPAC 子系统大多使用命令语句，增加了关键词检索，为读者显示数据库记录中的有关主题信息，能对书目记录中的题名或其他字段进行关键词检索、浏览查找。

第三代 OPAC 系统在 20 世纪 90 年代得到迅速发展，它加强了多媒体信息的检索技术，引入 Z39.50 协议等，服务对象从单一的馆内读者扩大到了网络用户，信息资源内容也从馆藏资源扩大到电子资源、网络资源等，对第二代 OPAC 系统的功能进行了加强和扩充，信息资源组织方式依然采用传统的受控词汇。由于第三代 OPAC 主要依托互联网，所以也称为 WebPAC。

2. 主要的 OPAC 检索平台

大部分图书馆 OPAC 系统都是图书馆集成系统的一部分（图书馆集成系统主要有国内的汇文、金盘、妙思、ILAS、Interlib、SULCMIS 等，国外的 Encore、WebPAC、Aleph 等）。国内几种主要的 OPAC 检索平台如下。

（1）以国家图书馆为代表的 Aleph500 系统

Aleph500 图书馆自动化集成管理系统是以色列 Exlibris 公司的产品。

（2）以清华大学图书馆为代表的 INNOPAC 系统

INNOPAC 系统是美国 Innovative Interfaces Inc. 公司的产品。

（3）以北京大学图书馆为代表的 Sirsi 系统

Sirsi 系统是美国 Sirsi Corporation 公司开发的产品。

（4）以复旦大学图书馆为代表的 Horizon 系统

Horizon 系统是美国 Epixtech 公司开发的产品。

（5）以中国农业大学图书馆为代表的 ILAS II 系统

ILAS II 系统是由深圳图书馆朗思数字技术有限公司开发的图书馆自动化集成系统。

（6）以南京大学图书馆为代表的汇文系统

汇文系统由江苏汇文软件有限公司开发，是"江苏省高校文献保障服务系统"重点科技项目之一。

3. 馆藏文献的查询方法

本节主要介绍基于 ILAS Ⅱ 系统的 OPAC 模块的查询，读者经过图书馆的 OPAC 系统注册登录后，可以进入"我的图书馆"并能够进行以下几个方面的查询：

（1）权限查询

可以查看读者目前在图书馆所享受的服务，比如可以借几本书、借期有多长、能否网上续借等。

（2）借阅查询

可以查看读者在图书馆的借阅、预约情况，还可以看到读者所借每本书的所有信息及借期、还期等情况。

（3）借阅史查询

可以查看读者曾经在图书馆借过的所有书籍及借阅时间。

（4）感兴趣新书

如果注册时读者提供了所喜欢的图书类型，那么在这里就可以查到你感兴趣的新书目录。读者还可以推荐采购，即读者可以向图书馆推荐自己喜欢的图书或期刊，供图书馆采购部门参考。

（5）书目查询

可以查询本馆藏的所有信息。系统提供了五种查询途径：题名、责任者、主题词、国际标准书号、索取号。选择任意一种查询途径输入关键字即可检索，如果馆内有此图书，那么还可以通过点击"详细信息"来查看书目的题名、责任者、页码、价格、主题、分类，以及这本书的馆藏地点、是否借出、应还日期等详细的信息。

（6）新书通报

列出了各个批次新到的图书的目录，每本书都标上了索取号，如果有读者感兴趣的书，可以凭索取号去书库查找借阅。

（四）遵守图书馆的规章制度

图书馆规章制度是指图书馆工作人员和读者都必须共同遵守并具有法规性质的工作条例、章程、细则和办法。俗话说："没有规矩，不成方圆。"规章制度是图书馆的管理依据，高校图书馆必须建立规章制度，做到"有章可依，有章可循"，否则图书馆工作就无法管理。

图书馆规章制度：入馆须知，借阅证管理，借书流程，借阅规则，书刊损坏遗失赔偿管理办法，阅览室管理等。

第二节 大学生阅读现状与特点

一、大学生阅读现状

（一）大学生阅读倾向现状

在理论研究中，阅读倾向往往与一个人的阅读趣味和以往的阅读经验有着密切的关联，大学生作为阅读者，会依据自身所形成的世界观和价值观来选择适合自己的阅读内容，从而形成阅读倾向，这种阅读倾向能够内在地表现为大学生阅读者的心理特征和兴趣动机，从而能够更加深刻地了解大学生在日常的学习生活中的阅读情况。大部分大学生在日常生活当中选择的阅读内容，都与本专业的学习科目有着密切的关联。通过访谈可以了解到，这部分大学生具有较为明确的学习目标和发展方向规划，希望通过对业余时间的合理利用，提升自己的专业水平和专业能力，顺利完成学业，从而需要进行与专业相关的阅读行为。这种阅读对于大学生来说，更加看重其所具有的实用性，例如大学生一般倾向于对英语、考研等书籍的借阅；此外，也有部分学生表示，在阅读倾向方面，希望能够与自身所具有的兴趣相结合，从喜好角度出发，进行阅读内容的选择。这部分学生的兴趣点和喜好特征与其所选择的阅读内容之间有着紧密的联系，这种阅读是实用性阅读之外的娱乐性阅读。

（二）大学生阅读方式现状

阅读方式的研究主要是指，大学生在进行阅读时所选择的阅读渠道以及所应用的阅读方法。其中阅读渠道可以分为纸质书籍、网络资源内容等具体的方面，阅读方法则依据阅读者的特点分为浏览、浅阅读、深阅读、快速阅读、评论阅读等方式。

在阅读渠道方面，随着互联网技术的不断发展和进步，越来越多的学生希望能够利用网络渠道进行阅读资源的选择和阅读体验的获取，在网络环境之下，网络中所具有的信息性和交互性使得阅读趣味得到充分提升。对于大学生来说，这种交互体会可以增强阅读内容的临场感，帮助大学生读者把握阅读内容的知识点和知识脉络。例如，在著名的网络平台"豆瓣网"中，阅读者就可以根据自身的阅读资源进行检索，并从中浏览其他阅读者在进行阅读时所形成的体会以及感悟，从而加深对于作品的理解。

在阅读方法当中，大学生群体内部普遍存在的是摘要式阅读以及浏览式阅读两种，这主要是由于前文所提到的阅读的实用性特征所导致的，阅读资源内容、知识点的攫取成为阅读的主要目的。其中摘要式阅读是通过对文章标题内容、梗概内容进行浏览和分析，从而获取文章内容所包含的重要信息；浏览式阅读则是通过简要的全文浏览，来获取重要的观点和看法，这两种阅读方法都是十分流行的阅读技巧，除了能够实现内容的快速获取、提升阅读效率之外，还会避免长篇大论所带来的阅读困扰。但是也存在诸如以偏概全、缺乏方向等阅读弊端。与之相对应的深阅读在大学生阅读群体中并不受欢迎，这种阅读方法是对阅读对象进行细化，并通过深刻的分析和了解掌握其知识和精神。例如，通过对《百年孤独》这部文学名著的深入探究和解读，了解哥伦比亚作家马尔克斯在进行魔幻现实主义作品创作和表达的过程中，对于世事变化和情感变化过程的了解，从中感受作品的文学魅力和文学价值，是一种深阅读的情感体验。但是深阅读方法阅读时间长、对于大学生来说需要具备一定的知识基础和阅读耐心，因此只有少部分学生能够通过合理运用生活时间，选择与自身阅读兴趣、阅读需求相契合的作品，进行深阅读，从而了解作品的精神内涵。与前者相比，深阅读更加注重作品本质价值，更能够深入发掘作者的创作观念和心路历程，因此更能够使作品担负起连接作者和读者之间的桥梁作用，对阅读读者形成启发与共鸣。

（三）大学生阅读内容现状

由于大学生受到学业要求的具体影响，因此大学生在阅读倾向上，集中表现在实用性阅读这一方面；而部分大学生则依据喜好和兴趣，开展娱乐性阅读。现阶段大学生在进行阅读活动中，所选择的阅读内容主要可以分为以下几个方面：

首先，阅读基数最为广泛的是专业类书籍阅读，这种阅读是实用性阅读倾向中受众最为普遍，同时也是最为大学生所接受的一种阅读内容。对于大学生来说，在大学阶段所进行的学习具有较大的压力，在专业课程的知识获取方面，大学生除了需要完成课业的学习，还需要依据教师的授课方法和学科规划要求，形成自主学习、自主探究的能力。因此大部分大学生会依托课余时间，借助学校图书馆等图书阅读渠道进行与自身专业相关的专业书籍阅读。在访谈中笔者发现，部分处于大二或大三学习阶段的学生，就已经对未来做好了规划。其中部分学生希望通过积极的准备完成考研，因此需要充分利用课余时间，对考研相关的指导书籍进行阅读，从中掌握考研技巧和院校专业的选择方法，使自己能够在考研到来之前做好充足准备。这种基于目标性和方向性的实用阅读，是目前大学生群体中最为普遍的阅读，其阅读内容主要集中在专业类书籍上。

其次，也有部分大学生希望能够利用课余时间进行娱乐性的阅读。这种娱乐性的阅读并不是简简单单进行放松身心的阅读，部分学生在校内图书馆阅读中，会选择中外文学名著作为主要的阅读方向。文学名著除了具有一定的趣味性和可读性之外，在思想性和艺术性方面，也有着较高的水平，从而形成对于大学生的阅读吸引力。许多文学名著都是经历了历史的洗礼和时光的打磨传承下来的经典著作，这些著作所形成的精神内涵和优秀的文采，也都可以使大学生阅读者感到欢欣鼓舞。部分学生会依据自身的知识储备和阅读喜好，选择具有影响力和人文素质的经典文学名著进行阅读，通过阅读拓宽自己的眼界，并不断丰富自身的精神世界。

再次，在网络环境影响之下，也有部分大学生会通过网络终端，对网络当中的内容资源进行阅读和浏览。与前两者不同，这种阅读状态下的阅读内容一般为通过网络渠道进行创作的。根据网络创作平台的特点，这种内容创作有着更高的参与度与自由度，能够为大学生阅读者提供更加广阔的阅读空间和更具趣味的阅读体验。在当前阶段，许多大学生阅读者会利用手机终端对网络当中诸如小说作品、公众号作品等内容进行阅读，不过，由于网络创作的门槛较低，其内容创作也存在着一定程度的良莠不齐的现象，部分大学生由于自身阅读经验的限制，对于网络当中存在的糟粕作品无法做到准确分辨，因此其所进行的阅读也存在一定程度的负能量和消极影响。

二、新时代大学生阅读特点及原因分析

（一）实用读物代替名著经典

现在大学图书馆里最受欢迎的书籍已经不再是名著，而是实用书籍。图书馆藏书中，许多考试辅导、就业和成功学方面的书籍笔记满满，有些书甚至入库一个月就已经被许多位读者借阅。有相当大比例的大学生，对一些直接能够为就业、走向社会带来实用价值的图书非常青睐。大学生认为应该多读与现实社会紧密联系、具有实用技能技能的图书。比如大学生对公关书籍的喜好程度非常高，甚至于超过了法律书籍。除了借阅，很多大学生如有必要，会自费购买书籍。

出现这一现象的首要原因是大学生的就业压力。在市场经济条件下，大学生包分配、包就业的状况已经不复存在，就业成了大学生们走出大学需要面对的第一道门槛，自然那些与谋职就业、社会生存相关的成功学、法律、职场规则方面

的书籍成了大学生阅读的首选。在大学生们看来，学习了这类知识，可以为将来踏上社会从容面对工作竞争、人际关系、生活压力等做好准备。在此背景下，为提高人文修养、陶冶道德情操而读书变得曲高和寡。当然，为了获得具体的、速效的指导，以此作为换取提升自己物质条件的基础，本身无可非议。根据马斯洛的需求层次理论，只有人的生存需求得到满足后，才会考虑到精神上升华，才会考虑到审美的需要。

（二）通俗阅读代替严肃阅读

目前，在各大网络读书网站和手机书籍下载中，宫斗、穿越小说、成功学、心灵鸡汤、营销等书籍下载量长期占据首位，这些通俗读物在大学生中同样受欢迎，1/3 以上的大学生表示对此情有独钟。在图书馆借阅数量中这些书籍通常需要提前预约才能够借到。更有甚者，在复习考研、生病期间也会花大量时间阅读。相比之下，大学生对于经典作品的阅读兴趣明显降低。

就创作来说，在网络化时代，创作的门槛变低、创作成本降低，甚至出现了很多为戏说而创作的"戏说"、为闲聊而写作的"闲聊"，这些作品必然影响到大学生的阅读选择。作为传播媒介，许多媒体向社会传播的是娱乐的理念与媚俗的情趣，许多年轻人对于经典的认知发生了巨大变化，认为阅读不应该是严肃的，信奉文化的消费主义和快乐至上的原则，由此造成年轻人在心理上与严肃文学日渐疏离，在这种局面下，大学生自然倾向于通俗读物。

严肃阅读是与消遣式阅读相对的概念。当然，大学生读通俗读物本身没有问题，并且作为补充知识或者激发阅读兴趣的重要渠道，大学生应该广泛阅读通俗读物。严肃阅读的前提是严肃的写作。与通俗读物的短平快不同，严肃写作的意义在于刷新和重建，它保存着对世界、对生活个别、殊异的感受和看法，要为读者带来新的发现，影响着读者的身心塑造，所以大学生阅读选择中，严肃阅读不应该缺位。之所以提倡大学生应该有严肃阅读，是因为现在社会上盛行的"戏说""解构"等系列，作者创作时缺乏严肃的考证和逻辑思辨，让经典坍塌，让历史虚无主义盛行，严重挑战着大学生的认知体系和价值体系。

（三）新媒体读物代替纸质图书

随着媒介传播技术的发展，数字摄像设备（如手机、数码相机）的普及、影音后期编辑技术的大众化以及传播渠道的便捷化，新媒体产品已经从高端走向大众化，于是我们也迎来了新媒体读物的大爆炸时代。与图书相比，一方面新媒体读物具有声画并茂的传播优势，可以瞬间抓住人的注意力，特别是大学生；另一方面，大学生也渴望用最少的时间、最便捷的方式通过了解信息、获取知识，新媒体信息产品具有查找便捷，储存方便的特点，自然成为大学生们的"新宠"。

新媒体读物自身优势显著，传播迅速，降低了阅读的经济成本和时间成本，但它的消极作用却隐藏得较深，不易被察觉。和图书比较，一是一般人只是看到网上信息量大的现象，但往往忽视信息本身的可信度问题；二是经过加工后的影音作品丢失了深邃的逻辑思维和高层次的美感。一些经典之作经过影视加工，内容中原本具有庄严、崇高精神意义的成分严重缺失，而且逼真形象带来的视觉感知永远替代不了精辟语言产生的深邃逻辑思维，生动画面带来审美愉悦也永远替代不了抽象文字产生的更高层次的艺术美感；三是新媒体信息读物会削弱人的思考能力和创新能力。新媒体信息读物具有简洁、快速、生动、形象的特点，让接收者要么被完全吸引，深入其中，无法抽身思考，要么为了跟上速度，无暇思考。思考是批判的前提，思考的缺失必然会带来批判的缺位。对于思想还处于成长发育期的大学生而言，长期接触和依赖这些新媒体信息产品，会导致思考的缺位，进而无法通过阅读获取精神和思维的提升。这些年大学生容易轻信网络谣言、易受蛊惑，思考缺失是主要原因，这容易让不法分子有机可乘，对国家、社会公共安全造成重大的威胁；不仅如此，思考的缺位容易造成大学生思维偏激，产生严重的焦虑心态，直接影响其健全人格的形成。

（四）碎片化阅读代替系统阅读

碎片化阅读是通过移动互联网，以手机、电子阅读器等数字终端为载体进行的一种间断性的、内容零碎不完整的阅读模式。大学生在微信碎片化信息阅读上花费了较多的时间。手机互联网时代，阅读载体发生了巨大的变化，这也深刻地改变了我们的阅读习惯。传统的阅读模式中，我们通常采取线性阅读，从一本书到另一本书，我们通常会规划时间来阅读某一本书。而现在更多是指向了碎片化阅读，一般利用等车、睡前、课间等分散的时间来阅读多个主题。从一篇文章到另一篇文章，从一个观点到另一个观点。碎片化阅读一是阅读时间碎片化；二是阅读内容碎片化；三是阅读方式移动化。

碎片化的阅读所占比例越来越大，深入性、系统性阅读所占比例就会越来越小。碎片化阅读是社会快速发展的必然结果，现代生活的快节奏，让人们几乎没有完整的时间读完一本书甚至一篇文章，只能抽零碎时间阅读。我们处在信息爆炸的时代，获取知识、储存知识变得简单便捷，人们不再积累知识，而是大量储存知识；人们不再服从知识，而是参考知识。所以很多时候，我们只浏览标题，大量收藏而不是深入阅读。

碎片化阅读具有知识丰富、方式灵活、互动方便等优势，但其深层次的危害也日渐明显。一是在一定程度上使人类经典文明碎片化，不能形成知识体系；二是使人的注意力碎片化，不能长时间集中注意力；三是使思考碎片化，从而不能形成连续的、有深度的思考。

第三节　在图书馆培养阅读习惯

一、大学生阅读习惯养成

高校的资源和服务不少，同学在阅读时没有目的性，不知道选哪本书好。有的人于是就根据书名、封面是否吸引人来挑书，或者说什么书好就选什么书，随意性很大；有的同学读书爱赶时髦，社会上流行什么就读什么；还有的同学读书的层次太低，只看一些连环画、笑话、童话之类的书，而对科技读物、思想修养读物之类的书很少问津。

大学生可以根据自己的自身条件，创造阅读的条件，构建自己的阅读计划。阅读计划要合理可行。一个人不可能穷尽天下的知识，不能只凭热情去读书，而需要选择，有所取舍。当今世界的出版物之多令人咋舌，面对浩瀚的书海，如何选择适合自己读的书，更有其重要性。大学生阅读习惯的养成首先需要自己制订一个阅读目标，需要读什么书，之后怎么读，按计划完成制订的计划就可以了。

二、大学生阅读习惯养成的训练方案

习惯可以在无意识的状态中形成，但是我们所说的大学生阅读习惯的养成更多的是指通过有目的、有计划的训练形成。因为良好的习惯必然是通过有意识的训练，这也是良好与不好习惯的根本区别。一旦形成了不良的习惯，改掉它就很难了，同样形成良好的习惯也不是那么容易的。首先要了解这个良好的习惯的重要性，使大学生有培养阅读习惯的强烈愿望。其次是分析阅读习惯的养成是否有必要性和可行性，使习惯的养成建立在理智和科学的基础上，避免头脑一热，最终半途而废。再次是要统筹安排，逐一攻破，因为阅读习惯的养成是一个系统的工程，统筹安排后就可以由近及远、主次分明地开始阅读习惯的养成。开始的时候先做相对容易的，尝到一些甜头，这样就可以不断受到自己和周围人的激励，容易成功。一旦习惯养成了，就会在无意识中为你服务，让你终身受益。四是关键时间的重要性，特别是前一个月。习惯的养成真正重点在前几天，之后还要通过一个月左右才可以变成自己真正的习惯。从心理学的角度来看，一个好的习惯养成为 21 天，90 天的重复会形成稳定的习惯。第五点也是最重要的一点就是要坚持不懈，最后迎来良好的阅读习惯。

三、大学生阅读习惯养成的实施

大学生阅读习惯养成的实施是一个系统的过程，一是要明确阅读目标，二是要创造良好的阅读条件，三是掌握好阅读的时间，通过这几个步骤就完成了大学生阅读习惯养成的实施。具体来说也就是：

首先，明确阅读目标。此次阅读是为了掌握些什么？是为了扩充知识面，还是做后面的习题，只有明确了目标，才能够产生强烈的动机，使自己为了实现既定目标去阅读，即使在阅读过程中出现干扰，也能够及时排除，这样就可以积极地加工当前的阅读材料，并对阅读速度做出相应调整。

其次，创造良好的阅读条件。注意力可能会受到外界环境的影响，特别是年龄较小的学生，更容易受到外部因素的干扰。图书馆内虽然比较安静，但是环境的噪音、偶发事件、不适宜的温度、灯光等，都可以成为分散注意力的因素。良好的外部环境是集中注意力的基本条件。除此以外，还应注意用一种平静、愉快的情绪来阅读。如何才能使心情平静呢？第一种方法：要求学生端正地坐在椅子上，双脚放平，双手自然放在双膝上，背部伸直，全身放松，排除杂念，闭目静心 1 分钟。第二种方法：引导学生凝视某物体中间一点，如一个橡皮、书本或课桌的中心等，什么都不想，专心注视这一点 1 分钟。第三种方法：让学生端坐闭目，放一段优美舒缓的乐曲，让学生想象乐曲中所描述的世界。

最后，正确掌握阅读时间。心理学研究发现，一般人的注意力最多能集中 20~25 分钟，然后就会疲劳。而休息 1~2 分钟，注意力又可以高度集中 20~25 分钟。因此，让学生在一定时间范围内阅读，使之产生高度集中的注意力。经过训练可以逐步延长阅读时间。

大学生要参加图书馆开展的读书活动，以激发阅读兴趣。这就要求图书馆给学生搭建多样的交流平台，以起到桥梁作用，如"读书漂流"活动。在活动中，学生们可以互赠自己精心设计的书签，也可以让学生自制精美的"漂流本"，让书籍在漂流中为学生架起读书交流的桥梁，共享读书的乐趣与收获。再如开展"漂流日记"活动，以激发学生的读书热情。图书馆可以为学生们准备一批可以让学生与读书笔记一起借出的书籍，学生在读书笔记上可写、可摘、可画、可贴，作为"漂流"的内容，图书馆充分利用这个"漂流本"，实现与其他同学交流读书心得和体会的目的，或向伙伴推荐新书，或讲述自己的读书故事，或抒发自己的读书感言，在这种"漂流"的过程中，激发学生的阅读兴趣，促进学生的阅读质量和效果。利用图书馆激发学生阅读兴趣的方法可研究的内容很多，图书馆员要深入研究，总结出切实可行的办法，以使学生养成阅读习惯，激发阅读兴趣，使学生在阅读中获得快乐，在快乐中阅读，从而实现阅读的价值，提升学生的综合素养。

四、大学生阅读习惯的内容

（1）培养有意识博览精思、做笔记的阅读习惯

在阅读习惯的培养中，我们还要着重培养的就是阅读时候的良好习惯。例如保持正确的坐姿，保持眼睛与书的适度距离和角度。另外，要在阅读的时候保持投入且积极地思考，这需要投入人的意志力，所以专心致志阅读的过程就是锻炼人的意志品质力的过程。

在历史上也不乏伟人培养阅读习惯的例子。毛泽东为了锻炼自己的专注度，特意到杂乱的市场上去读书，青年时候的毛泽东通过自己的方式，克服了困难，在嘈杂的环境锻炼了自己良好的阅读习惯。良好阅读习惯的养成中还要注意培养做笔记的习惯，不管用什么阅读方式、阅读什么内容，准备好纸和笔，可以做摘录，写下心得，记录看书时获得的灵感。

（2）培养主动获取积极阅读内容的阅读习惯

大学生处于青少年时期，正处于人生的十字路口，与社会的接触使他们初尝了生活的艰辛。大学生能不能积极地去面对生活中的种种迷茫与困难，是否具备积极乐观解决问题的能力，就显得非常重要。在相关阅读疗法的研究中，证明可以通过有方向指导性地阅读对大学生进行心理干预，为大学生指明方向、答疑解惑。

当今的读物形形色色，这些读物带给我们的读后感受和收获也是不同的，其中不乏优秀的励志文学作品，能够带给读者正能量，塑造大学生健全的人格。例如残疾作家史铁生的散文《我与地坛》中，作者通过亲身经历讲述了自己的生命体悟，之后自己如何重新获得了生活和奋斗的力量，这就是一部传递在困难中保

持积极心态、在绝望中寻找希望精神的优秀作品。很多具有正能量的优秀文学作品都不遗余力地传递着积极向上和乐观的精神，这使人们在阅读作品之后拥有面对困难的力量。当然，这些文学作品带给读者的肯定超过一堂死板的思想政治教育课程，这些文学作品让读者产生了认同感，并能够充分激发他们在生活中积极乐观的态度。这样的一些作品正是大学生需要阅读的，它们能够为心灵带来震撼，也为人生带来启迪。

第四节　在图书馆提升阅读能力

一、掌握读书的原则

（一）有明确的目的性

读书必须从切实的目的和需要出发，如果不知道为什么读书，那这种读书是茫然的、杂乱的，也一定是不用心思考的，这种读者即使脑袋里装了一些知识，也是一个书呆子，没有把书里的知识转化为自己的思想。读书作为获取知识的手段，读者在阅读前要根据一定的目的制订一个目标，围绕这个目标，阅读相关方面的书籍，在一定时间内集中学习一个主题，根据目的和计划要求对书内容的质量和价值进行取舍。从道德修养的方面来说，要选择思想健康的书；从知识要求来说，要选好各学科图书中的基础书，这样可以收到抓住核心和提纲的效果；从需要获取信息方面来说，要选择包含新信息的新书刊，这样才可以了解这个学科的最新发展，既利于记忆，也便于积累。

（二）循序渐进

知识本身是有规律的，人的认知过程也是有规律的。要依据次序从基础知识到专业知识，由浅入深、由简到繁、由易到难逐步加深。循序渐进既符合知识的规律，也符合人们认识客观事物、获取知识的客观规律。学习一门知识，从不懂到懂，最后到运用自如，必须阅读大量的资料，切忌贪多求快，一定要从基础着手，由浅入深领会其中精髓。而高深的学问，更是从最基础的知识逐渐积累得来的，否则，欲速则不达，会降低读书效率的。

（三）思想性原则

语言和思想是密不可分的，用书面语言组成的文章和思想也是密不可分的。阅读是吸收，或者说阅读是把课外读物转化为自己思想的心理过程，只吸收那些正确的、健康的、有益身心的内容。所以读书要有思想性，从中吸收良好的精神营养和知识营养，使我们成为有理想、有文化、有道德的人。

（四）科学性原则

科学性原则，既可用之于读物，又可用之于读者。对读物来讲要符合科学性原则。读物所讲知识，必须是正确的、科学的知识，读书时要读那些富有理论价值和实用意义的书籍，要读能反映当代最新科学成果的书籍。对于读者来讲，一要提高思想水平，没有较高的思想水平就不能辨别内容的优劣，不能抓住内容的中心思想、观点、立场，便不能读懂好读物。二要有丰富的生活经验。生活经验越丰富，知识面越广，便越能欣赏和审视读物反映的中心思想和内容。三要加强文化修养。文化修养是阅读能力的主要构成因素，文化修养越高，阅读能力就越强。

阅读是一种能力，一种技巧。能力和技巧只能通过实践，才能有效地提高，熟练地掌握。增强阅读能力，应注意以下内容：阅读的兴趣、选择能力、认知能力、想象力、思辨能力、赏析能力和表达能力。

二、在图书馆既要精读又要博览

英国哲学家培根的体会是，有的书只需浅尝，有的则必须深入钻研，这就是读书中泛读与精读的关系，也就是博与专的问题。精读有厚实基础、透彻理解、巩固知识的作用，博览可以开阔视野，增长知识。精读和博览两者均不能偏废，必须做到专而不死、博而不烂，广泛涉猎，博采众长，兼收并蓄。

三、利用思维导图阅读

（一）思维导图的特点及优势

英国人东尼·巴赞（Tony Buzan）于 20 世纪 70 年代提出"思维导图"，因此他也被称作"记忆之父"。"思维导图"是表达发射性思维的有效的图形思维工具，它简单却又极其有效，是一种革命性的思维工具。"思维导图"运用图文并重的技巧，把各级主题的关系用相互隶属与相关的层级图表现出来，把主题关键词与图像、颜色等建立记忆链接，充分运用左右脑的机能，利用记忆、阅读、思维的规律，协助人们在科学与艺术、逻辑与想象之间平衡发展，从而开启人类大脑的无限潜能，因此具有人类思维的强大功能。

"思维导图"是一种将放射性思考具体化的方法，可以给它先确定一个思考中心，并由此中心向外发散出成千上万的关节点，每一个关节点代表与中心主题的一个链接，而每一个链接又可以成为另一个中心主题，再向外发散出成千上万的关节点，呈现出放射性立体结构，而这些关节的链接可以视为人们的记忆，也就是人们自己的个人数据库。我们绘制思维导图采用的方式一般有两种：一种是"彩笔＋纸张"的手工绘制方法，另一种是利用计算机软件制作。研究表明，"思维导图"除了提供一个正确而快速的学习方法与工具外，还可提升思考技巧，大幅度地增强组织力与创造力。

（二）"思维导图"运用于读书的各种好处

1. 整理思路。

2. 大幅度提高构思水平。

3. 提高记忆力。

4. 容易产生新的创意。

5. 可以简短地总结大篇幅信息。

6. 图表等增加视觉效果，让人一目了然。

（三）读书"思维导图"的准备工作

要把"思维导图"的方法运用于读书上，在制作之前首先要准备一些工具。

1. 空白纸

有些人会用有格线的笔记本，但一般来说推荐大家用空白纸。等习惯之后，再写在小开本笔记本上，在这之前还是先用 A4 纸。

由于写在复印用纸上容易散乱，建议可以使用素描本收纳起来，以免太过零落之后遗失。

2. 彩色笔

"思维导图"最终是以彩色形式呈现的。因为色彩可以刺激大脑，提高记忆力。

最少用 6 种颜色以上的笔，更方便。可以的话，准备好 12 色的水性笔。由于油性笔会印到纸张背面，而彩色铅笔又太淡不容易看清，所以请尽量避免使用这类书写工具。最好选择那种一头是粗头，另一头是细头的两用签字笔。

3.书籍

接着，就需要能让自己制作"思维导图"的书籍了。可以画下划线、贴便利贴，把书读一遍。一边看书一边制作"思维导图"需要相当高超的技术，"新入门"的读者朋友可由浅入深。

（四）"思维导图"的基本规则

1.请将纸张横向摆放

纵向书写的话，思维导图无法很好地扩展。横向书写对于有些人来说不是平常的习惯，但请在制作时一定别忘了横过来。这么做更有利于开拓思路。

2.不要用黑色笔要用彩色笔

打草稿可以用铅笔，最后还是要用彩色笔描画为好。要知道，丰富的色彩对于记忆力和想象力会起到很大的作用。

3.放在正中央的图像要用三种以上颜色，要有立体效果

通常来说，中间的图文尺寸要控制在拳头或矿泉水瓶底部左右的大小。如果太大，造成空白处不够，"思维导图"就无法继续画下去；如果太小，又失去了冲击力，很难搞清这到底是关于什么主题的。

4.从中心开始呈放射状伸展旁枝

从中心位置向外侧"伸出"分枝。请自行改变每条分枝的颜色。越向外延伸，分枝越细，分枝上的字就越小，而且分枝需呈曲线状向外延伸。

5.分枝（曲线）上只写词汇

不少人习惯在分枝上写大段的文字。我还是建议大家一条分枝对应一个词汇。如果想写词组如"去旅行"，可以分开写"去""旅行"。这样方便"衍生"出更多的目的地。

6.多利用图画、符号等形式

不拘泥于文字语言，如果脑海中浮现出图像之类的内容，大可"原封不动"直接画上去。

四、读书能力的培养

阅读是大量吸收知识的重要途径，人一生之中大部分的知识都是从书本上学来的，阅读能力的高低直接关系到掌握知识的数量和质量。图书馆是大学生阅读的保障。阅读能力强的读者，读书既多又快、收获大。那么如何提高阅读能力呢？主要把握以下五个方面：

（1）鉴赏力

也就是鉴别能力和欣赏能力。在阅读中确定阅读方向、选择最佳书籍，可以使人在读书中少走弯路。

（2）阅读力

就是学会阅读，培养和提高阅读水平和能力。阅读能力强的读者，读书既多又快，而且收获大。

（3）注意力

朱熹说过，"读书有三到：心到、眼到、口到"。所谓心到，便是集中注意力。在阅读过程中，注意力集中是有效阅读的重要条件。善于集中注意力的人，读书的成效就大。

（4）思考力

读书要敢于质疑，自我发问。敢于标新立异，多问几个为什么，是引发思考的最好方法，而且要善于综合分析，深化思维，读书不仅要善于提问，还要善于联想，善于把一本书的内容连贯起来加以综合分析和理解。

（5）想象力

想象力是人的形象思维能力。想象力比知识更重要，因为知识是有限的，而想象力能推动事物进步，并且是知识进化的助推器。想象力是读书的重要能力，大学生必须要注意培养自己的想象力。

五、掌握和运用科学的读书方法

读书是人类获取知识的一种重要手段，但不是所有能读书的人都能获得相同的效果呢？现代科学证明，读书的效果如何，方法的优劣起决定作用。古今中外凡是学有成就的人，无不有独到的学习方法。所以他们才能在与别人同样的环境和条件下，做出别人所不及的成就来。大学生在校时间有限，要想使自己更多更好地掌握知识，就必须借鉴前人的经验，学会运用科学的读书方法。读书方法因人而异，多种多样，归纳起来常用的有下列几种：

（1）程序法

先选定读书的内容和方向，按读书内容排好读书的先后次序，由浅入深、由易到难，最后安排好读书的日程，规定好每天的读书内容。

（2）连贯法

先把书大体浏览一遍，找出重点，然后仔细阅读，做出心得笔记。读完以后合上书本，全面回想书的内容，复述重要内容。最后再重复阅读一遍。

（3）定量法

给读书做出量的规定，以约束自己要惜时如金，激起奋发精神。规定每天或每星期要抽多少时间来读书，从时间观念上安排读书任务，或者安排在规定的时间内读书的数量。

（4）记忆法

读书要加以记忆，把学到的知识储存起来，如果不记忆等于白读书。

（5）交错法

要做到合理用脑，适时交换学习内容或活动方式，从而提高阅读效率。读书是通过眼睛来接收信息的过程，有注意、感觉、记忆、思维等心理过程，是一种复杂的脑力活动。读书学习与体育活动、体力劳动不同，用脑部位也不同，因此，两者交叉使用可使大脑得到休息，提高学习效率。在使用交叉阅读法时，既要注意学习科目的多样化，又要注意合理安排重点科目书籍和开拓思路的参考性书籍以及娱乐性书刊的读书时间，还要注意读书学习与体育活动、体力劳动相交替进行。

（6）比较法

就是对几种不同的观点进行分析、比较，得出结论的一种阅读方法。这种阅读方法有助于博采众长、集思广益，而且可以从多角度、多层次进行比较，有助于加深理解，获取新成果。

六、运用科学的方法积累资料

（一）做好读书笔记

阅读是人们学习的主要途径，是认识世界的重要方法。人的记忆力是有限的，为了提高读书效率，增强独立读书的能力，还应采取辅助手段。善于读书的人，总是书不离笔，随时记录书中的精华和自己的感受，这就是做读书笔记和读书卡片。做读书笔记必须在认真阅读之后，在对所读的文章内容有较清楚的理解基础上进行，在书上用特殊符号标注出书的中心词、句和内容要点，在空白处作批注，阅读时摘录原文的重要内容、中心思想，也可以加上自己的一点说明或评论。把自己认为非常重要的资料，可制成卡片，卡片积累到一定数量就要分门别类，整理归纳，按一定顺序排好，以便查找。所以对于一个大学生来说，养成在阅读中随时随地记笔记的良好习惯，对于搞好学习、工作和研究都是非常重要的一种能力。

（二）整理和运用资料

经过各种渠道收集来的资料，是宝贵的知识财富。根据自己从图书馆收集资料的总体计划和内容，拟出分类纲目，从大类到小类逐渐细分，将资料大体分好类别，然后按照主题进行综合，对相同主题但论点不同的问题进行比较；对某些观点进行逻辑分析。要鉴别资料的可靠性，去伪存真，必要时，还要对某些数据进行验证，最后进行归纳。积累资料的目的在于使用。经常翻阅所存资料以便于及时补充，还可以加深对已学知识的记忆。

第五节　在图书馆培养阅读情趣

阅读，是一种具有美感的人生方式。林语堂说："读书本是一种心灵的活动，向来算为清高。"[1] 所以读书一向被称为是雅事，乐事，高尚事。

高校大学生一直被视为一个最主要的阅读群体，但他们的纸质媒体阅读量目前也在大幅度下降。越来越多的学生，喜欢到网上下载文章与书来读，反而对图书馆的阅读资源置之不理。用他们自己的话说就是——省钱又省时，何乐而不为！但他们往往忽视了一点，网上的知识缺乏系统性，网上的书籍与知识也是不完备的，网上阅读只能算浏览。比如文科学习涉及的好多书籍需要精读，需要一个反复阅读、咀嚼思考的过程。一个具备相当人文素质的大学生，仅仅能够获得信息还不够，还必须经过认真的努力，通过课内与课外的阅读，培养一种思考能力，受到一些最基本的学术训练，并且能够加工、利用这些信息，而图书馆恰恰提供了课外线下阅读的场所。

养成良好的阅读习惯是一种长期投资，目前可能没有明显的收益，可是其长远利益是非比寻常的。人们应多关注一些好书推荐栏目，选择有内涵的书籍，培养自己的阅读习惯，培养自己的阅读品位，不随波逐流，人云亦云。

一个人读书怎样，关键在读书情趣的培养。学生时期是一个人开发心智、引导情趣、培养习惯和技能的最佳时期，若能在这一年龄阶段培养成良好的读书情趣，将会终生受益。当一个人通过读书获得更高的智慧，达到自觉的时候，就可以真正形成一道看不见的文化、思想、感觉的铜墙铁壁。读书对内的作用：阅读可以增强民族凝聚力。增强民族凝聚力只靠政策不行，要靠我们共同祖先留下的精神财富。

---

① 论读书．林语堂在复旦大学的演讲．1934 年．

人的一生，第一是好学，要多读书。第二要深思，只有深思才能产生智慧。读书可以让社会沉静下来，读书可以让人深思，而深思是催生智慧的最好途径。深思就要反思传统，从祖先的智慧中汲取营养。中华文明是全世界几个最著名的古代文明中唯一没有中断过的。这样一个文明值得我们骄傲。在农耕社会，人和人之间的关系也最为密切。进入工业化和全球化时代以后，人们远离了自然，远离了他人，也远离了自己的心。我们要从中华文化中汲取智慧，把古人的智慧拿来创造出适合今天、适合未来的"智"。这就需要大家来读书，要养成终身读书的良好习惯。通过读书，中国会再次出现像孔子、老子一样的大思想家，贡献出社会发展和人类前进所需要的智慧。而且阅读可以培养人的健康情趣，使人具有高尚的情操。图书馆中就遍布这样的书籍资料。

《诗经》中的《国风》篇说，"风也，教也。风以动之，教以化之。"这是说，国家总是要提倡好风气，好风气的形成是一个教育的过程，"风，发乎情""发乎情，民之性也"。

读书积淀了智慧，读书成为一种精神寄托，读书应该成为生活中不可或缺的一部分，这是实现我们中华民族伟大复兴的重要战略，也是提高个体文化素养的重要举措。作为一所学校（一个家庭），总要考虑用什么机制来推动孩子们去读书。据说，在每个犹太人家里，孩子出生不久，母亲就会读《圣经》给他听，而每读一段后，就让孩子舔一下蜂蜜，从小让孩子感觉到"书甜如蜜"，从而养成爱读书的好习惯。

"治天下者先治己，治己者先治心。"治心养性，要在读书。读书学习是大学生加强自身修养、坚定理想信念、提升精神境界的一个重要途径。大学生该读什么书？这不仅是个人的爱好问题，更是一个严肃的世界观、价值观、人生观问题。

阅读，是一种具有美感的人生方式。在重视学历的当下社会，读书与职业之间存在着必然联系，大学时代，只讲修身养性不可取，但变成纯粹的职业训练也不可取。最理想的方式是：既能习得精湛的专业技能，又能养成高远的"学术志向"和醇厚的"读书趣味"。一个生活有情调的人，就会是一个让人喜欢接近的人，行为有了弹性，语言有了意蕴，做任何事都在一种境界里，总会透着一种雅致与高贵，也就是阅读人的气质。

有人说这世上有三样东西是别人抢不走的：一是吃进胃里的食物，二是藏在心中的梦想，三是读进大脑的书。林海音在《窃读记》中也写到自己深深记得老师的教诲：人是吃饭长大的，也是读书长大的！是啊，虽然改变不了自己的出身，争不到别人碗里的食物，但却可以坚定自己心中的梦想，可以让书香氤气抵挡食香弥漫。① 第一首小诗《沉重的黄土地》在《中师生报》上发表以后，更坚定了她"长风破浪会有时，直挂云帆济沧海"的信念。人生的终点不是死亡，而是与好书绝缘的一刻；人生的起点不是诞生，而是与好书结缘的一刻。我愿意每天都与好书结缘，有好书相伴，把生命中的每一天都作为一个起点，在书香袅袅中超越自己，升华自己，直到幸福而优雅地老去。

林语堂认为，读书本是一种心灵的活动，向来算为清高。万般皆下品，唯有读书高。所以读书向来称为雅事乐事。现在一个大学毕业生所读的书极其有限。然而读一部《小说概论》，到底不如读《三国演义》《水浒传》；读一部历史教科书，不如读《史记》。学生应该自由地看书、读书：无论是在校、离校、做教师、做学生、做商人、做政客，有闲必读书。这样读书，才能茅塞顿开，见多识广。所以读书的意义，是使人较虚心，较通达，不孤陋，不偏执。一人在世上，对于学问是这样的：幼时认为什么都不懂，大学时自认为什么都懂，毕业后才知道什么都不懂，中年又以为什么都懂，到晚年才觉悟一切都不懂。但也有常读书的人，老当益壮，其思想每每比青年激进，就是能时时读书，所以心灵不曾为化石，变为古董。

读书读出味来，语言自然有味，语言有味，做出文章亦必有味。有人读书读了半世，亦读不出什么味来，那是因为读不合宜的书，及不得其读法。读书不可勉强，因为学问思想是慢慢怀胎滋长出来的。其滋长自有滋长的道理，如草木之荣枯，河流之转向，各有其自然之势。孔子说五十可以学《易》，便是说四十五岁时尚不可读《易经》。刘知几少读古文《尚书》，挨打亦读不来，后听同学读《左传》，甚好之，求授《左传》，乃易成诵。《庄子》本是必读之书，然假使读《庄子》觉得索然无味，只好放弃，过了几年再读，对《庄子》感觉兴味，然后读《庄子》。

学习包括阅读、听讲、研究、实践等方式，在任何情况下，阅读都是学习的最主要方式。正如季羡林所说：人类千百年以来保存智慧的手段不出两端：一是实物，比如长城等等；二是书籍，以后者为主。在发明文字以前，保存智慧靠记忆；文字发明了以后，则使用书籍……书是事关人类智慧传承的大事，这样一来，读书不是天下第一好事又是什么呢？因此，在支撑学校成员成长的学习文化范畴中，阅读文化是核心内容，也是学校师生始终保持进取、开放、创新状态的动力，而图书馆的图书资源是学生阅读的保障。

---

① 窃读记 . 林海音 . 北京：中国大百科全书出版社 .2018 年 .

第四章　在运动场遇见更好的自己

本章是在运动场遇见更好的自己，主要介绍了大学生身体素质与体育锻炼现状、大学生体育锻炼的重要性、大学生体育锻炼的原则与方法等方面的内容。

第一节　大学生身体素质与体育锻炼现状

一、身体素质现状

（一）身体形态方面

我国大学生身体形态方面的主要问题是肥胖和偏瘦的学生不断增多，占比持续上升。改革开放后，我国男大学生身高始终保持增长，女大学生身高增长先期较快，后期逐渐平稳。身高是反映人体生长发育的一个重要指标，身高增长的长期趋势，具有积极的一面，表明我国大学生身体形态不断改善，身体素质整体提高。但从身体素质整体性特征考虑，对于身高的增长，应当与体重、运动能力等结合起来进行衡量。一般而言，人体的生理机能、运动能力伴随着身材增高而提升。但有专家指出，我国青少年身材越来越高，跑得却越来越慢；体重越来越重，力量却越来越小。当代大学生的身高增长并不是传统意义上的形体健康、身体强壮。目前，崇尚高个子的身高观正在潜移默化地影响人们的生活方式。通过药物、过分的营养补充等不健康手段促进身体长高是不可取的。身高增长应当是正常的营养、卫生、医疗、体育锻炼等外在环境影响的结果，身体形态与身体机能的协调、均衡发展才是真正意义上的健康。大学生身高持续增长是好的一面，但与其相应的身体机能和运动能力应当快速提升。

与体重最密切相关的就是超重、肥胖问题。肥胖不仅影响人体生理机能，同时还会诱发心血管疾病，破坏人体健康。超重、肥胖已经成为 21 世纪全世界公认的公共卫生问题，肥胖本身也被认定为危害人类健康的疾病。近年来，伴随着我国经济的快速发展，肥胖率也以迅猛的速度上升，并且呈现出由城市向农村蔓延，由成年人逐渐向低龄化发展的趋势。大学生群体中肥胖和超重比例过高是一个突出的问题。女子大学生偏瘦者增多，这可能是由于女子大学生更在意形体美，平时有意识地控制体重。但我们知道，如果通过控制饮食、服用药物等手段减轻体重，并不是健康的"瘦"，反而造成身体的羸弱，严重影响身体素质发展和身心的健康。我们应该倡导积极的生活方式，通过科学的身体锻炼，合理的膳食结构，健康的生活习惯，使体重保持在标准的范围以内，这样才会保证人体的健康水平。

（二）身体机能方面

我国大学生身体机能方面的主要问题是肺活量持续降低。肺活量是重要的生理机能指标，它综合反映胸廓的发育程度、肺的用力呼吸能力、呼吸肌的强弱和参与体育活动的水平。人体的各个系统、器官、组织、细胞每时每刻都在消耗氧，进行能量交换。人体内部的氧气供给全部靠肺的呼吸获得，在呼吸过程中，肺不仅要摄入氧气，还要将体内代谢出的二氧化碳排出。我们可以这样认为：肺是肌体气体交换的中转站，这个中转站的容积大小直接决定着每次呼吸气体交换的量，肺活量检测数值低（与正常数值相比），说明肌体摄氧能力和排出废气的能力差，人体内部的氧供应就不充裕，肌体的一些工作就不能正常运行。一旦出现肌体需要大量消耗氧的情况（如长时间学习、工作、剧烈运动时）就会出现氧供应不足，从而导致诸如头痛、头晕、胸闷、精神萎靡、注意力不集中、记忆力下降、失眠等不良反应，这不仅仅影响学习与工作，而且直接影响身体健康。

肺活量与体力活动、身体锻炼等密切相关。肺活量水平较低说明了当代大学生日常体力活动少、参与体育锻炼不足、或者体育锻炼强度低，需要加强大学生体育锻炼，增加呼吸肌的力量，提高肺的弹性，改善肺呼吸的效率和机能，从而提高肺活量。

（三）运动能力方面的问题

我国大学生运动能力方面的主要问题是各种运动素质均呈下降趋势，尤其是速度、力量和耐力素质下降明显。

运动能力包含了人体的走、跑、跳、投等基本活动能力，是身体强壮、体力充沛的外在表现，也是身体素质最重要的组成部分，它直接反映出身体素质的发展水平。大学生的速度素质、力量素质、耐力素质仍处于较低水平，并且没有出现明显的回升，这也是现阶段大学生身体素质发展的主要问题。

当前大学生耐力水平降低，问题十分突出。耐力素质是肌体在一定时间内保持特定强度负荷或动作质量的能力，体现了肌体抗疲劳的能力。耐力素质既反映了身体有氧工作的水平，也表现出心理的意志品质。加强耐力跑练习，不仅能够改善人体有氧能力，提高身体素质，同时也是培养大学生吃苦耐劳精神的有效手段。

身体素质与社会经济发展是紧密联系的。随着我国经济的快速发展，人们生活水平不断提高，大学生身体素质应当有所提升，但目前大学生身体素质发展仍存在许多问题。

二、体育锻炼现状

（一）缺少体育锻炼的意识

首先，高校大学生没有真正认识到体育锻炼的重要性，对于体育锻炼的重视不足，导致大学生没有积极地进行体育锻炼。高校大学生只有真正认识到体育锻炼的重要性，全面地认识体育锻炼，才能够积极地参加体育锻炼，提高自身的身体素质。其次，高校大学生缺少足够的意志力和自制力来进行体育锻炼，体育锻炼需要长期的坚持才能够达到理想的效果，但是高校大学生由于缺少自制力和长久坚持导致体育锻炼的效果不明显。再次，很多学生缺少对体育锻炼的兴趣。兴趣是最好的老师。如果学生对于体育锻炼有着较好的兴趣将会达到很好的体育锻炼的效果，但是对于大多数的高校学生来说缺少对体育锻炼的兴趣，导致学生很少主动参加体育锻炼。由于各方面因素的影响，导致高校大学生体育锻炼的效果不明显。

（二）缺少体育锻炼的设施和场所

高校大学生的体育锻炼需要适当的场所和设施，这是大学生的体育锻炼基础。但是目前，一些高校提供给大学生体育训练的场所和设施并不完善。一方面，高校的体育训练场所大都是在体育课的时候才对学生公开开放，平时除了体育场之外，一些设施和场地都不允许学生进入或者使用，比如，羽毛球馆、篮球馆等，导致学生在进行体育锻炼的时候没有基础设施作为保障。另一方面，高校的体育锻炼的场所和设施不完善，影响学生的体育锻炼。一些学校只是有简单的体育场和体育馆，其他的体育设施并不完善。学生体育锻炼的方式只能是简单的跑步或者打球，但是这些单一的运动方式时间长了会使学生产生厌烦感，失去了锻炼的兴趣。

（三）大学生体育锻炼缺少指导和组织

对于高校大学生来说，很多学生不能够自觉地进行体育锻炼，如果有良好的组织或者指导会提高学生体育锻炼的积极性。但是大学生在课余的时间都是自由活动，很少有人组织系统的体育锻炼，学生缺少了组织和指导在进行体育锻炼的时候会逐渐失去兴趣，久而久之，参加体育锻炼的学生就会越来越少，影响了体育锻炼的效果。

（四）体育锻炼的时间较少

大学生拥有足够的课余时间，但是给予体育锻炼的时间却很少。随着经济的发展和学生生活的丰富，很多学生在课余时间都有自己的计划，课余时间安排得满满的，却没有时间进行体育锻炼。在课余时间大部分学生会参加各种实践活动，增加自己的社会经验。另外，很多学生在闲暇时间都是上网，网络占据了学生课余时间的大部分，导致了大学生没有足够的时间进行体育锻炼。

大学生体育锻炼对于学生的身体素质提高有着十分重要的作用，但是由于种种因素的影响导致大学生的体育锻炼未能正常实行，除了以上因素之外，大学生体育锻炼还缺少重要的氛围，很多大学生在课余时间都有着自己的计划，导致参加体育锻炼的人很少，大学生周围缺少体育锻炼的氛围也是学生未能正常体育锻炼的重要原因。

第二节　大学生体育锻炼的重要性

一、有利于身体健康

（一）体育锻炼对心肺功能的影响

经常参加体育锻炼，能大大增强肺功能。锻炼时，由于肌肉需要氧气，因而呼吸次数增加，深度加深，肺通气量增加，从而使呼吸器官的功能得到很大的增强，也利于预防肺气肿等疾病的发生；氧气进入血液后由血液运送至全身，而血液之所以能在血管中流动并运送氧气，是心脏这个推动血液不断流动的动力站的作用。经常参加体育锻炼的人，由于心肌收缩强而有力，每搏动一次血液输出量多，因而安静时心跳次数比一般人慢。心跳减慢，使心肌获得更多的休息时间，从而使心脏有更大的贮备力。

体育锻炼还对预防心血管系统疾病有良好的作用，不仅能使心脏功能增强，同时还能改善体内物质代谢等过程，减少脂类在血管壁的沉积，保持与增进血管壁的良好弹性；经常锻炼还可以促进脂肪的消耗，并能使具有保护性的高密度脂蛋白增加，这些都对血管疾病起到了积极的预防作用。可见，科学的体育锻炼的确是"心脏健康之路"。

（二）体育锻炼对神经系统的影响

神经系统是人体机能的调节系统。人体各器官、系统的一切活动都是在神经系统的控制、调节下进行的。通过神经系统的调节作用，人体对内外环境的变化产生相适应性的反应，从而使人体的生命活动正常进行。

经常参加体育锻炼，可对神经系统的结构与功能产生良好的影响，从而提高神经过程的灵活性、协调性和准确性，提高其分析综合能力，体育锻炼可以提高神经传导速度，增加神经传递介质，提高条件反射的速度和灵活性，缩短反应时间，从而提高动作的敏捷性；锻炼能提高神经过程的强度，使大脑皮层兴奋性提高，注意力集中，使人体表现为肌肉力量大，运动能力强；锻炼可使神经过程的兴奋和抑制更为平衡，中枢神经系统的协调能力增强，从而可以承受较大的刺激和精神压力，有效地预防各种神经性疾病；锻炼可以有效地消除因用脑过度而引起的各种疲劳，缓解人体紧张情绪，提高生命活力；锻炼可改善大脑和中枢神经系统的能量和氧气供应，促进思维和智力的发展。

（三）体育锻炼对消化系统的影响

消化系统包括消化管和消化腺。消化管由口腔、咽、食管、胃、十二指肠、小肠、大肠、直肠、肛门组成。肝脏和胰腺也属于消化器官，其导管通向十二指肠。消化管的作用是接受食物，将食物磨碎、搅拌，使食物与消化液充分混合，并不断地向肛门推进，这一过程被称为物理消化。在消化液中主要有各种消化酶，将食物中糖类、脂肪、蛋白质水解成可以吸收的简单物质，这一过程被称为化学消化。

参加体育锻炼，使得体内的代谢活动增强，能量消耗增加。有研究表明，如以每分钟130步的速度慢跑，其能量消耗是平时的5~6倍。能量消耗的增加，就需要消化器官加强活动，以便更好地吸收食物的养料，保证满足机体的需要。由于体育锻炼可以使大脑皮层神经系统功能得到改善，消化系统在神经和体液的调节下，消化器官的物理性消化和化学性消化加强。如消化腺分泌的消化液增多、消化管道蠕动加强等，这促进了消化系统对食物更好地消化和吸收。此外，由于体育锻炼使呼吸活动加强，横膈肌和腹肌的互动范围也相应增大，这种横膈肌腹肌活动的增大对肝脏和胃肠起着按摩的作用，因而有利于加强消化、吸收和排泄等功能。所以体育锻炼对消化器官系统功能的增强是有良好作用的。

（四）体育锻炼对运动系统的影响

人体的运动是由运动系统实现的。运动系统由人体206块骨骼和400多块肌肉以及关节等组成。人们的坐立、行走、说话、写字、喜怒哀乐的表情，乃至进行各种各样的工作、劳动、运动等，无一不是肌肉活动的结果。肌肉的发达健壮，绝不是靠饮食和休息就能达到的，必须坚持体育锻炼。锻炼使骨骼的血液供应得到改善，新陈代谢加强，使骨骼变得更加粗大和坚固，使肌腱弹性、韧性加强，使肌肉显得发达、结实、健壮、匀称而有力，从而提高了骨骼的抗折、抗弯、抗压缩和抗拧转等方面的性能。锻炼还可加大关节囊、韧带和关节周围肌肉的伸展性，提高关节的灵活性，有利于增大动作幅度，减少伤害事故的发生。青少年经常参加体育锻炼，可使骨骼增长，使人长高。经常锻炼的人比不锻炼的人身高平均可高出4~7厘米。

综上所述，体育锻炼能提高人体的运动能力和适应能力，增强体质、促进健康、调节身心、防病治病以及延年益寿。

二、有利于心理健康

锻炼身体是个体积极主动的活动过程，它可以有效地塑造人的行为方式，因而也能促进个体的心理健康。由于大学生心理发展正处于迅速走向成熟而尚未成熟的阶段，他们常出现一些心理内部矛盾，如孤独感与强烈的交往需要的矛盾、独立性与依赖性的矛盾、理想与当前现实的矛盾等。如果大学生处理不好这些心理内部矛盾，就会引发各种心理问题，如最常见的强迫症、人际关系敏感抑郁、焦虑和敌对情绪等。体育活动是社会活动的模拟化，在感受丰富多变的刺激的同时，参与者可以体验几乎和社会活动相同的精神磨砺与心理冲突，因此，体育锻炼是一种促进心理健康的积极的手段。

（一）体育锻炼有助于智力的发展

1. 改善大脑的营养和供能，开发右脑，提高神经系统的机能

体育锻炼对发展大学生的智力具有积极的影响。经常参加体育锻炼，能增加氧的供应，促进血液循环，改善神经细胞的营养和功能，提高大脑皮层的兴奋和抑制的协调作用，使神经系统兴奋和抑制的交替转换过程得到增强，从而改善大脑皮层神经系统的均衡性和准确性，促进人体感知能力的发展，使大脑思维、想象的灵活性、协调性、反应速度等得以改善和提高。现代医学研究表明，人的右脑的信息容量、记忆容量和形象思维能力都大大超过左脑，体育锻炼可以使右脑得到充分的锻炼，提高人的记忆力和抽象思维能力。根据加拿大一位学者对300名学生所做的三年研究结果表明：那些每天进行体育锻炼的学生，不但身体健康，而且学习成绩普遍比较好，他们精力充沛，情绪稳定，并且想象力十分丰富。大学生乐于体育活动，在运动中如有意识地使用左手、左脚，则能有效地提高神经系统的机能，促进右脑的开发。

2. 促使大脑疲劳恢复，提高大脑的工作效率

体育锻炼可以使神经系统的兴奋与抑制过程更加集中，对外界刺激的反应更加迅速、准确，还可以提高人的视觉、听觉、感觉神经的传导速度和神经过程的均衡性与灵活性，促进神经系统功能的增强：人在学习过程中，大脑皮层的有关区域处于高度兴奋状态，而运动中枢处于相对抑制状态，随着学习时间的延长而产生疲劳，导致注意力不集中，思维反应速度变慢，学习效率下降。而体育锻炼过程中由于体力和脑力活动的合理交替，导致运动神经中枢兴奋，使得与文化学习有关区域的脑细胞得到充分休息，这样有助于消除由于脑力活动而产生的神经中枢疲劳，从而提高学习效率。这是根据高级神经活动的负诱导规律，即大脑皮层中运动中枢的兴奋，可以导致学习中枢的抑制，优势兴奋中心愈集中，则邻近区域的抑制也愈强。研究表明，一般情况下大脑耗氧量是人体耗氧量的25%，运动时可达到32%。经常参加体育锻炼有利于头脑清醒、精力充沛，有益于血液循环和神经细胞兴奋与抑制的交替，更有助于学生的注意力集中稳定、知觉敏锐精确、记忆状态良好、想象力丰富、思维灵活等智力因素的健康发展。因此，通过体育锻炼可以使思维、记忆中枢得到更完全的休息而很快消除疲劳感，恢复工作能力。这正是集中学习一段时间后去从事一些体育锻炼，会使人感到头脑清醒、精神焕发、记忆力增强的生理机制。

（二）体育锻炼有助于确立良好的自我概念

自我概念是指一个人对自己各种身心状况以及自己和周围关系的一种认识，也是人认识自己和对待自己的统一。由于坚持体育锻炼可以强身健体，使人得到均衡发展，因而体育锻炼对于改善人的身体表象和身体自尊至关重要。

身体表象是指头脑中形成的身体图像。身体表象障碍在正常人群中是普遍存在的，据报告，54%的大学生对他们的体重不甚满意。与男性相比，女性倾向于高估她们的身高并低估她们的体重，而且，身体肥胖的个人更有可能有身体表象和身体自尊方面的障碍。身体自尊主要包括一个人对自己运动能力、身体外貌、健康状况和免疫力的评价。整体自我概念与身体表象和身体自尊有关，无论男性还是女性，对身体表象的不满意会导致个体自尊下降，并产生不安全感和抑郁症状。有研究表明，肌肉力量与身体自尊、情绪稳定性、外向性格和自信心呈正相关，加强力量训练会大大增强个体的自我概念。

（三）体育锻炼有助于坚强意志品质的形成

意志品质是指一个人的果断性、坚韧性、自制力以及勇敢顽强等品质，是在克服困难的过程中培养起来的。体育锻炼提高了大学生的身体素质，活跃了大学生的生活，同时也磨炼了大学生的优良意志品质。参与各种体育活动，如长跑、游泳、健美、健身操及各种球类活动等，要不断地克服客观困难（如气候条件、动作的难度或外部障碍等）和主观困难（如胆怯和疲劳），大学生通过克服这些困难，可以锻炼和培养自己的勇敢、坚毅、机智、果断、自律、吃苦耐劳、顽强进取的良好意志品质。1992年巴塞罗那奥运会男子400米决赛中，德里克·雷德蒙在离终点还有175米的时候，右腿肌肉撕裂，他拒绝了医务人员的担架，父亲吉姆看着儿子，冲过警卫，跑到赛道旁边，父子两人慢慢地走向终点。就在离终点前不远处，老爸放手让儿子自己通过终点线。现场所有人都起立为这位坚持奥林匹克精神的运动员鼓掌致敬，也为这位伟大的父亲所表现出的父爱致敬。

（四）体育锻炼有助于情感与情绪的调节

情感与情绪是人对客观现实态度的体验，也是心理健康的一个重要方面。人的情绪是对客观事物是否符合自己的需要而产生的体验。符合自己的需要就会产生愉快的情绪，反之就会产生烦恼或忧郁等情绪。人生活在错综复杂的社会中，因学习、工作、生活等原因，难免会产生忧郁、紧张等情绪。人在受到某种挫折时，在大脑里形成一个强刺激，从而引起一个兴奋灶，使人陷入痛苦和懊恼之中，如果能积极参加体育锻炼就可以转移大脑皮层的兴奋中心。体育锻炼不但可以转移不愉快的意识、情绪和行为，使人从烦恼和痛苦中摆脱出来，还可以及时宣泄不良情绪，减轻心理压力。因此，适当的体育锻炼可以改善人的情绪。也就是说，人在进行体育锻炼时，运动中枢的兴奋往往只注意身体的运动，而把烦恼抛在脑后，起到转移注意力的作用，有益于大脑活动的调节。与此同时，体育锻炼通常与同龄人、同事或自己熟悉的人在一起，有利于人际间的沟通与交往，改变孤独、抑郁、自卑等心态，使整个神经系统得到调节，从而维护心理健康。对体育锻炼与人的心理之间关系的一项较为全面的调查研究表明，体育锻炼能带来心境、主观良好感、焦虑、紧张、自信心、忧郁等变化，有 60%~90% 的参与者能获得良好的心理效应和感觉。

（五）体育锻炼有助于消除疲劳状态

疲劳是一种综合性症状，与人的生理和心理因素有关。当一个人情绪消极时，或当任务超出个人的能力时，生理、心理上都会很快地产生疲劳。大学生持续紧张的学习压力极易造成身心疲劳和神经衰弱。为了防止或减少身心疲劳，大学生应保持良好的情绪状态，积极参加中等强度的体育锻炼，从而使身心得到放松。有研究表明，体育锻炼能提高诸如最大吸氧量和最大肌肉力量等生理功能，这就能减少疲劳的产生。因此，体育锻炼对于防治神经衰弱具有特别显著的作用。

（六）体育锻炼有助于消除心理障碍

学习压力、人际交往障碍及将来毕业后的就业压力等，使大学生可能会产生消极心理，从而导致忧郁、孤独等心理障碍的产生。体育锻炼能使大学生的心理机能、身体素质得到改善，体育锻炼还能使有心理障碍的人获得心理满足，产生成就感，从而增强自信心，摆脱压抑、悲观等消极情绪，并消除心理障碍。临床研究表明，慢跑、散步等中低强度的有氧活动，对治疗抑郁症和抗抑郁效果十分明显，能减轻症状，增强自尊心、自信心。因为抑郁是以压抑为主导的消极情绪状态，而运动是以兴奋和充满活力为特点的积极情绪状态，因此抑郁患者参与运动能产生积极的效应。在国外，体育锻炼已被公认是一种心理治疗方法。体育锻炼能改进对自我形象的把握；还可以为郁积的各种消极情绪提供一个发泄的机会，将各种烦恼、焦虑、不安等情绪发泄出来，使遭受挫折后产生的不良情绪通过运动得以转移，避免心理障碍的产生。

第三节　大学生体育锻炼的原则与方法

一、体育锻炼的基本原则

增进身体健康和保持良好的体力有赖于从事身体练习，而身体练习获得的充沛的体力是营养和休息所无法替代的。参加身体练习是一种不依赖于别人指示、命令或强制的练习活动。它要求学生充分意识到：

1. 自己的健康必须自己负责，谁也无法为自己负责。

2. 自己的健康必须自己保护，别人不能替自己照顾。

3. 想达到身体健康、体力充沛，自己就必须做出不懈的努力，他人是无能为力的。

总之，健康要求大学生自觉地进行身体活动。它不需要复杂的体育设施和专业教练，而是在日常的学习、生活中主动而愉快地活动身体，开展体育运动，就是我们提倡的身体练习。

身体练习活动计划的制订、方法的实施，应适用下列原则：

（一）检查身体有无疾病和异常

患病或者患有慢性疾病的同学，是不适合进行大运动量的练习和激烈的体育比赛的。然而，根据病情进行一些轻微的体育活动，往往可以加快健康的恢复。患病的同学应当先检查身体，经医生同意后再开始适合自己身体状况的身体练习。

（二）从轻微运动过渡至激烈运动

突然进行激烈运动是有害健康的。平时走路都慢吞吞的人，突然快跑起来可能导致生命危险。因此做练习时，需要使身体器官的机能逐步适应。练习时从轻微运动开始，速度较慢的运动强度较低，并且注意观察身体的适应情况。身体适应后，再逐渐地过渡至较激烈的运动。从轻微运动转向激烈运动，从慢速转向快速，从短时间转向长时间，逐步提高练习的数量和质量是增进健康和提高体力的好方法。

（三）逐步增加负荷

仅仅是漫不经心地重复同等强度和次数的练习并不能增强体力，在次数和强度上没有达到自己能力和体力要求的运动量，同样也得不到理想的效果。正确的方法是使用比平时生活中的力量更大、时间更长的负荷进行练习。在习惯该运动强度之后，再有规律地逐步增加负荷，提高运动强度和运动量。

（四）使全身都得到运动

身体练习的目的是保持身体健康，并在练习中使身体获得充沛的体力，进而提高身体素质。只注重身体某一部分的练习，不符合练习的目的，也得不到良好的练习效果。专业运动员从事的专门练习是以增强特定的肌肉、运动技能和技术水平而进行的专项性很强的运动训练，与身体练习活动有很大的区别。普通人在身体活动中应尽量将各种不同的动作组合起来，进行多样性的全面练习。

（五）制订计划、持之以恒

如果不能坚持运动，就不会取得真正的练习效果。大学生需要的是每天运动，逐渐增加次数，持之以恒地坚持下去。需要自己制订计划、确立目标，尽可能规范记录。一方面定期对照各种测试了解自己有无提高，另一方面坚持每天运动。总之，贵在坚持。

（六）应定时测试和记录身体的变化情况

许多身体活动都可以进行自我测试并制成图表。例如，在每周特定时间记录锻炼情况，每周记录一次体重，5~6周做一次总的测试。图表的设置不仅有助于提升锻炼的积极性，而且作为整个锻炼进程中经常性的检查，可有效地控制锻炼的过程。

通过身体活动获得的机体肌能变化不会永存。不坚持锻炼，已获得的效果将会逐渐消失，耐久力比肌肉力量消退得更快。因此，必须认识到当前的锻炼并不能为未来健康进行储存，而应该持之以恒地进行锻炼，使它成为整个生活的一个组成部分，方能长期受益。

遵循以上原则，充分利用课余时间进行有效的身体练习，无论对大学生今天的学习还是未来的工作均有着十分重要的意义。

二、体育锻炼的基本方法

体育锻炼方法是指根据人体发展规律，贯彻体育锻炼原则，运用各种身体练习和自然因素，以提高身体素质、达到体育锻炼目的的途径。

体育锻炼的方法有很多种，下面我们来谈谈几种常用的方法。

（一）循环锻炼法

循环锻炼法是指把不同类型的动作和具有不同练习效果的练习动作按照一定的顺序组成一组锻炼项目，然后按照组成的动作循环反复地进行锻炼，这种方法具有综合锻炼的效果。

循环练习法所安排的各个练习点，内容安排要选用大家已经掌握的那些简易的动作，同时要规定好练习的次数、规格和要求。由于各个练习点的动作要求及运动器械不相同，在练习过程中不断地翻新花样、交替进行，可以激发练习者的兴趣、减轻疲劳、提高练习密度，具有很显著的健身效果。采用循环锻炼法要强调练习的质量，不要片面强调运动的密度和数量。

（二）重复练习法

重复练习法是指按照一定的负荷标准，多次重复进行某项练习。重复的次数和时间能够决定每场练习的效果。决定和调节重复的次数和时间要考虑这项练习的特点。运用重复练习法时要注意克服厌倦情绪，特别要防止练习过程机械呆板。

（三）间歇练习法

间歇练习法是指进行重复锻炼时的两次练习之间要有合理的休整，它是提高锻炼效果的一种常用方法。间歇锻炼的间歇时间长短，主要以运动负荷的值域为标准。一般情况下运动负荷超过上限时，要将间隙时间加长些，以防止运动负荷过大导致体力下降过快甚至造成运动伤害；运动负荷在下限时，间歇时间应小些，否则间隙时间过长会导致前次的锻炼效果已经消失，就失去了间歇的意义。

（四）变换练习法

变换练习法是指在锻炼过程中，采取变换环境、变换条件、变换要求等各种手段来提高锻炼效果的一种锻炼方法。采用变换练习法，可以有效地调节生理负荷，强化锻炼意志，克服锻炼过程中产生的疲劳和厌倦情绪。

（五）自然因素锻炼法

自然因素锻炼法是指人体为了适应外界环境的变化，利用自然条件进行身体锻炼，以提高适应能力和增进健康、增强体质的锻炼方法。常用的几种自然因素锻炼方法有日光浴、空气浴、冷水浴等。每个人可以根据自身的不同特点和自身的适应能力选择适合自己的锻炼方法。

三、体育锻炼计划的制订

体育锻炼能够增强体质，但不是随便怎样活动都可以达到最佳锻炼效果，只有结合自身的实际，有计划、有步骤、有针对性地锻炼，才能有效地增强体质。

为了选择最适宜的锻炼内容，采取最佳的途径与方法，取得最佳的锻炼效果，必须学会制订适合自身特点的体育锻炼计划。

（一）根据体育锻炼的"四条原则"，安排锻炼计划

1. 从实际出发。要根据个人的兴趣爱好、身体状况以及学习负担，学校、家庭、社区体育场地设备的实际，选择锻炼内容。

2. 循序渐进。锻炼过程要循序渐进，逐步提高运动负荷和技术难度。

3. 持之以恒。要坚持锻炼，不可间断。

4. 全面发展。要选择多种方法进行身体的全面锻炼。

（二）根据自身的形态、机能、素质现状，确定锻炼内容

有的人脂肪较多、耐力较差，可确定长距离跑、越野跑、定时跑、变速跑、跑走交替等练习；有的人身材瘦弱，可有目的地选择发展肌肉力量的系统练习；有的人速度较差，可选择快速跑、冲刺跑、听信号变向跑等练习；有的人协调性较差，可多练习一些球类项目。总之，练习的内容要根据性别、健康状况和锻炼水平差异，因人而异，有的放矢。

（三）根据运动技术掌握的水平和体育课成绩，确定锻炼的内容

体育与健康课的任务之一，是掌握基础知识、基本技术和基本技能。"三基"掌握的情况，是体育与健康课的成绩考核的重要组成部分。在制订锻炼计划和运动处方时，要考虑自己在体育学习中的弱项是什么，薄弱环节在哪里，可以有针对性地加强这方面的练习，使体育技术、技能和成绩尽快提高。

（四）根据学习、生活的规律，确定锻炼时间

学生每天学习很紧张，如果不安排体育锻炼，身体素质会渐渐变弱。生命在于运动，每天都要有一小时左右的体育锻炼时间，包括体育与健康课，贵在坚持。锻炼的时间可以在早晨起床后，也可以在下午课后。这样才能使学习、生活更有规律和节奏，使身体健康，精力充沛地投入到学习中去。

（五）根据个人兴趣爱好，确定锻炼内容

大学生的兴趣不再是参加体育锻炼的唯一驱动力。但是，兴趣作为一种心理需求，仍然是大学生在体育锻炼中所追求的。根据个人的兴趣爱好，选择喜欢的运动项目进行锻炼，能取得较好的效果。

（六）根据人体生理机能活动规律，合理安排运动负荷

要想获得身体锻炼的理想效果，必须掌握好适宜的运动负荷。运动负荷过小或过大，都不能对身体产生积极的影响。如果运动负荷过小，则对身体的刺激程度不够，达不到锻炼目的；如果运动负荷过大，超过了身体承受能力，反而会影响健康甚至损伤身体。

运动负荷（通常称运动量），是由负荷强度和负荷量组成的。影响负荷强度的因素有练习的速度、高度、远度、重量和练习的密度（单位时间重复练习的次数）等。影响负荷量的因素有练习的持续时间、重复次数与组数、负重的总重量等。通常衡量运动负荷的方法，是测量运动时心率的变化情况，它是根据人体最大摄氧量的原理（摄氧量越大，能源物质的消耗也越大）划分强度的。对大学生来说，运动时每分钟心率达到170~180次时，耗氧量接近于最大摄氧量的90%~100%，为大运动强度；每分钟心率达到140~160次时，耗氧量为70%~80%，是中等运动强度；心率在120次以下，是轻微的运动强度，锻炼身体的作用不大。但适应运动负荷的能力，还与年龄、性别、体质和健康水平、项目特点等各种因素有关；衡量运动负荷大小，也要根据自我感觉和恢复情况来判定。

第五章　在心灵世界遇见更好的自己

悦纳自己、悦纳他人，其实就是无条件地接纳自己、接纳他人本真的样子。本章从大学生心灵世界，悦纳自我、超越自我，悦纳他人、慷慨喝彩三个方面介绍在心灵世界遇见更好的自己。

第一节　大学生心灵世界

一、大学生心理发展的特点

目前，我国大学生基本处于 18~23 岁这一年龄阶段，处于从青少年向成人转变的重要时期。这一时期，个体的生理发育已趋于成熟，但在心理上仍然处于由半成熟走向成熟的特殊时期，此外，社会的变革以及经济的飞速发展势必影响当代大学生的心理发展状况。因此，在各种因素的影响下，大学生的心理表现出了其独有的特征。

（一）自我意识增强但发展不成熟

自我意识是指人对于自己、自己与他人及社会的关系的认识，它包括自我观察、自我评价、自我监控等。大学生追求独立自主，具有较强的自信心和自尊心。他们希望自己的聪明才智能够得到社会的承认和关注，期待社会把他们看作是成熟的一员，得到他人的尊重。这种表现是大学生自我意识增强、个体进一步成熟的反应。

由于社会知识、能力和经验的不足，部分大学生还不善于正确处理自我完善与社会发展需要的关系，他们往往过高估计自己，自命不凡，甚至刚愎自用；少数人难以正确认识自己，不能坦然面对和接受自己的不足，常因缺乏自信而妄自菲薄。他们一旦遇到自己无力解决的困难或挫折时，容易产生对现实的不满和过激的行为，甚至行为失控，做出不理智的事情。

（二）抽象思维迅速发展但易带主观片面性

由于学习的知识越来越多，受到的思维训练越来越复杂，大学生的抽象思维获得了迅速发展，并逐渐在思维活动中占据主导地位。他们在思考问题时，不再满足一般的现象罗列和获得现成的答案，而力求自己探讨事物的本质和规律。思维的独立性、批判性和创造性有所增强，主张独立发现问题和解决自己认为需要解决的问题，喜欢用批判的眼光对待周围的一切，不愿意沿着别人提供的方法去思考和解决问题，其思维的辩证性、发展性都有所提高。

但是，他们抽象思维水平并没有达到完全成熟的程度，主要表现为思维品质发展不平衡，思维的广阔性、深刻性和敏感性发展比较慢。由于个人阅历浅、社会经验不足，看问题时容易过分地钻"牛角尖儿"，并且掺杂了个人的感情色彩，缺乏深思熟虑，往往有偏激、过分自信和固执己见的倾向。尤其是他们还不大善于运用唯物辩证法和理论联系实际的观点指导自己的认识活动和观察社会现象。从思维的发展角度来说，大学生的"理论型"抽象思维居于主导地位，因而，他们常常把社会问题看得过于简单而陷入主观、片面和"想当然"的境地。有的心理学家在揭示大学生这种思维特点时发出这样的感慨："连当代最伟大的政治家都感到棘手的社会问题，在大学生看来却易如反掌！"与此形成鲜明对比的是，对自我的苛求和追求完美以及对现状的不满，足以说明大学生思维恰恰缺乏客观性。

（三）智力发展水平达到高峰

智力发展到青年阶段，逐渐进入最佳状态。大学生的观察力已发展到不仅能观察事物的表面特征，而且能够由表及里，抓住事物的本质，能精确、细致、深刻地观察事物，其思维随意性和全面性大大加强。

在记忆力方面，识记范围有了大幅度的扩大，比少年期增加一倍以上。此外，大学生的意义记忆在机械记忆的基础上发展起来，意义记忆是主要的记忆方式。大学生善于按材料的顺序和主次整理识记材料，使材料系统化，便于记忆，因而，大学生对抽象材料和概括性材料的识记能力大为增强。这对大学生智力的发展有非常重要的意义。

（四）情感丰富但情绪波动较大

大学生充满青春活力，随着校园生活的深入展开，社会性需求增多，其情感也日益强烈。这种强烈的情感不仅表现在学习和工作中，体现在对待家长、同学和教师的态度等方面，更重要的是这种情感还明显地具有时代性、社会性和政治性。他们热爱社会、富有理想，关心国家的命运和前途，对于中国特色社会主义道路、实现中华民族伟大复兴充满了希望和激情。他们的爱国主义情感、集体主义情感、社会责任感和义务感、道德感、友谊感、美感、荣誉感等迅速发展，逐步成为其情感世界的主流。爱情是大学生情感世界的一大突变，对其心理发展产生巨大影响。大学生控制情绪的能力也在不断由弱变强，大多数人的内心体验逐渐趋于平稳。但是，如果受到内心需要和外界环境的强烈刺激，他们的情绪又容易产生较大波动而表现出两极性，既可能在短时间内从高度的振奋变得十分消沉，又可能从冷漠突然转变为狂热，乃至造成消极的后果。这种情况常使一些大学生陷入理智与情感的矛盾和冲突之中，从而感到十分苦恼。大学生的情绪还存在着外显性与内隐性的矛盾，这种矛盾冲突也带来了大学生中较多的情绪适应问题，加之生活经验的匮乏，大学生又常常体验到挫折与焦虑。

（五）意志力明显提高但不平衡和不稳定

大学生多数已能逐步自觉地确定自己的奋斗目标，并根据目标制订实施计划，排除内外障碍和困难去努力实现奋斗目标，其意志的自觉性、坚韧性、自制性和果断性都有了较大发展。但是处于意志形成时期的大学生，其意志水平发展又是不平衡、不稳定的。大学生的意志水平的自觉性和坚韧性品质已达到较高水平，意志的自制性和果断性品质的发展却相对缓慢一些。这主要表现在，大学生能独立迅速地处理好一般学习、生活问题，但在处理关键性问题或采取重大行动时往往表现出优柔寡断、盲目从众、动摇不定或草率武断的心态。在不同的活动中，大学生意志水平的表现也不一样，如在专业学习活动中，往往意志水平高，而在思想品德的修养活动中意志水平就相对比较低。在同一种活动中，大学生的意志水平表现也有较大差异，心境好时意志水平较高，心境差时则显得意志水平较低。情绪波动对于他们意志活动水平的影响是显而易见的。

（六）社会需求迫切

大学生在校园里的生活时间比同龄人长，这使得他们与社会有一定的距离。也正因为如此，他们渴望加入社会的愿望更为迫切。在校园里，他们关注着社会，评判着各种社会现象，并希望自己能加入进去，按照自己的想法去改变各种令人不满的现象，用自己的专业知识服务于社会，体现自己的力量，实现自身的价值。这种迫切的社会需求与大学生正在形成的价值观相互作用，为他们将来走向社会、适应社会打下了重要基础。这一心理特点支配、指导着大学生的学习态度，从而对其大学时代的发展产生重要影响。

（七）人格趋向成熟，职业意识逐步确立

人格是具有一定倾向性的心理品质与心理特征的总和。大学阶段是个体人格发展、完善的重要时期。在这一阶段，大学生的认识水平不断深入，对现实的态度特征渐趋稳定，情感由丰富激荡走向稳定，自我意识由分化、矛盾冲突走向统一，意志品质逐步形成。人格的成熟与完善，为大学生步入社会打下了坚实的基础。

职业意识在一个人的职业选择和职业发展中起着重要的核心和驱动作用。大学生的专业学习是对未来职业的必要准备，通过专业课的学习、实习，很多大学生慢慢发现了自己的职业兴趣，了解了自身的长处，逐步确立起职业自我意识，为今后职业生涯的发展做好了充分准备。

二、大学生心理发展阶段

为了更深入地了解大学生的心理发展历程，可以将大学生的心理发展分为以下三个阶段：适应准备阶段、稳定发展阶段和趋于成熟阶段。

（一）适应准备阶段

新生步入大学，从高考成功的喜悦中冷静下来，首先面临的就是从中学生活到大学生活的急剧转折。生活环境的变迁，人际关系的变化，学习方式的差异，凡此种种，都可能使他们感到很不适应，整个身心处于动荡不安之中。原有的、习惯化的心理结构被破坏了，心理平衡被搅乱，周围全是陌生的人和事。他们需要逐步开始新的生活，在克服各种不适应的同时，力图建立新的心理结构，以达到新的心理平衡，从而开始真正的大学生活。大学新生对大学生活从不适应到适应的过程，称为适应准备阶段。

适应准备阶段是整个大学时代的困难期。在这一时期，很多问题解决得好不好，会影响到以后几年大学生活乃至毕业后的生活。适应准备阶段持续时间的长短因人而异，这与个人适应能力的强弱有关。对多数大学生来说，一个学期左右就可以顺利度过这个阶段了。

（二）稳定发展阶段

这一阶段是大学生活全面深化和发展时期。入学时的不适应已基本消除，各方面的关系已趋于熟悉，新的心理平衡已初步建立起来，大学生活进入相对有序、

稳定的阶段。这一阶段是大学生活最主要、最持久的阶段，一直延续到大学毕业前夕。

在这一看似平静的阶段，大学生极强的可塑性得到充分展示，每个人都按自身独特的方式塑造着自己。可能会遇到许多锻炼提高的机遇，可能会有克服困难取得成功的欣喜，也可能会遇到困惑和苦恼，这正是大学生的成长过程，大学教育的主要目标将在此期间完成。

（三）趋于成熟阶段

这个阶段是大学生从学生时代向职业生涯过渡的阶段。面对又一次环境变迁、角色变化，大学生心理将再起波澜。此时的大学生虽然已接受了严格的专业训练和独特的校园生活的熏陶，自主感较强，自我意识也有了很大的提高，对未来的生活道路产生种种设想，但是这些设想多数与现实有一定的距离。大学生在此阶段必须做好走向社会的心理准备，进一步深入地了解社会，把握好自己在生活中的位置。此时既是对大学生各方面素质进行综合考验的阶段，又是进一步促进其心理成熟的阶段。

从大学生的心理发展特点和不同发展阶段可以看出，大学生心理发展正在迅速走向成熟，而又未达到真正的成熟；既存在积极面，又存在消极面。因而在心理发展过程中，矛盾和冲突是在所难免的。正是在解决这些矛盾、冲突的过程中，大学生的心理才进一步成熟起来。

三、大学生心理健康

（一）心理健康的内涵

什么是心理健康？用什么标准来衡量一个人的心理是否健康？人的心理健康是有标准的，但不像生理健康那样由数据资料说话，判断精准确切，以标本模型展现，那么具体直观。

心理健康的概念是随时代的变迁，社会文化因素影响而不断变化的。心理学家对心理健康的概念有以下几种说法：

有学者认为心理健康是指在知、情、意、行方面的健康状态，主要包括发育正常的智力、稳定而快乐的情绪、高尚的情感、坚强的意志、良好的性格，以及和谐的人际关系等。还有部分学者认为心理健康是指人的一种持续的心理状态，主要在这种情况下能作良好的适应，具有生命的活力，能充分发挥其身心的潜能。

所谓心理健康，是指在身体、智能以及情感上与他人的心理健康不相矛盾的范围内，将个人心境发展成最佳的状态。它的定义包括两层意思：一是没有心理疾病，就如同身体没有病才算是健康的基本条件一样；二是具有积极发展的心理状态，它是指我们不但有健康的心理状态，还能消除不健康的心理倾向，使心理发展处于最佳状态。如同体弱不算有病，但毕竟不算健康一样，现在我们更注重心理健康的第二层意思。在一般的理解中，心理素质可包括以下基本内容：个性品质、心理健康状况、智力因素和非智力因素、自信心和自我认识能力等。现代社会要求个人具有较强的独立自主性和自我决策的能力。

大学生心理健康不仅关系到个人的生活、学习、工作和身心健康成长，关系到社会的发展与未来，更关系到社会主义一代新人的培养，也是社会主义精神文明建设的一个重要方面，更关系到中华民族素质的提高。拥有崇高的理想、良好的修养、和谐的人际关系是一个人心理健康的重要标志。在信息化和充满变革的时代，青年学生都不可避免地要面对充满矛盾的人生，每个人都注定会产生许多心理的困扰。因此，认清客观形势，确立人生目标，肩负民族振兴使命，认真刻苦学习、脚踏实地实践，培养良好人格，使自己的生命充满希望和活力，就成为每个大学生都应该必须面对的人生挑战。

（二）大学生心理健康的标准

心理健康包含许多明确、具体的情绪情感与行为指标。然而，人的心理状态不是静止的，而是不断变化发展的。一个人处于正常状态还是非正常状态，概括起来可以从以下三个方面进行区别和划分：一是主观感受与其面临的客观世界能够协调统一，与周围环境没有严重的不协调感与不适应感；二是其内在精神活动协调一致，在精神、心理与理智之间没有太多矛盾和困惑，精神和心理方面没有太多失衡与矛盾，内在情感和理智能保持协调一致；三是其外在的行为、整体的言谈举止能体现出人格的完整性。如果一个人能够同时做到以上三点，我们认为他的心理处于正常状态，即一个人如果能够做到主观与客观相统一，内在精神活动协调一致，人格具有相对的稳定性，那么可以认为他的心理状态是正常而健康的。

根据心理健康的定义，心理学家确定了一般性的心理健康标准，即正确认识自我，接纳自我；能与他人合作，有较强的人际交往能力；能够恰当控制和管理自己的情绪，基本上有一种积极乐观的心态；独立自主，学会选择，学会作决定，有较强的社会适应能力；有较强的意志品质，能够承受挫折；热爱生活和学习，能在生活和学习中获得幸福感；能在学习与工作中发挥自己的潜力，有创新能力；

人格完善和谐；智力正常（IQ>80）；心理年龄与生理年龄相符合。

由于大学生特有的年龄段和角色特征，决定了大学生的心理健康状态具有独特性，有着区别于其他人群所特有的内在特质与外在表现。概括起来讲，大学生健康的心理状态，需符合以下七项标准：

1. 能保持对学习较浓厚的兴趣和求知欲望

智力正常是人一切活动的最基本的心理条件，大学生一般智力水平较高。大学生主要的任务是学习，学习是大学生活的主要内容，所以一个大学生对学习的态度就决定着其心理健康的程度。但这不意味着只有门门功课都很优秀的人心理才健康，即使他功课只有六七十分，但能保持比较稳定的情绪，其心理也是健康的。心理健康的学生会珍惜学习机会，求知欲望强烈，能克服学习中的困难，学习成绩稳定，保持一定的学习效率，从学习中体验满足与快乐，因此对学习的态度就反映了一个人心理健康的状态。

2. 能保持正确的自我意识，接纳自我

自我意识是人格的核心，指人对自己以及自己与周围世界关系的认识和体验。心理健康的学生了解自己，接受自己，自我评价客观，既不妄自尊大去做力所不能及的工作，也不妄自菲薄而甘愿放弃可能发展的机会，自信乐观，目标与理想切合实际，不苛求自己，能扬长避短。

3. 能协调与控制情绪，保持良好的心境

情绪影响人的健康，影响人的工作效率，影响人际关系。所谓控制情绪，就是要让情绪适度表达，变消极为积极。心理健康的学生能经常保持愉快、开朗、乐观、满足的心境，对生活和未来充满希望。虽然也有悲、忧、哀、愁等消极体验，但能主动调节。同时能适度表达和控制情绪，喜不狂、忧不绝、胜不骄、败不馁。

4. 能保持和谐的人际关系，乐于交往

人际关系状况最能体现和反映人的心理健康状况。心理健康的学生乐于与他人交往，能用尊重、信任、友爱、宽容、理解的态度与人相处，能分享、接受和给予爱和友谊，与集体保持协调的关系，与他人同心协力，合作共事，乐于助人。心理健康的大学生不仅有许多普通朋友，还会有一两个知心朋友。在交友中，他会感受到人生特有的幸福体验：为能帮助和促进朋友的进步而由衷地高兴，又会因从朋友那里获得鼓励、信任、支持和抚慰而感到欣喜与慰藉。

5. 能保持完整统一的人格品质

人格是指人的整体精神面貌，人格完整是指作为人格构成要素的气质、能力、性格和理想、信念、人生观等各方面平衡发展。心理健康的学生所思、所做、所言、所行协调一致，具有积极进取的人生观，并以此为中心把自己的需要、愿望、目标和行为统一起来。如果个人内心冲突矛盾大、不稳定，就不能叫心理健康。

6. 能保持良好的环境适应能力

环境适应能力包括正确认识环境以及处理个人和环境的关系。心理健康的学生在环境改变时能面对现实，对环境做出客观的认识和评价，使个人行为符合新环境的要求；能和社会保持良好的接触，对社会现状有清晰的认识，及时修正自己的需要和愿望，使自己的思想、行为与社会协调一致。有的同学进入大学，一两个月就适应新环境了，但是也有人半年甚至一年都适应不了，其原因就是个人的适应能力差别很大。

7. 心理、行为符合年龄特征

人在生命发展的不同年龄阶段，都有相应的心理和行为表现。心理健康的人，其认识、情感、言行、举止都符合他所处的年龄阶段。心理健康的大学生精力充沛、勤学好问、反应敏捷、喜欢探索。过于老成、过于幼稚、过于依赖都是心理不健康的表现。

四、大学生心理问题

（一）大学生常见心理冲突

1. 独立和依赖的冲突

大学时代是心理断乳的关键期，意味着大学生在一定程度上切断自己与父母家庭在心理上联系的"脐带"，摆脱对成人的依赖，成为独立的个体，建立自己独立的心理世界，要求独立学习、思考、生活和处理问题。虽然大部分大学生并不认为花父母的钱天经地义，甚至有些大学生在自筹收入——或家教或兼职，但与其已经成熟的生理相比，其心理发展是滞后的。由于缺乏社会经验，知识和能力还在积累中，加上长期形成的依赖性难以摆脱，面对复杂的环境，大学生常常心中茫然，不知所措，在许多方面仍无法独立。这种依赖性最具体的表现就是等待心理，等待老师的关心和指导，等待同学的友谊之手，等待父母的经济支持等。大学生这种强烈的独立意识与显著的依赖行为之间产生的矛盾和冲突，是现实、客观的。

2. 理想与现实的冲突

这是大学生自我意识矛盾最突出、最集中的表现。大学生作为同龄人中的佼佼者，容易把未来设计得过于完美，他们抱负水平较高，成就欲望较强，但由于生活范围相对狭窄，社会交往比较单一，缺乏社会阅历，对自我认识的参照点较少，因此，不能很好地将理想与现实结合起来，从而使"理想我"与"现实我"之间产生较大的差距，往往会产生苦闷、抑郁等消极的自我体验。这种矛盾在给大学生带来苦恼和不满的同时，也会激励他们积极进取、奋发向上。有的大学生在客观现实面前，能调整自身的认识，重新树立人生目标，使之符合客观现实的要求；而有些大学生则企图逃避现实，出现消沉、颓废、苦闷、抑郁等心态，沉溺于玩乐之中，以此来麻痹自己的心灵，甚至企图自杀。

3. 交往需要与自我闭锁的冲突

大学生迫切需要友谊，渴望理解，寻求归属和爱。他们有强烈的交往需要，希望能向知心朋友倾吐对人生和生活的看法，盼望能有人分担痛苦、分享欢乐。但同时他们又存在着自我闭锁的倾向，许多人往往不愿主动敞开自己的心扉，而把自己的心灵深藏起来，在公开场合很少发表个人的真实意见。他们在与他人交往时存有较强的戒备心理。正是这种交往需要与自我闭锁的矛盾，使得不少大学生感觉十分孤独。

4. 自信与自卑的冲突

大学生考上大学时受到老师、家长、亲朋好友的赞誉，同辈人的羡慕，故而优越感和自尊心都很强，对自己的能力、才华和未来都充满自信。然而进入大学后，群英荟萃，强者如云，许多大学生发现"山外有山"，尤其是当学习、文体、社交等方面显露出某些不足时，就会陷入怀疑自己、否定自己的不良情绪中，产生自卑心理。

5. 追求上进与自我消沉的冲突

许多大学生有较强的上进心，希望通过努力来实现自身的价值。但在学习和生活中一旦遭遇困难、挫折，就会出现情绪波动，一方面因畏难而消极退缩，另一方面又心有不甘，内心极为矛盾，困惑、烦躁、不安、焦虑也油然而生。

6. 激情与理智的冲突

人的活动是一种知、情、意、行的过程，大学生精力充沛，风华正茂，朝气蓬勃，浑身有使不完的劲儿，但他们易于感情冲动，自我控制能力较差。顺境时，会热情奔放、勇往直前；逆境时，就兴致皆无，情绪一落千丈。听到赞扬时容易忘乎所以；受到责难时立刻怒发冲冠，甚至有时被人利用，讲究哥们儿义气，极易铤而走险。他们常常理智让位于情感，导致做出一些错事、蠢事，继而后悔不迭，马上变得一蹶不振，陷入懊悔和惆怅之中。

（二）大学生常见的心理困扰

1. 入学适应的心理困扰

当代大学生为了在激烈的高考竞争中取胜，几乎全身心地投入学习中，受到家长的过度保护，一旦从中学到大学，外部环境发生了改变，离开了长期依赖的家长和老师，面对新的集体，新的生活和学习方式，他们会产生不同程度的应激反应，内心或多或少感到惶惶不安。这种因不适应大学生活环境而出现的不安、焦虑、苦闷和孤独感，在应变能力较差的学生身上表现更为明显。

2. 学习方面的心理困扰

大学生的主要任务是学习。学习上的困难、挫折以及是否应该刻苦学习的困惑对大学生成长的影响是比较显著的。由于大学生的学习目的、学习动力、学习方法、学习内容、学习态度等都有别于中学生，因此，一部分学生因专业学习和竞争压力过大而产生学习和考试焦虑；一部分学生则因大学期间的学习成绩不再如高中阶段那样理想，或者不喜欢所学专业而出现厌学情绪。

3. 人际关系方面的心理困扰

人际关系问题往往是大学生最关注的问题之一。同高中阶段相比，大学生的人际交往更为复杂，更为广泛，更具社会性。由于交往能力越来越成为大学生心目中衡量个人能力的一项重要指标，所以他们开始尝试独立人际交往，并试图发展这方面的能力，但是受应试教育的影响，部分学生交往能力较弱，具体表现为沟通不良、人际冲突、孤独无援、社交恐惧等。有的人因自负而不屑交往，有的人因恐惧而不能交往，从而陷入封闭、孤独的境地。也有的学生虽然主动交往，但因自我情绪比较严重，对他人缺乏应有的尊重和共情，难以被他人接纳，导致人际关系不协调。常常听到一些学生发出"大学知音难觅"的感叹，并因此产生困惑、焦虑等情绪，甚至会严重影响他们的健康成长。

4. 恋爱和性方面的心理困扰

从个体的生理年龄发展阶段来看，大学正是开始恋爱的时期。但是，由于所处的特殊环境，恋爱与性的问题经常给他们带来困扰。例如，异性交往困难、陷入多角关系、单相思、失恋、性自慰、婚前性行为、校园同居等，使他们在情绪、自我评价、人际交往、学习、生活等方面受到一定的影响，进而产生心理问题。

5. 择业方面的心理困扰

大多数学生在即将毕业之时面临着择业、求职的难题，主要表现为缺乏选择的主动性、面试缺乏自信、过于追求功利、缺乏走向社会的心理准备等。有的学生面对人才市场五花八门的招聘单位与条件而不知所措，难以抉择；有的学生不知什么是适当的自我推荐；有的学生对社会的现实不能正确分析，产生过于担忧和逃避的心理；有的学生因自负在择业时产生不满。

除了上述主要的心理困扰，大学生还存在着许多方面的困惑，如家庭关系、经济问题、考研升学、出国留学、闲暇生活、个性发展等。

（三）大学生常见的心理障碍

大学阶段是一个向成熟过渡的阶段，大学生心理状态尚未稳定，心理表现比成人更为敏感复杂，经常受生理因素、社会因素和心理因素的影响，出现各种心理问题。

1. 神经症

《中国精神障碍分类与诊断标准（第三版）》（CCMD-III）中关于神经症的描述性定义是："神经症是一组主要表现为焦虑、抑郁、恐惧、强迫、疑病症状，或神经衰弱症状的精神障碍。本障碍有一定人格基础，起病常受心理社会（环境）因素影响。症状没有可证实的器质性病变作基础，与病人的现实处境不相称，但病人对存在的症状感到痛苦和无能为力，自知力完整或基本完整，病程多迁延。"[①]其特点是：

（1）起病常与素质和心理、社会因素有关；

（2）存在一定的人格基础，常常自感难以控制本应可以控制的意识或行为；

（3）症状无相应的器质性基础；

（4）社会功能相对完好，一般意识清楚，与现实接触良好，人格完整，无严重的行为紊乱；

（5）一般没有明显或较长的精神症状；

（6）病程较长，自知力完整，要求治疗。

焦虑症是一种以焦虑情绪为主的神经症。主要特征是发作性或持续性的情绪焦虑和紧张，包括惊恐性焦虑障碍和广泛性焦虑障碍。惊恐性焦虑障碍的基本症状是反复的惊恐发作，表现为突发性的紧张性忧虑、害怕或恐惧，常伴有即将大祸临头的感觉。广泛性焦虑障碍则表现为持续地紧张不安，并趋向慢性过程。

大学生进入新的环境，各方面都要重新开始适应和调整。如果对自己期望过高，压力过大，凡事患得患失，时间长了，就会产生持续性的焦虑、不安、担心、

---

① 中华医学会精神科分会.中国精神障碍分类与诊断标准（第三版）[M].济南：山东科学技术出版社.2001年.

恐慌，并且还伴有明显的运动性不安以及各种躯体上的不适感。患有焦虑症的人，其性格也有一定的特点，大多胆小内向，做事瞻前顾后，犹豫不决，对新事物、新环境适应能力差，遇上一定的精神刺激，就很容易患焦虑症。他们常感到无明显原因、无明确对象、游移不定、范围广泛的紧张不安；经常提心吊胆，却又说不出具体原因。过分关心周围事物，注意力难以集中，从而导致工作和学习效率明显下降。对焦虑症，一方面可进行药物治疗，一方面可进行心理训练，如各种自我放松训练、体育锻炼等。

抑郁症又称抑郁障碍，是心境障碍的主要类型。以情感低落、思维迟缓，以及言语动作减少（俗称"三低"）为典型症状：具体可表现为显著而持久的悲观抑郁，与现实环境不相称。程度较轻者感到闷闷不乐，无愉快感，凡事缺乏兴趣，感到"心里有压抑感""高兴不起来"；程度严重的人悲观绝望，有度日如年、生不如死之感，常诉说"活着没有意思""心里难受"等。抑郁症严重困扰着人们的生活和工作，一部分抑郁症患者死于自杀。

少数大学生会患上抑郁症。主要表现为悲伤、绝望、孤独、自卑、自责等，把外界的一切都看成"灰暗色"的。有的大学生对枯燥的专业学习不感兴趣，对刻板的生活方式感到厌烦，为自己学习或社交的不成功而灰心丧气，陷入抑郁状态。长期的抑郁状态会导致思维迟钝、注意力不集中、失眠、体力衰退、食欲下降等，对个体危害是很大的。大学生患抑郁症有三方面的原因：第一，在当前普遍的应试教育情况下，学校和家长在教育学生过程中只重视智力教育，只重视学习成绩，却忽视了学生的全面素质培养，忽略了学生健康人格的培养。很多家长在教育上不懂得科学合理的教育理念，多采用简单的，粗暴的方式，认为不打不成才、分数最重要。这种落后的教育方式会使孩子养成敏感多疑恐惧害怕、自卑易怒、抑郁焦虑、偏执敌对等不健康的心理品质。还有很多城市子女，从小生活在被宠溺的环境中，没有经受过一些挫折和失败，缺乏生活独立性，一旦遇到困难就产生恐惧、怯懦自卑的心理。还有部分来自农村和孤儿院的留守儿童，从小缺乏爱，他们很多存在孤僻、畏生、敏感、脆弱的不良心理品质，使他们不能很好地融入大学新环境中，在学生生活方面感到孤独无助，形成消极悲观，承受能力差等心理障碍，稍遇挫折就很可能诱发抑郁症。

第二，当代大学生精力充沛、思想活跃、兴趣广泛、人际交往广泛。进入大学，面对来自不同地区和文化背景、价值观念不同的学生，人际关系矛盾尤为突出，有很多同学因为人际关系的不和谐，矛盾难以化解从而形成抑郁症，也有一部分同学找不到真正的知己而感到困惑和烦恼。大学生活时间和空间都比较宽裕，没有更多的约束，这个时期心理和生理发育都渐趋成熟，大部分人开始沉浸在恋爱中，但是在恋爱与性的问题上缺乏科学健康的认知和态度，容易出现偏差，考虑问题比较单纯片面，心理承受能力不强，无法面对恋爱带来的一些问题和影响，无法正确冷静地处理恋爱带来的后果，从而产生消极负面情绪，甚至走向极端。

第三，大学课程其实并非人们想象的轻松，除了专业课外，各类考证考研给大学生增加了很大的学习压力。很多同学不甘于大学过得浑浑噩噩，但是不能克服自己懒惰的习惯，自由散漫，到毕业接近尾声时看到同学们都考了各类证书，就会产生自卑、低落、焦虑的情绪，又面临即将走入社会找工作的压力，最终为抑郁症提供了条件。近年来，就业形势相当严峻，有很大一部分学生毕业就面临着失业的困境。面对当今严峻的就业形势，理想与现实的冲突，让大学生们普遍感到前途渺茫，进而形成巨大的心理压力，学业和就业压力对大学生的生理、心理及行为都产生了较大的影响

抑郁症的克服，可以采用以下几种方法：一是学会将自己的忧伤、痛苦以恰当的方式宣泄出来，以减轻心理上的压力。例如，倾诉、剧烈运动、哭泣等；二是多与积极乐观的同学交往，多角度看待自己所面临的问题，开阔视野，避免钻牛角尖；三是有意识地参加一些活动，如体育锻炼、文化娱乐活动等，借以提高兴奋性；第四，如果抑郁比较严重，一定要去医院寻求专业医生的帮助，按照医嘱服药，切莫忽视。

强迫症是以强迫症状为特征的神经症。强迫症是指当事人主观上感到有某种不可抗拒的和被迫无奈的观念、情绪、意向或行为存在，虽然能够清醒地认识到这些观念、情绪、意向或行为都是毫无意义的和没有必要的，却无法摆脱，因而非常痛苦。强迫症主要表现为强迫观念、强迫意向和强迫行为。这种症状大多是由强烈而持久的精神因素及情绪体验诱发而来的，与当事人以往的生活经历、精神创伤或幼年时期的遭遇有一定的联系。

患强迫症的大学生多与其性格缺陷有关，如追求完美，缺乏自信，遇事过分谨慎，生活习惯呆板，墨守成规，常怕出现不幸事件或情况，活动能力差，主动性不足等。强迫症的根治是比较困难的，可以通过提高他们的认知，增强其自信心来缓解症状。如果比较严重，最好寻求专业治疗，服药改善。

2.神经衰弱

神经衰弱是指在某些长期存在的精神因素的作用下，引起脑机能活动过度紧张，从而使精神活动能力减弱。主要症状有情感控制能力差、情绪反应强烈、注意力涣散、记忆力下降、工作效率低、睡眠困难、心悸、多汗、易疲劳等。

神经衰弱也是大学生中较为常见的心理障碍。大学生神经衰弱的发生，主要与学业负担过重和不良性格特征关系密切，由缺乏面对现实的勇气和缺乏良好的适应能力造成。如个体自我调节能力较差，对社会、对人生思虑过多等，在当事人头脑中产生强烈的思想冲突，内心持久地处于紧张状态，超过了神经系统本身的张力所能忍受的限度，从而引起失调和崩溃。对于神经衰弱的学生来说，合理安排学习和生活作息，适当参加娱乐活动和体育锻炼，并进行必要的心理治疗，一般可以收到较好的效果。

3. 恐怖症

恐怖症是指对某些事物或特殊情境产生十分强烈的恐惧感，这种恐惧感与引起恐惧的情境通常极不相称，当事人明知自己的恐惧不切实际，仍不能控制自我。常见的恐怖症有社交恐怖、广场恐怖和动物恐怖等。

大学生常见的恐怖症有社交恐怖症和求职恐怖症。其中社交恐怖症一般发病在青春期前后，他们往往夸大自己的弱点，主观要求过高，只要做不到尽善尽美，就会非常痛苦。对此，一方面要降低自我要求，另一方面要多做积极的心理建设，勇敢地与同学朋友交流。而求职恐怖症可谓人人皆有，只是表现程度不同而已。要消除这种心理恐惧，最关键的是加强社会锻炼，且要善于从失败中总结经验教训，善于自我调节，以轻松的心态看待就业。

4. 人格障碍

人格障碍是指明显偏离正常且根深蒂固的行为方式，具有适应不良的性质，其人格在内容上、性质上或整个人格方面表现异常，由于这个原因，当事人遭受痛苦或使他人遭受痛苦，或给个人、社会带来不良影响。人格的异常妨碍了他们的情感和意志活动，破坏了其行为的目的性和统一性，给人以与众不同的特异感觉，在待人接物方面表现尤为突出。人格障碍通常开始于童年、青少年或成年早期，并一直持续到成年乃至终身。部分人格障碍者在成年后有所缓和。精神医学将人格障碍大致分为三类：第一类以行为怪癖、奇异为特点，包括偏执（妄想）型、分裂型、分裂样人格障碍；第二类以情感强烈、不稳定为特点，包括表演型、自恋型、反社会型、边缘型人格障碍；第三类以紧张、退缩为特点，包括回避型、依赖型、强迫型人格障碍。

大学生中常见的人格障碍有偏执型人格、强迫型人格、冲动型人格等。人格障碍属于一种心理变态，迄今为止尚无什么特效药可医治。人格障碍形成后，显示出相对稳定性，即人们常说的"江山易改，禀性难移"。人格障碍者是社会不安定因素之一，程度轻微的不良影响相对较轻，严重的尤其像偏执型、反社会型人格障碍者，可能会酿成一系列报复型、攻击型、虐待型等惨痛案例。改造人格障碍者，难度确实不小，必须由社会、家庭、学校联合，对他们给予理解、同情和帮助，采用包括心理治疗在内的综合措施，有助于他们认识自己人格障碍的特征及危害，树立改善不良人格的信心。

除人格障碍外，还有人格缺陷问题。人格缺陷是介于正常人格与人格障碍之间的一种人格状态，也可以说是一种人格发展的不良倾向，或者说是某种轻度的人格障碍。常见的人格缺陷有自卑、抑郁、怯懦、孤僻、冷漠、悲观、依赖、敏感、多疑、焦虑或敌对、暴躁冲动等，这些都是不健康的心理因素，它们不仅影响活动效率、妨碍正常人际关系，而且会给人生蒙上一层消极的阴影，如不及时矫正与治疗会发展为各种人格障碍。人格缺陷比人格障碍的人数更多，在大学生中较为常见。

五、影响大学生心理健康的原因分析

心理学研究表明，影响心理健康的因素是十分复杂的，它是生理、心理、社会诸因素共同作用于个体的结果。大学生的心理障碍与心理疾病的产生是所处的特殊年龄阶段与特殊生活环境以及社会诸因素相互作用的结果。

（一）生理因素

1. 遗传因素

人的心理主要是在后天环境影响下形成和发展起来，然而，心理发展与遗传因素有着密切的关系。根据统计调查及临床观察，许多精神疾病的发病原因确实有基因因素。同时，遗传上的易感性在一些人身上也是存在的，以遗传素质为基础的神经类型及各个年龄阶段所表现的身体特征也影响着人的心理活动。

2. 躯体疾病

不同的躯体疾病会给人带来不同程度的痛苦体验，如绝症和慢性疾病会给人带来较大痛苦，对个体的心理健康影响很大，使个体产生烦躁、恐惧、抑郁等负面情绪，也可能会对人际关系产生影响。

3. 神经系统素质

神经系统的先天素质特点的不健全，如大脑皮层和皮下组织之间的相互协调作用有某种障碍，大脑皮层的兴奋和抑制过程的协调作用有些障碍等神经系统的先天素质的不健全，均会导致病态人格等心理异常的现象。

4.病毒感染与大脑的器质性病变

由病菌、病毒（脑梅毒、斑疹伤寒、流行性脑炎）等引起的中枢神经系统的传染病会损害人的神经组织结构，导致器质性心理障碍或精神失常。这一点对儿童影响尤为严重，是造成智力迟滞或痴呆的重要原因。根据临床医学研究，大脑的器质性病变，如脑肿瘤、脑炎、脑外伤等，可能导致各种精神异常，如意识障碍、智力障碍、严重失忆、人格异常等。

（二）心理因素

1.自我同一性认同危机

自我同一性是青年期重要的心理发展课题，而自我同一性混乱被认为是造成个体心理问题和心理疾病的重要原因之一。

2.面对挫折，心理承受力低

关于挫折，有这样一句话：人生逆境十之八九，顺境十之一二。在人生的道路上，随时都会遇到难以克服的困难，比如：考试失败、没有如意的工作、受到批评、亲人去世等，此时人们就会产生不愉快的情绪反应，如焦虑、紧张、失望、沮丧、悲哀、愤怒等。一般说来，挫折产生的压力如果没有超过个体的承受力，在某种程度上具有积极作用，焦虑也是一种生产力，失败是成功之母，压力会成为一种动力，挫折就会成为一种磨炼，能提高你解决问题的能力，能让你承受力逐渐增强，能让你逐渐成熟起来。但若挫折过于强烈超过了个体的耐受能力，而个体在承受不了的情况下又不能正确对待，就可能引起情绪紊乱，心理失去平衡，出现心理障碍或是身心疾病。

3.心理冲突和矛盾

在我们生活中会面临很多的机会，面临很多的选择，在众多可能性中做出选择时，往往有得有失，选择的同时会丢掉另一个机会，选择往往是两难或者几难，这时心理冲突就发生了。比如：有两个部门你都可以去工作，两个部门都有利弊，要选择一个部门去工作，要权衡利弊做出选择，心理冲突就产生了；又如：想换工作，又怕失去目前的稳定，心理冲突就产生了。心理冲突就是两个或两个以上相反或者是相互排斥的动机所产生的一种矛盾的心理状态。当自己缺乏主见，价值观不确定时，选择就更困难，因此产生不良的躯体和心理反应，从而对心理健康产生有害的影响。

4.性格特点

个性心理品质决定了个体心理和行为的方式和风格，而这些方式和风格会体现在个体的待人、接物、处事等各方面。良好的性格特点使人容易适应社会环境，被周围接纳，而负面的性格特点会给个体的学习、生活造成直接的不良影响，从而影响个体的情绪，导致心理问题。常见的不良性格特征有：孤僻、忧郁、自卑、自负、冲动、偏执、多疑、虚荣、敏感、贪婪、自私等。

5. 生活事件

生活事件指的是在日常生活中遇到的各种各样的社会生活的变动，如环境变化、亲人死亡、家庭破裂、失恋、失业等都可以引起心理障碍，即使是中等水平的刺激事件，如果它们连续发生，也可以引起心理障碍。因为每经历一次生活事件，都要付出精力去调整由于这一事件的发生所带来的变化，如果生活事件增加，个体适应变化的努力也要相应增加。如果在一段时间内发生太多的生活事件，或者是某个生活事件持续挥之不去，个体的躯体和心理健康状况就很容易受到影响。

6. 情绪不稳定

大学生正处于情绪、情感发展最强烈、最复杂、最波动的时期，尤其是在大学这一阶段的许多特殊事件，如交友、恋爱、就业等，都可能给个体带来积极美好或者消极痛苦的情感体验，学会控制和调节自身情绪也是维护身心健康的重要手段。

（三）影响心理健康的学校因素

大学生的主要任务是学习，有限的时间内要完成繁重的学习任务，心理压力是很大的。同时，他们对所生活的环境即校园的条件感到不理想，也会影响他们的心理健康。具体表现在以下几方面：

（1）学习负担过重。对学生学习时间管理的调查发现，有相当多的学生每天学习时间多达 10 个小时以上，而睡眠时间严重不足。学习是一项艰苦的脑力劳动，长期学习负担过重使大脑过度疲劳，大脑皮层活动机能减弱，注意力、记忆力、思维力、想象力受到限制从而影响学习效率。久而久之，就会使一些人产生心理障碍。学习负担过重的原因与课程设置不合理、学生学习贪多求全、自我期望过高、社会和家长外界压力过大等因素有关。

（2）专业选择不当。学生高考选择专业时具有一定盲目性，由于对大学专业设置不太了解，所以每年都有一些学生认为所学专业不符合个人的兴趣和爱好，从而产生调换专业的要求。一旦解决不了，就表现出对学习无兴趣、情绪低落、消极悲观、随意缺课，长此下去会使心理矛盾强化，导致神经衰弱等心理疾病。其实，专业兴趣是可以培养的，即使现在所学专业确实不能发挥自己的长处，今后还会有多次选择的机会。

（3）对大学生活不适应。从中学到大学，环境改变很大，无论是学习方面还是生活方面，乃至人际关系，都需要重新适应。比如学习方面，中学时老师讲的多，大学时则注重培养自学能力；生活方面，中学时父母照顾多，大学时则要培养自理能力等。从心理适应讲，中学的学习尖子周围充满着赞扬声，优越感强，但到大学里尖子荟萃，自己原有的优势不明显，学习上遇到一点挫折就会产生消极的自我评价，而使情绪低落。

（4）业余生活比较单调。大多数学生的生活仍然可以用"三点一线"来概括，生活比较单调，缺乏足够的娱乐活动。而青年学生处在长知识、长身体的阶段，好奇心强、精力充沛，对业余生活的多样化要求迫切，但常常不能得到满足，由此对所有事都缺乏乐趣，感到生活枯燥无味。

（四）影响心理健康的社会因素

改革开放以来，中国社会发生了巨大的改变。随着市场经济体制的确立、竞争机制的导入，人们的生活方式、价值观念发生了重大变化。人们的心理活动较之以前更复杂，大量新的社会刺激对人们的心理健康的威胁也越来越大，从而导致心理障碍发生率逐年提高。具体而言包括以下几点：

（1）社会文化背景。当代大学生处在东西文化交叉、多种价值观冲突的时代，随着改革开放的深化，西方文化大量涌入，东西方文化发生着从未有过的碰撞与冲突。面对不同于以往的文化背景和多种价值选择，学生常常感到茫然、混乱，陷入空虚、压抑、紧张的状态，长时间的心理失调必然带来心理上的冲突，出现适应不良的种种反应。

（2）大众传播与网络的影响。随着大众传播手段越来越丰富以及互联网的广泛普及，铺天盖地的信息对大学生心理健康影响越来越大。大学生一般求知欲强但辨别能力弱，崇尚科学但欠缺辩证思维，易沉溺于网络而难以自拔。

（3）家庭环境的影响。家庭人际关系、父母教育方式、父母人格特征等对子女心理健康影响很大。由于当代大学生独生子女多，家庭环境过度保护和过度严厉者居多，因而容易出现依赖、被动、胆怯、任性、冷漠、盲从和缺乏自尊自信的心理倾向。如果父母的保护发展为溺爱，则子女会利己、骄横和情绪不稳；如果父母的严厉发展到专制，则子女会消极、懦弱和不知所措；如果父母意见经常分歧而互相拆台，则子女会表现出圆滑、讨好、投机、说谎的不良行为。因此，大学生的各种典型心理问题和心理疾病中常常会找到家庭影响的痕迹。

六、大学生心理健康的自我调整

（一）保持满意的心境、积极的心态

心境就是我们平时说的心情，它对人的生活、工作和学习都有很大的影响，而且会直接影响人的心理健康。心理健康的大学生对自己的生活学习和人际关系现状总有一种比较满意的感觉，也自觉有足够的能力应对周围的环境，努力学习，积极实践。人只要拥有满意的心境、积极的心态，那么无论处于逆境还是顺境，都能随遇而安，努力寻找生活的乐趣。

（二）培养和完善人格

人格的健全是心理健康的重要组成部分，大学生应当正确评价客观事物，正确对待自己与他人；善于管理情绪，情绪反应适度，体验正常的情绪情感，主动有效地适应社会环境与学校生活。

（三）投身社会实践，扩大人际交往，建立广泛的社会支持系统

大学生应当积极主动地参加各类社会实践活动，并在活动中全面提高自身素质，通过群体交往活动，理解人与人之间的关系，体验友谊与沟通的快乐，开阔视野，并寻找广泛的社会支持。当面临挫折与压力时，广泛宽厚的社会支持会帮助大学生走出沼泽地，走向开满鲜花的坦途。

（四）及时寻求心理咨询的帮助

不要把生活中的问题看成是你一个人的，无论是学校和社会，都有你需要的资源，开放自己，放宽眼界地寻求心理咨询的支持吧。

第二节　悦纳自我，超越自我

一、了解自我，悦纳自我

人的自我意识构成了人格的核心，因此，有的心理学家用自我意识的发展程度来衡量一个人的心理成熟程度和心理水平。悦纳自我指的是接受自己的全部，无论是优点还是缺点，无论是成功还是失败；无条件地接受自己，接受自己的程度不以自己是否做错事而有所改变；喜欢自己，肯定自己的价值，有愉快感和满

足感。悦纳自我属于自我意识中自我评价的部分，自我悦纳对一个人的心理健康起到至关重要的作用，研究表明悦纳自我与个体的自信、自尊等积极心理特质都有紧密关联。悦纳自我首先要对自己有客观全面的认知，自我认知是个体获得健全人格的重要条件，也是自我客观评价的基础。人本主义心理学家罗杰斯将不确定的自我认知、自我概念看作是引起个体严重心理问题的决定性原因，认为"个体只有对自己有明确地认识，才会减少甚至改变引起个体心理问题的影响因素"。

大学生要通过多方面、多途径了解自己，方能做到既不盲目自信，也不妄自菲薄。一是学会从周围获悉对自我的真实反馈，认识自我，客观评价自我。如果对于从同伴获取的有关自我的信息不能正确分析，就会造成自我认识误差，不能客观、正确地了解自我。二是学会从社会生活经验中了解自我。积极参加各种社会实践活动，在实践中锻炼自己的能力，并扩大自己的社会接触面，积累经验，增加自我了解。三是热爱生活。五彩缤纷的生活是快乐的源泉。大学生要用合理的标准来对待生活，看待自己，做到"知足常乐"，唯有如此，才能保持心情的舒畅和精神的振奋。四是避免用唯一标准来衡量自己。"金无足赤，人无完人"，每个人都不是十全十美的，要正确对待得与失，以免引起不必要的自卑情绪和自我否定。

二、确立目标，健康成长

目标对人生有着巨大的导向性作用。成功在一开始，仅仅就是一个选择。你选择什么样的目标，就会有什么样的成就，有什么样的人生。目标的意义体现在：

（1）目标可以给人的行为设定明确的方向。

（2）知道什么是重要的，合理安排时间。

（3）目标促使自己未雨绸缪，把握今天。

（4）使人能清晰地评估自己每个行为的进展。

（5）把重点从工作本身转移到工作的成果上来。

（6）产生持续的信心、热情与行动力。

大学生制订目标应该遵循以下几个方面的原则：

（一）要将个人实际与社会需求相结合

大学生设定人生目标时必须将个人实际与社会的需要、自身优势与客观条件结合起来，特别是要科学地认识自身的知识结构、心理素质、性格特点、特长爱好和人际交往能力等，扬长避短，切忌随波逐流、脱离实际。同时，大学生人生目标的设定与人生价值的实现，归根到底是要适应社会和时代发展的需要，得到社会的认可，才能为社会做出应有的贡献。

（二）要将人生大目标与阶段性目标相结合

阶段性目标与人生大目标是一个量变与质变的关系，只有在不同的时期设定不同的阶段性目标并通过努力去实现，才能通过"量变"完成"质变"，实现大目标。当然，在确立每个阶段的短期目标时，也必须以大目标为指导，这样才能保证不偏离航向。

在制订阶段性目标时，一般可具体参照"SMART"准则。

具体的（Specific）：尽可能把目标定得具体些，明确你所遇到问题的实质到底是什么。

可衡量的（Measurable）：考虑一下你正在使用的方法，应该是可量化的。

可行的（Achievable）：确保你的要求在可以实现的范围内。

切实的（Realistic）：不要由于不切实际而导致失败，一步步提高比跨越一大步更切合实际。

有时间限制的（Time-limited）：确定一个合理的时间段，然后执行。

（三）要将目标稳定和动态调节相结合

目标稳定主要是指人生大目标的基本稳定和短期阶段性目标相对稳定。人生大目标作为各阶段性目标的总体指导，必须具有稳定性才能起到积极作用。大学生的世界观、人生观和价值观已基本确立，其长远目标一般不会有大的改变，具有基本稳定的特征。短期阶段性目标是大学生根据实际情况和总体目标制订的，在一定时期和一定范围内具有相对稳定性，但是外界环境和大学生的自身情况又是不断变化的，为了使目标更具科学性和可行性，也必须对阶段性目标进行适时调整，以适应不断发生的各种变化。

三、学会并保持乐观

随着积极心理学的兴起，乐观主义成为西方积极心理学的核心概念和研究热点。但是，乐观不是天生的，而是在后天的家庭、学校、社会氛围中逐渐形成的。一旦学会了乐观，人们就会用乐观的方式去对待所经历的一切事情，这在积极心理学上被称为"乐观型解释风格"。解释风格是指个体对生活中所发生事情的一种归因方式的习惯化表现，它有三个维度——永久性、普遍性和人格化。

美国心理学家、积极心理学创始人之一马丁·塞利格曼在研究中发现，乐观的人在遇到厄运时，会认为失败是暂时的，并且每次失败都有特定原因，不是自己的错，可能是运气不好或其他因素导致的结果。面对恶劣环境时，他们不会被失败击倒，会把它看成一种挑战，更努力地去克服困难。具有悲观型解释风格的人倾向于相信一切坏事都是自己的过错，而且发生的坏事一定会持续很久，并且会影响或毁掉生活的各个方面，自己却无能为力改变，就此一蹶不振。两者之间虽然只是归因的区别，这种区别对一个人的生活来说却相当重要，它往往可以决定一个人的生活质量、事业的成功以及身体健康的程度，甚至寿命的长短。

保险业在美国是一个影响比较大的行业，但是总面临着两个难题：其一，由于保险从业人员必须有百折不挠的勇气才会成功，所以流动性特别大，几乎所有的保险公司每年都要招聘大量的新员工，但在这些新招聘来的员工中，不到一年时间就会流失很多，仅培训费一项每年就要损失很多。如美国著名的大都会保险公司每年都会招聘5000名左右的新员工做保险销售，在新员工的培训期间，公司对每个新员工投入3万多美元。但往往在一年之后，就有约一半以上的员工辞职，到了第四年的时候，留下的员工就没有多少了，大量的培训费就打了水漂。其二，许多保险销售员容易患上抑郁症，这不仅影响了这些人之后的生活，同时也影响了保险行业的声誉。面对这种情况，大都会保险公司的总裁希望塞利格曼来帮他解决这两个难题。塞利格曼研究后发现，保险行业是一个与人打交道的行业，推销员每天都要面对不同职业、性格、年龄、文化的个体，在此过程中，这些保险推销员必然会经历多次的拒绝，有时甚至还会挨骂（有统计显示，保险推销员每打10个电话可能只有1个人愿意坐下来谈谈，而且还不一定购买保险）。许多员工在遭受这样的打击之后，自信心迅速降低，失去进一步努力的动机，业绩自然就会下降。当他的业绩不好之后，他就会觉得自己不适合这个行业，跳槽也就成了一种必然的选择。即使公司不辞退他，他自己也不好意思继续留下来了。而当一个人带着失败离开时，如果他自己的性格本来就有点儿不太乐观的话，那抑郁就自然而然产生了。因此，塞利格曼认为保险行业应该仔细挑选员工，保险销售工作并不是什么人都能干的，只有那些具有乐观型解释风格的人才更适合做这项工作。

于是，塞利格曼和大都会保险公司进行合作，在1985年为公司挑选了新员工。为了检验自己的假设是否正确，塞利格曼对当时参与面试的1.5万名应聘人员进行了两次测试：一次是大都会保险公司安排的职业测试（公司以前挑选员工的做法）；一次是塞利格曼自己安排的乐观测试，乐观测试采用归因风格问卷

（ASQ）。ASQ问卷的核心就是测量个体对积极事件和消极事件归因的三个维度：稳定的或不稳定的、普遍的或特定的、外在的或内在的。同样，录用新员工时也采用两种标准：一种是按该公司之前的标准录用，也就是按这些人的职业测试分数的高低，一共录用了1000人，同时对这些人进行归因倾向测试，并根据测试分数在这些人中筛选出乐观风格组和悲观风格组；另外一种是挑选出职业测验不合格，但特别乐观的人，按这个标准共录用了129人。

通过两年的追踪发现：在1000人组中，具有乐观风格的推销员所做的业绩要比悲观者高——第一年高出8%，第二年则高出31%；129人组与1000人组中的悲观者相比，两年期间的业绩差异更为显著——第一年高出21%，而第二年则高出57%。他们甚至比用传统方法录用进来的1000人的头两年平均销售业绩还高27%。事实上，他们至少与以传统方法录用的业务员的乐观组的业绩一样好。这些结果充分证明乐观型解释风格在保险销售行业中的重要性。

塞利格曼认为，具有乐观型解释风格的人之所以能创造更好的业绩，主要是因为乐观者在推销失败后，会将失败视为只是暂时没有成功，并没有将失败视为难以逾越的鸿沟而使自己陷入绝望之中。因此，他们会屡败屡战，将面前的困难看作是一种挑战，百折不挠地坚持到最后，直到成功。只有在每一次拒绝面前都能保持乐观的人，才可能成为真正的优秀推销员，也才能获得真正的成功。

当然，积极心理学强调乐观，但并不强调一味地乐观，更不强调过度乐观。积极心理学所提倡的乐观更多的是为了让个体形成一种生活观念：不论面对成功还是失败，尤其是在面对失败的结果时，人们要学会做出积极乐观的理解，以便为日后的成功打下基础。

四、发展积极人格

积极心理学强调心理学必须研究人内心所存在的积极力量。只有人所固有的积极力量得到培育和增长，人性的消极方面才能被消除或抑制。积极心理学认为，尽管先天的生理因素不可或缺，但人格的形成主要还是依赖于后天的社会生活体验，正是因为每个人的后天社会生活体验不同，人与人之间才出现了不同的人格面貌，因此，积极心理学的一个重要核心就在于培养个体的积极人格。大学生正处于人格发展的塑造期，已经具备了一定的认知能力、判断能力和反思能力，所以大学生要充分重视自我教育和自我提高。第一，要加强理论知识的学习，通过阅读积极健康、励志类书籍，选修积极心理学方面的课程，多听专题讲座和报告会等，明确健康成长的目标，内化自我健康发展的动力。第二，建立成熟的心理防御机制，即以理智、勇敢的态度对待挫折和冲突，选择积极的方式释放积压在内心的破坏性能量。这里的理智、勇敢的态度包括幽默、利他主义、升华、抑制（与压抑不同，它不是否定人的欲望和自主状态，而是当意识中出现想解决矛盾和冲突的冲动时，为了更好地解决问题，暂且压制这种冲动，延迟行动）。第三，树立正确的心理健康意识，主动求助家人、知心朋友、老师，或者求助专业的心理咨询。第四，大学生要积极参加社会实践，了解社会的需求，促进自我社会化的进程，力争成为社会的栋梁。

第三节　悦纳他人，慷慨喝彩

一、相容

（一）相容原则

相容主要是心理相容，即人与人之间的融洽关系，与人相处的宽容、忍让。主动与人交往，广交朋友，交好朋友，不但交与自己性格相似的人，还要交与自己性格相反的人。求同存异、互学互补。处理好竞争与相容的关系，才能更好地完善自己。

古人云：“处人不可任己意，要悉人之情；处事不可任己见，要悉事之理。”因为人的想法和需要往往与他的身份角色、内外态势、个人素质、时空因素密切相关，换位思考有“身临其境”的感受。理解是人际沟通的基本途径和润滑剂，通过反馈互动，有利于达成共识。

（二）怎样遵循相容原则

要学会相容，做到宽容是关键。宽容是做人的根本之一，没有一颗宽容的心你会觉得每天都活在夹角里。开车的时候遇到那些乱闯车道的人就牢骚不停；遇到开车上道的新手在你前面慢腾腾地行驶就不耐烦；在餐馆遇到服务员上菜慢了一些就责备两句；遇到单位新出的规章制度让自己不悦也要牢骚一番。人活在这个世界上会遇到很多不是很称心如意的事，如果没有一颗宽容的心你会觉得每天都不快乐。你也曾经是路面上的新手，为什么就不能容纳一下你的后来者？服务员上菜慢了，那其中会有很多原因。所以人人需要宽容的心，人人需要培养自己的容纳度，只有对他人宽容了，你的内心才会做到真正的宁静平和。

著名作家房龙在他的名著《宽容》中曾经引用《不列颠百科全书》关于宽容的定义：宽容即允许别人自由行动或判断；耐心而毫无偏见地容忍与自己的观点或公认的观点不一致的意见。我国《现代汉语词典》中对宽容的解释是：宽大有气量，不计较或不追究。

宽容是人类生活中至高无上的美德。因为宽容包含着人的心灵，因为宽容可以超越一切，因为宽容需要一颗博大的心。因为宽容是人类情感中最重要的一部分，这种情感能融化心头的冰霜。而缺乏宽容，将使个性从伟大堕落成连平凡都不如。

生活需要宽容。在生活中每个人都会有不如意，每个人都会有失败，当你的面前遇到了竭尽全力仍难以逾越的屏障时，请别忘了：宽容是一片宽广而浩瀚的海，包容了一切，也能化解一切，会带着你跟随着它一起浩浩荡荡向前奔涌。

宽容是一种无声的教育。唯有宽容的人，其信仰才更真实。最难得的是那种不求回报的给予，因为它以爱和宽容为基础。要取得别人的宽恕，首先要宽恕别人。尽管我们不求回报，但是美好的品质总会在最后显露它的价值，更让人感动。责人不如帮人，倘若对别人的错处一味挑剔、呵责，只能更加令人反感，而且可能激起逆反心理，一错再错。

与别人为善，就是与自己为善，与别人过不去就是与自己过不去，只有宽容地看待人生和体谅他人，我们才可以获取一个放松、自在的人生，才能生活在欢乐与友爱之中。失败时多一份宽容，停止对自己的申诉，心中就会少一份懊悔和沮丧，就能在心底扶起一个坚强的自己，宽容别人也是宽容自己，保护自己，给别人留一些空间，你自己将得到一片蓝天。一个宽容的人，到处可以契机应缘，和谐圆满，微笑着对待人生。

宽容是一种最高贵的美德。没有人穷困到无机会表达宽容的地步，没有人能比施行宽容的人更强大、更自豪。一个人的心胸有多宽广，他就能赢得多少人。付出宽容，你将收获无穷。"世界上最宽阔的是海洋，比海洋宽阔的是天空，比天空更宽阔的是人的胸怀。"人人多一份宽容，人类就会多一份理解，多一份真善，多一份珍重与美好，生活中的酸甜苦辣也将化作五彩的乐章。在生活中学会宽容，你便能明白很多道理。献出你自己，学会宽容，乐于赏识和称誉他人，并时刻保持能够使自己得到成长和增加学识的灵活性，这一切便产生了幸福、和谐、美满和事业有成。这就是一个人丰富多彩的生活应有的特征。

大肚能容，容天下难容之事；开口便笑，笑世间可笑之人。这是北京潭柘寺的弥勒佛两边的楹联。一副楹联，写尽了天下宽容之心。这虽然是带有宗教色彩的一句警世恒言，但在学习和生活中也仍然适用。一个人的心态，决定了他日后的发展道路和发展前景，妒贤嫉能、打压他人、排除异己，在生活、工作中处处以自我为中心，容不得他人的人，是不会有好的结果的。相反，遇事对人都有宽容之心的人，往往更容易取得成功。

1. 宽容有度，令你维护了尊严，获得了尊重

宽容不仅仅是一种美德，更是取得成功的一个途径。宽容是一种博大精深的境界和意境，是人的涵养。宽容是处世的经验，待人的艺术，为人的胸怀；它能包容人世间的喜怒哀乐，使人生跃上新的台阶。

然而，过度的宽容则会适得其反，不仅达不到想取得的效果，更有甚者还会害人害己。因此，宽容只能适度，只能针对某些特定的事、某些特定的场合、某些特定的人，一味地讲宽容而不注重其结果是不正确的。我们需要有宽容的胸怀，但宽容是有底线的，是有原则的，否则宽容就会变成纵容。

我们所倡导的宽容，不是那种可以容忍一些人任意欺凌别人人格尊严与随意掠夺他人利益，却反过来要求别人宽容的荒唐逻辑。社会生活中，人们在道德法律的原则基础上彼此尊重，是多元社会宽容的底线，失去这个度，将意味着进入一个无原则的社会。

宽容必须是双向的，最起码的要求是不随意冒犯别人。一个真正宽容的人，在公开表达自己的时候，会顾及他人的感受。相反，只顾自己不顾别人，还一味要求宽容，那不叫宽容，而叫唯我主义或自我中心主义。他们从来就只知有己，不知有人，是明显的霸道有余而宽容不足。从另一个角度看，宽容固然是一个社会文明的基本标志，但绝不是漫无边界的。我们往往说宽容是美德，然而往往又说："我们的忍耐是有限度的！"后面这句话道出了宽容的底线。有句名言说："对恶人宽容便是犯罪。"宽容如果越过法律的底线，那么这个世界就乱套了，真正意义上的宽容也就不存在了。我们的心就好比一只茶杯，它的容量非常有限，通常我们的杯子里装下了邪恶，就很难容下正义。即使最后在正义与邪恶的斗争中邪恶丢盔卸甲落荒而逃，正义也要付出高昂的代价。但如果邪恶先入为主，它就会在我们的心灵城堡生根发芽，根深蒂固，结果是正义被邪恶驱除出境。这个时候，我们必须清楚，不宽容就是最大的宽容，不慈悲就是最大的慈悲。我们需要的不仅仅是宽容和慈悲，还有正义。

如今我们正在构建社会主义和谐社会，在社会发生深刻变革的历史进程中，我们所要建设的应该是互帮互助、诚实守信、融洽相处的社会。在一个讲求秩序

规则的大环境里，不尊重道德法规、不寻求共识的宽容，只能造成更多的不和谐。只要我们把握宽容的原则底线，那些出格的不和谐行为就会有所收敛。因为底线的效应毕竟对愿意遵守规则的人或迫于环境不得不遵守规则的人有约束力。因此在提倡"宽容精神"时，莫忘了把握宽容的底线，对越过底线的人与事就不能宽容，因为它实际上是造成社会不和谐的因素，从这个角度上看，无度的宽容，有悖于构建和谐社会。

理解与谅解是人类特有的智慧和风度，理解可以无边，也应该万岁，但宽容不能，因为当今世界还并不完美，每个人并非都心存美德与善良。因此，在提倡宽容的同时，还应该有所警惕地保持某些不宽容的底线，这才是正确的宽容观。

2. 宽容是一种挽救，是一种大智慧、大聪明

宽容是一种修养，一种处变不惊的气度，一种坦荡，一种豁达。宽容是人类的美德，宽容一如阳光，亲切、明亮。温暖的宽容也确实让人难忘。

生活如海，宽容作舟，泛舟于海，方知海之宽阔；生活如山，宽容为径，循径登山，方知山之高大；生活如歌，宽容是曲，和曲而歌，方知歌之动听。多一些宽容，就多一份信任，多一份友爱。

二、赞美

（一）赞美是人际关系的润滑剂

人类行为学家约翰·杜威曾说："人类本质里最深远的驱策力就是希望具有重要性，希望被赞美。"[①] 每个人都希望被赞美，在心理学意义上源自于个体渴望被尊重、被认可的精神需求。一旦这种精神需求被满足，人就会充满自信和动力。

每个人都有优点，善于发现别人的长处，恰到好处地称赞对方，不仅能让对方愉快，还能使你成为受欢迎的人。

在与人沟通中多一些赞美，可以改善平淡的人际关系，使人们变得更亲近。赞美他人能沟通自己与他人的感情。特别是当你与他人产生隔阂时，关心对方、注意和肯定他人的长处，是消除这种隔阂最有效的方式。心理学家席莱说："我们心里极希望获得别人的赞扬，同时，我们也极为害怕别人的指责。"解决人际关系中出现的矛盾，赞美比批评更有效。

在人们的心灵深处，最渴望他人的赞美。赞美是一种鼓励，胜过雨后绚丽的彩虹，在人们心灵深处植入的是信心和力量，播下的是奋进向上的种子。赞美是

---

① 约翰·杜威著，薛绚译 . 民主与教育 [M]. 南京：译林出版社 .2012.

一种兴奋剂，让人更加充满活力和精神。同时，赞美还是一种认可，一种肯定，让人们坚定发展的方向多一种鼓励，就少一个背离者，多一句赞美，就把摇摆不定的同学变成你忠实的朋友。

在人际交往中，赞美可以起到润滑人际关系的作用。如果在人际交往中人人都乐于赞赏他人，善于夸奖他人的长处，那么，人际交往的愉快度将会大大增加。与人交，推其长者，讳其短者，故能久也。

（二）生活中需要赞美

现实生活中需要赞美的场合很多；在儿童的成长过程中，鼓励和赞扬对培养儿童的自信心和自立能力非常重要。在家庭生活中，人们常常婚前甜言蜜语，婚后批评抱怨，难怪有"婚姻是爱情的坟墓"的说法。其实，婚后妻子更需要丈夫的欣赏，丈夫更渴望妻子的鼓励，批评挑剔不但于事无补，反而会适得其反。在工作中，对同事发出一番赞美之辞，不仅是加深友谊的成功秘诀，同时也能唤醒同事的潜在力量，提高同事的自尊心。

（三）赞美的原则

1. 赞美的动机要纯洁

有人说，赞美是一笔投资，只需片刻的思索就能得到意想不到的报酬。这话有些道理，但似乎又含有太多的实用主义的味道。赞扬更多的是为了情感的沟通，如同微笑一样，也是照在人们心灵上的阳光，它不是为了要从对方那里得到什么。卡耐基指出，如果我们只图从别人那里获得什么，那我们就无法给人真诚的赞美，也无法真的带给别人一些快乐。

2. 赞美要真诚

赞美是一种境界，是发自内心的真诚表达。赞美是对他人成就的认同，对他人人格的尊敬。夸奖别人要出于真心，所夸奖的内容是对方确实具有或即将具有的优良品质和特点，不要让别人感到你言不由衷，另有所图。

3. 赞美要适度

一个气球再漂亮、再鲜艳，吹得太小，不会好看；吹得太大很容易爆炸。赞美就如同吹气球，应点到为止，适度为佳。恰如其分地赞美能使人心情愉悦，但赞美过度则会适得其反。过度的赞美会有阿谀奉承之嫌，给人一种虚情假意之感，如此则会招人嫌恶，更不会达到赞美的目的。

4. 赞美要适时

交际中认真把握时机，恰到好处地赞美他人十分重要。当你发现对方有值得赞美的地方，就要及时大胆地赞美，千万不要错过机会。在别人成功之时，送上一句赞誉，就犹如锦上添花，其价值可抵万金。人们在考了好成绩、评上先进、受到奖励的时候心情格外舒畅，如果再能听到一句真诚的夸赞，其欣喜之情可想而知。

（四）赞美的技巧

赞美是一件好事，但做起来并不容易。赞美别人如果不懂得审时度势，不掌握一定的赞美技巧，即使你的举动真诚，也会将好事变为坏事。所以，赞美别人要掌握以下技巧：

1. 寻找赞美点，因人而异

生人看特征、熟人看变化，第一次见面我们要寻找他显著的特征，第二次见面就要寻找他身上发生的变化。赞美别人要因人而异，因场合而异，将自己的赞美之情恰当地表达出来，能收到比一般的赞美更好的效果。称赞中年女性材苗条，赞扬老年人身体硬朗便很容易引起良好反应，而赞美儿童年轻、青年人牙齿坚硬等却很难有积极效果。老年人的怀旧意识比较强烈，总希望别人对他以前的辉煌业绩动心，与老年人交谈时，要对他昔日的辉煌加以称赞；赞扬年轻人语气可稍微夸张一些，适度赞美他的开拓精神和创造才能，并对他的前程充满信心。

2. 新颖独特，灵活多样

一句本来是不错的赞扬如果多次单调重复，也会显得平淡无味，甚至令人厌烦。赞美应该尽可能有新意，因为“喜新厌旧”是人们普遍具有的心理。陈词滥调的赞美，会让人觉得索然无味；而新颖独特的赞美，则会令人回味无穷。一个女人就曾说过，她对别人反复说她长得很漂亮，已经感到很厌烦，但是当有人告诉她，像她这样气质不凡的女人应该去演电影，给世界留下一部电影拷贝的时候，她笑了。

3. 赞美应具体

美国管理学家内梅罗夫博士建议，赞美他人时最好回想某一特定情况，描述出具体的行为。空泛的赞美，使人怀疑动机。比如，你太漂亮了，你很聪明，你真棒，诸如此类像外交辞令的程式化赞美，人家一定会觉得你不过是礼节性地敷衍一下罢了，常常会使人怀疑你的真诚。另外，当你夸一个人真棒、真漂亮时，他内心深处立刻会有一种心理期待，想听听下文，以求证实：我棒在哪里？我漂亮在哪里？此时，如果没有具体化的表述，是多么令人失望啊！

具体化的赞美，则显示真诚。夸赞别人越具体越好。如果你夸赞对方漂亮、聪明、很棒，就要能具体地说出他漂亮在哪里，他怎么聪明，他哪里让你感觉很棒。那么，赞美的效果将大不同。赞美一位女士："你太漂亮了。"不如说："你的眼睛很亮，皮肤又白，身材高挑，在美女群中很抢眼。"你的赞美肯定让她难以忘怀。说一个人演讲很棒，远不如说："你的演讲非常有思想性，特别是那句……"对方立刻体会到你对他演讲才华的真实肯定。具体化的赞美能够深入人心，与对方内心深处的期望相吻合，能够促进你和对方的良好交流。说一百遍"你真漂亮"，不如说一句"你今天的衣服搭配得很时尚"。

具体而详细地说出对方值得称道的地方，就需要用心观察对方。如果你被一张照片打动，你可以说"这张照片色调真是太美了"或者"构图真棒"，但更出色的赞美是："你真是一个伟大的摄影家，你总是那么有洞察力，深邃却又细腻，你的照片就像是你的第三只眼，透过它呈现出来的世界是那么动人。"

4. 赞美应自然

自然本身就是一种魔力，自然的赞美应该是出于内心的，不带任何功利的目的、即使你是在精心策划一次赞美，也要让对方觉得你是自然而然的。

"看似无心"的赞美让人觉得是"无意"的，其实并非偶然。善于交际的人会巧妙地化"有意"为"无意"，达到更好的赞美效果。做到这样并非难事，只需有一份诚心，善于琢磨，细心设计，避免浮躁，就可以做到。

5. 赞美应频率适度

在一定时间内一个人赞美他人的次数，尤其是赞美同一个人的次数越多，其效果就很可能越差。任何人都需要获得赞美，可如果你太频繁地赞美别人，别人对你的赞美就觉得无所谓了，甚至还会认为你是一个沽名钓誉的献媚者。轻而易举的、频繁的赞美会使赞美变得太廉价。这样的赞美每多一次，别人就可能对你多一份警惕或反感。

人们总是喜欢那些对自己的赞美度逐渐增加的人，对自始至终都赞美自己的人和由最初贬低自己逐渐发展到赞美的人，人们对后者更为喜欢。因此，相对来说，前者容易让人觉得他是一个"和事佬"，而对后者所产生的印象往往是：对方之所以赞美我，一定是经过考虑、分析的，有他一定的道理。从而认为对方很有判断力，进而更喜欢他。所以赞美他人要谨慎，不要天天都想方设法说别人的好话。人际交往中，频率适度的赞美才会有效。

6. 间接赞美

借第三者的话来赞美对方的赞美方式就是间接赞美。间接赞美可以分为两种方式，一种是借第三者的话来赞美对方，另一种是赞美不在场的第三者。间接赞美往往比直接赞美的效果还要好。

第一种方式：借第三者的话来赞美对方。在一般人的观念中，第三者所说的话大多比较公正、实在。因此，聪明的赞美方式是以第三者的口吻来赞美，如此更能赢得被赞美者的好感和信任。比如，一个中学生中午去麦当劳买冰激凌时对服务员说："阿姨，我们同学都说你给的冰激凌又大又好。"结果那位服务员给的冰激凌多得快要溢出了。这个中学生借用同学的赞美之词，打动了卖冰激凌的阿姨，而且如此具体的赞美为她赢得了一个多得快要溢出来的冰激凌。再比如，你见到甲某，对他说："前两天我和乙某谈起你，他对你推崇极了。"不管这是事实还是你的说话技巧，效果都是很好的。你不必担心，甲某不会去进行调查，看你是不是说了谎话，而甲某对你的感激之情一般都会超乎你的想象。如果碰巧乙某是甲某平素很敬重的人，那么他对你的感激就会更深。这种一箭双雕的事情，何乐而不为呢？

第二种方式：赞美不在场的第三者。背后颂扬别人的优点，比当面恭维更为有效。把对别人的赞许在与朋友闲聊时提几句，这些话通过朋友传到对方耳朵里，他一定会相信你的赞美是真诚的，因而更能增强赞美的效果。背后说别人的好话，远比当面恭维别人效果要明显好得多。如果你当面说人家的好话，不免有点儿恭维、奉承之嫌，而且这种正面的赞美所产生的效果是很小的，甚至还可能会起相反的作用。当你的好话是在背后说时，人家会认为你是出于真诚的，是发自内心说他的好话，他才会领情并感激你。此外，若直接赞美的力度不足会使对方感到不满足、不过瘾，甚至不服气；过了头又会变成恭维。如果用背后赞美的方法则可以缓和这些矛盾。一般情况下，你在背后说他人的好话，是很容易传到对方耳朵里去的。因此，多在第三者面前赞美你想赞美的人，是你与那个人融洽关系、增进友谊的最有效的方法。

间接赞美之词要有"闪光点"。称赞一个人时，与其称赞他最大的优点，不如发现他最不显眼，甚至连他自己也未曾发现的优点，因为他最大的优点已成为他性格中的一部分，在任何人看来都已不足为奇了。如果经常称赞一个人这样的优点，可能会让这个人产生反感，而那些小小的优点，因为从未或很少有人发现，因此也就弥足珍贵。同时，你的发现与称赞为对方增添了一份对自己的认识，也增加了一次重新评估自己价值的机会。此外，你不同凡响的观察力还会获得对方的器重。

每个人都不会拒绝别人真诚的赞誉之词，包括杰出之人。但赞美之词一定要有闪光的地方，不可过于流于世俗。拿破仑对于奉承一向很反感，这一点他的士兵都知道。然而有一个聪明的士兵却对拿破仑说："将军，您是最不喜欢奉承话的，您真是位英明的人物！"拿破仑听后不仅没有斥责他，反而还十分自豪。这位士兵之所以赞美成功，就是因为他了解拿破仑的脾气秉性，深知他讨厌奉承的话；但他又很聪明，准确地赞美了拿破仑的这一"闪光点"。

事实上，世界上没有人会对别人的赞美无动于衷，只不过有人会赞美他人，有人不会赞美而已。可见，赞美是人人欢迎的，关键是赞美的时机和方法是否巧妙，既有赞美之功效，又无拍马之嫌疑。这一点，通过间接赞美就可以圆满达成。

7. 从否定到肯定的赞美

"我对大家都有好感，你也不例外。"当我们听到交往对象这样评价自己时，心里不会起一丝波澜，因为这不过一句是不痛不痒的客套话罢了。

"我很少对他人表示佩服，只有你让我例外。"当我们听到这样的话时，心中不免暗暗得意，立马意气风发起来了。

这种赞美方式是从否定到肯定的方式。通常是否定一个人的过去，肯定他的现在；或否定他人，肯定对方。这种赞美方式常常会带来意想不到的效果。

比如，夸奖一个人性格好时可以说："开始我觉得你这人有些清高，时间长了，我发现你其实是挺随和的一个人。"夸奖一个人车技精湛时可以说："我记得你以前车技一般，现在怎么车开得这么好？"夸奖一个人的厨艺时可以说："我记得以前你做菜有点儿淡，现在怎么做得这么好吃？"这就是先否定一个人的过去，再肯定他的现在的赞美方式。人们听到这样的话时通常会忽视对方曾经的否定，更能记住对方现在的评价，反而更高兴。

夸奖一个人穿衣服有气质时可以说："你穿这套衣服太显气质了，同样是这件衣服，别人怎么都穿不出这效果？"夸奖一位老师讲课好可以说："你讲课太有趣了，比以前的老师讲得好多了。"这就是否定他人，肯定对方的赞美方式。这样听话人会忽略掉否定的那一部分，而记住你的肯定。

当然，从否定到肯定的评价一定要掌握好度，千万不要让对方感觉到你的否定部分大于肯定的内容，赞美时要把重点放在肯定上，这样才能让别人感受到你的赞美之意。

8. 让对方感觉绝无仅有的赞美

我们在赞美对方时，如果能够树立一种绝无仅有的标杆，那么这种赞美将更加具有感染力。比如，"在公司里我就佩服两个人，一个是王总，另外一个就是你了。""我很少佩服人，您是个例外。""我从来没想到这件大衣搭配这条丝巾会这么好看。"

9. 回应别人的得意之事的赞美

人们说到得意的事情时，希望得到及时的回应，此时，给予适当的赞美恰到好处，可以通过"我也觉得很不错"等，表达自己的敬佩和感叹。

10. 适度指出别人的变化的赞美

付出努力之后，每个人都希望能得到肯定。细心的人会留意这种小改变并及时指出，比如"你最近瘦了""这个设计做得真不错""你换头型了吧，更漂亮了"等，这会给对方一种你很在乎他的感觉。这种意义是"你在我心目中很重要，我很在乎你的变化"。如果穿了一件新衣服，在朋友们面前晃了几圈，谁也没看出来，不是很让人失望的事情吗？所以，看见别人穿了一件新衣服就要及时夸奖，合身的就夸漂亮，不合身就夸有特色（朝气之类的），家人、同学、老师、同事以及生意上的伙伴都是要夸的对象，只是一点点在意，就会为他人带来好心情，就可以拉近彼此间的距离。

11. 拿自己做对比的赞美

通常情况下，一般人很难贬低自己，如果你一旦压低自己同他人做比较，那么就会显得格外真诚。比如告诉对方，他帮你挑选的东西比上次你自己买的要好，对方一定会感到莫大的鼓舞，增加对你的好感。

12. 似否定实肯定的赞美

比如说一个人"不够狠""太低调"实为夸奖他"太善良""太谦虚"等。

13. 信任刺激的赞美

这种赞美方式大多用在上级鼓励下级、领导鼓励员工时使用，经典之语为"只有你……"。比如领导说："你的能力是最强的，点子也多，这个工作太难了，交给别人我都不放心，我只相信你，只有你能把这件事做好，相信你能马到成功。"有了这样的赞美与鼓励，员工会带着领导的信任，鼓足干劲，倾尽全力工作的。因此信任能给他人带来无穷的能量，能够激发他人无尽的潜能，运用信任刺激的方式来赞美他人不失为一个有效的激励方式。

14. 给对方没有期待的评价之赞美

如果你夸美女漂亮，那么她不会有太多的感触，因为大家都这么说她，所以你就要说她有性格、有素质、有涵养。比如，你看见一个男人新发了一张自己的照片，可能已经有很多人在照片下面留言"哇，真帅""穿西装真好看""特别有气质"云云。但你就绝对不能这样说，你要说"都说人的左右脸会有所差别，有一半会更好看些，你照片里总是左脸，我觉得特别帅，看来你也更欣赏自己的左脸咯？"

　　不直接赞美对方，而是针对对方的优点，大加赞美其优点所在的层面。这可以用一个关系式来表达这种赞美方式：我直接赞美 B，因为 A 属于 B，所以我间接赞美了 A。这样以面带点，言在彼而意在此，不着痕迹，却使对方如沐春风。

第六章　在舞台遇见更好的自己

本章介绍了在舞台遇见更好的自己，主要内容有参加学术活动，提高科学素养；参加社团活动，拓展综合素质；参加学科竞赛，提升专业能力等方面的内容。

第一节　参加学术活动，提高科学素养

一、学术活动的含义与特征

大学生学术活动是社会实践的主要组成部分，同时也是当前大学生社会实践活动的重点、难点所在，并且随着社会实践的深入和普及，大学生学术研究业已具备实践活动的普遍性。大学生学术活动，是指以课程内容和教学计划为依托，以强化和巩固理论知识为目的的社会实践活动形式，它主要是以教师为主导，以学生为主体，以课程资源为依托，以基础知识和基本技能的"教"与"学"为主要载体展开的促进学生全面发展的对象性活动的总和。学术活动的特征主要表现在以下几个方面：

（一）教育性

赫尔巴特（1776—1841）是德国著名的教育家，他的教育思想对西方近现代教育产生过重大影响。赫尔巴特以现代心理学为基础，创立了一套完整的教育体系，因此，在西方教育史上有人把他誉为科学教育学的创始人。赫尔巴特的教育思想是多方面的，"教育性教学"是其中的一个重要方面，对近现代教育的发展产生过深远影响。他强调任何教学过程都必须同时进行道德教育，道德教育必须依赖于教学。他认为教育（道德教育）是通过，而且只有通过教学才能真正产生

实际的作用，教学是道德教育的基本途径，即"通过教学来进行教育"。这就说明，无论是理论教学还是实践教学都具有教育性。学术活动是实践教学的重要组成部分，其教育性特征是显而易见的。学术活动是大学学习的"第二课堂"，在促进学生身心健康发展、培养能力、提高综合素质等方面具有重要作用。通过学术活动，高校既能够深化学生对所学专业理论知识的理解，强化学生分析问题与解决问题的能力，又能够培养学生诚实守信、大胆质疑、勇于创新的品性。

（二）科学性

学术活动的科学性是指学术活动要以科学思想为指导，以事实为依据，使学术活动具有客观性。学术活动不能和经过实践检验的科学真理相违背，只有这样，才能保证其科学性。以一定的事实为依据，就是使所从事的学术活动具有实践基础。巴甫洛夫曾说过，事实是"科学家的空气"，没有事实的理论是虚构的。学术活动就是要研究事实，研究客观实际存在的现象。无论是活动背景、目的还是方法、结论都要具有科学性。在这里需要注意一个问题，即在学术活动中，怎样看待违背传统观念与常识的新问题。传统和常识并不一定都是科学的，因此，在学术活动中，大学生要敢于怀疑和批判，敢于求真务实，善于运用已证明的科学原理对这些问题提出质疑。这同样也是尊重科学性的表现。

（三）实践性

实践性是马克思主义哲学最重要的特点和理论品质，在整个马克思主义哲学体系中，实践是贯穿其始终的一条中心线索。马克思从"人本"的角度出发，强调了实践在人类自身和社会存在与发展中的决定性作用。通过实践，人类认知了之前并不知道的东西，认知了世界。学术活动的实践性是指大学生在进行创造性思维的过程中，必须参与实践，必须在实践中促进思维能力的进一步发展，在实践中检验思维成果的正确性，在实践中培养其实践能力和创新能力。没有实践，思维的发展就失去了动力，就不会有创造性的思维。没有实践，创造性思维就会变形或是被误用，比如"独立性"就会变成刚愎自用，"跳跃性"就会变成臆想中的胡乱联系。所以，实践性是大学生学术活动的重要特征。

（四）创新性

当今时代，科技进步与创新越来越成为社会生产力解放和发展的重要基础与标志，越来越决定着一个民族、一个国家的发展进程。一个民族要想走在时代前列，就时刻需要在各个领域保持没有创新思维，一刻也不能停止创新。创新也是人类特有的认识能力和实践能力，是人类主观能动性的高级表现，是推动民族进步和社会发展的不竭动力。学术活动中的创新是指学生以现有的思维模式提出有别于常规或常人思路的见解，以此为导向利用现有的知识和物质条件，在特定的环境中，本着理想化需要或满足社会需求的原则，改进或创造新的事物、方法、元素、路径、环境，并能获得一定有益效果的行为。学术活动中的创新要求学生必须紧跟时代潮流，根据世界经济、科技发展的趋势和我国国情，立足当前，着眼未来，坚持近期目标和长远目标相结合，合理开展学术活动，使研究成果能够真正为地方经济建设和社会发展服务。

二、学术活动的类型

（一）实验教学

实验教学一般与理论学习同步开展，且较多在理科生中开展。具体来说，实验是在理论学习后，通过自主操作论证已知的理论，或是假设、研究、讨论未知理论的过程。实验教学的开设使教学内容逐步向多层次、模块化结构转变，体现着人才培养的层次性和综合性，有利于理论教学的开展，有利于培养学生的实践能力和创新精神，也有利于形成良好的学风、严谨的校风以及求真务实的学习态度。在实验教学初期，一般是以教师作为实验教学的主导者，包括实验的设计、实验用品的准备、实验结果的辅助分析以及实验过程中的指导等，注重培养学生的自主操作能力。学生则是作为实验教学的主体，将理论运用到实际的操作中。实验操作、数据测量、定性分析与定量计算、获得结论、实验结果以及实验误差等各个环节，主要由学生独立完成或学生合作完成。到学习后期，实验教学则更注重学生创新能力的培养。在掌握基本理论知识和操作技巧后，由学生自主设计实验，在规定主题的大方向下，允许学生自行选题、自主设计实验方案、自主实施实验操作、自主进行实验结果的分析与思考。

（二）专业实习

专业实习，是在完成学校规定课程后，把理论知识应用到实际工作中的过程，是一种辅助教学的模式。在就业压力不断加大的背景下，许多高校毕业生因为没有工作经验被用人单位拒之门外，这主要是因为不少用人单位认为许多学生空有一套理论而无实际工作能力。因此，专业实习已成为大学生社会实践教育的重要组成部分。同时，专业实习有利于大学生在了解自我的基础上明确未来的职业方向，有利于大学生了解工作内容，明确自身的优势和不足。专业实习是校园向社会过渡的一个桥梁，只有明白社会的需求和标准才能更好地适应社会。专业实习还有利于大学生找到自身与职业的差距，明确自身与岗位的差距以及与职业理想的差距，从而起到自我调节的作用。

（三）科技创新

大学生科技创新是指大学生利用课余时间进行自己感兴趣的科学研究、参与教师科研项目、参加各类大学生竞赛等活动。大学生科技创新是培养学生工程实践能力、科技创新能力、创新合作能力的有效途径，是培养学生创新精神和实践能力的重要环节和有益补充，对培养创新应用型人才的地方高校而言尤为重要。大学生科技创新作为高校社会实践活动的重要组成部分，丰富了大学生的课外学习生活，有利于调动学生学习的积极性，有利于弥补学校教育教学的不足，促进青年学生在理论和实践相结合的过程中增长才干、积累学习经验，培养学生的责任意识和管理意识，从而实现优质成才、全面成才。总的来说，大学生科技创新在教学实习、创新能力培养、深造就业等方面都有积极作用。以广西某高校为例，学校高度重视大学生的科技创新工作，鼓励学生积极参与科学研究，努力创造良好的科研氛围。学校定期举办数理化、政史地等测试学生专业知识与技能的竞赛活动，同时对学生进行相关的技能培训。此外，学校相关部门积极组织学生参加各类学科竞赛，如电子设计大赛、数学建模大赛、英语竞赛等，尤其以具有代表性、权威性、示范性、导向性的"挑战杯"全国大学生课外学术科技作品竞赛为重点。除了竞赛方面，学校还鼓励师生积极参加科技创新项目的研究，重视科技创新项目的申报、立项、执行以及项目结题等各个环节，形成以共青团委员会为主导、项目导师为抓手、学生为主体的项目管理模式，全面培养学生的创新意识、团队合作精神。该校的大学生科技创新活动在培养学生科研的意识和兴趣，提高学生的创新能力等方面发挥着独特的作用。

（四）社会调查

社会调查是社会研究的方式之一，是一个研究主体不主动影响研究客体的逻辑完整的社会研究过程。社会调查的主要方式有文献回顾、实地参与观察、问卷调查等，它主要通过一定手段去了解、研究、分析人类社会，揭示社会最本质的现实状况，为社会问题的解决提供参考。大学生走进社区进行社会调查，是直接参与人民生活和了解社会的重要方法。参与社区调查研究活动，需要同本地区人民共同生活、共同行动，注重考察、注重切身体验，对社会的真实情况进行彻底的了解，以达到调查研究的目的。在我国高校实践教学中，还专门安排了与专业相关的社会调查环节。大多数高校是由学生自己到社会上去寻找调查单位。尽管在社会调查过程中会碰到种种问题，但由于这类调查活动与学生将来的就业息息相关，所以很多学生还是非常乐于参与这类调查活动的。社会调查的关键在于深入社会、深入生活、深入实际。学生可以通过社会调查，培养自己观察现实生活、收集资料、发现问题的本领，同时增强其社会责任感，以激发学习的动力。另外，对于高校来说，每年都会有寒暑假社会调查活动。在这类调查活动中，学校会提供一定的经费支持，以保障社会调查活动的顺利进行。通过社会调查的锻炼，大学生不断培养自己的观察和分析能力，同时，也能够帮助大学生更好地融入社会。

（五）创业实践

创业实践是以培养大学生创业能力为目标，以学校、企业或其他社会组织为平台所开展的一系列实践活动，是大学生以创业者的身份进行创业实践的过程。大学生创业实践是高校创业教育的重要环节，是大学生社会实践活动的类型之一，是大学生增强创业知识、培养创业能力的主要途径。

目前，许多高校都设有"创业中心""创业园"等面向大学生的创业机构，以此为平台，注重培养大学生的创新精神和实践能力。以浙江某高校的创业中心为例，该创业中心是一个通过提供优质服务来引导和规范团队管理、保持自收自支的服务性管理机构，以学生创业团队运营管理、创业就业咨询培训服务为主要工作方向。创业中心通过注入原始资金等多种措施，鼓励并扶持团队的创业工作。创业中心主要以投资公司模式进行管理，运行团队为独立经济实体，以创业中心为参股方，通过股份对团队进行监督。除了进行引导与扶持外，该创业中心还给每个团队配备了相应的指导老师，依托该校丰富的技术和人才资源，为推动科技创新和技术成果直接孵化提供各种服务。大学生创业园地设在校内，给予大学生最大的创业支持和最便捷的创业服务。

三、学术活动的功能

（一）科技情报的交流功能

通过各种形式的学术活动，科技人员可以及时交换情况，互通信息，掌握科技发展的新动向，了解同行研究的进展及提出的新观点、新理论和新方法等，从而大大节省时间和精力，提高科研工作的效率和水平。如果通过科研人员直接进行学术交流，则可很方便地从同行那里获得所需的最新资料或有关情况，从而减少查阅资料的时间和精力。

17 世纪，欧洲许多国家陆续建立了学会和科学院，当时英国的皇家学会、法国的法兰西科学院和德国的普鲁士科学院等实际并非今天的国家科研机构，而只是一种学术组织。那时，参加各种学术团体和学术组织的科学家们用定期聚会进行演讲和讨论的方式，或者是通过交换书信、论文手稿和预印本的方式，开展学术交流。由这种未定型而逐渐趋于正规的书信交往中，产生了科学期刊这一崭新的学术交流工具。1665 年 1 月 5 日，世界上第一家学术期刊《学者杂志》在法国创刊。从此开始，直至第二次世界大战前的整个"小科学"时代，学术交流活动主要是通过科技期刊来进行的。20 世纪 70 年代，特别是最近二三十年来，在"大科学"时代出现了"情报爆炸"的危机。现在，每年全世界发表的科学论文达 500 万篇以上，出版科技期刊 6 万种以上，出版科技图书 12 万种以上。在这种情况下，科研人员除了有选择性地通过科技期刊查阅所需资料外，更加重视通过召开和出席各种学术会议及其他各种"非正式"渠道来获得所需情报。20 世纪 70 年代全世界每年共召开 280 余次国际性的学术会议，80 年代则达到每年 300 次以上。至于各国内部的学术活动、各高等学校及科研单位之间的双向学术交流和科研人员私人之间的学术交往则更加频繁了。

（二）协作研究的功能

科研人员听取同行的讲演和与同行们进行讨论，或进行考察、参观及私人间的交往等，启迪思想，开阔视野，集中众多同行专家学者的智慧直接解决研究工作中所遇到的问题，有时还会产生联想，触发创造性灵感。萧伯纳曾形象地比喻说："倘若你有一个苹果，我也有一个苹果，而我们彼此交换这些苹果，那么，你和我仍然是各有一个苹果；但是，倘若你有一种思想，我也有一种思想，而我们彼此交流这些思想，那么我们每个人都将有两种思想。"即使是世界上最伟大的科学巨匠，也把通过学术活动进行协作看成是取得成功的不可缺少的手段。

控制论的创始人维纳等人在 20 世纪 30 年代的美国利用每月一次聚餐的方式组织讨论会，开展学术交流，参加这一学术活动的许多人在科学上都取得了巨大的成就，除维纳创立控制论之外，冯·诺依曼成为博弈论的奠基人和二进制电子计算机的奠基者之一，麦克卡洛和匹茨成为神经控制论和人工智能的创立者，罗森勃吕特成为控制论和人工智能的开拓者之一等等，每一项成就都集中了许多人的智慧。维纳在谈到这种学术活动的作用时指出，"宣读论文的人必须经受一通尖锐批评的攻击，批评是善意的，然而毫不客气。这对于半通不通的思想，不充分的自我批评，过分的自信和妄自尊大真是一剂泻药，受不了的人下次不来了。但是，在这些会议的常客中，不少人感到了这对于我们科学的进展是一个重要而经久的贡献。"

（三）教育功能

学术活动的教育功能主要表现在两个方面：一方面是交流教学方面的学术信息，如教学内容的补充与更新（包括补充新的学术思想、新的观点、新的理论等）、教育与教学方法的新发展等等，这可以从学术上促进高等学校教学质量的提高。另一方面通过学术活动可以造成一种浓厚的学术气氛和科学环境，使教师和学生在其中受到熏陶和教育，学术素质得到提高，科研能力得到增强，这方面对于高等学校具有特别重要的意义。而且，通过学术活动可以形成良好的学术环境和教育环境，起到培养人才的作用。

（四）社会评价功能

学术活动的社会评价功能指的是学术活动的一种特殊的社会作用，即社会可用一所大学、一个研究机构和一名研究人员召开和出席（或参加）学术活动的情况作为评价其在学术上的成就、声望和地位的一项重要尺度。例如，现在科学技术界常常通过统计一个单位和个人出席学术会议（特别是国际性学术会议）的人数和次数的多少，在不同的学术会议及学术刊物上发表的学术论文的数量及学术论文被别人引用和引用别人的论文的数量等指标来评价其学术水平的高低、科研成就的大小，甚至评价一所大学办学水平的高低。通过学术论文的质量和数量对高等学校、科研单位和人才进行评价，是在文献计量学和科学计量学发展的基础上提出来的。1964 年，美国科学家加菲尔德创办了《科学引文索引》（SCI），当初是作为一种检索期刊创刊的。后来他又创办了《期刊引用报告》（JCR）并于1975 年开始用电子计算机进行编排出版。20 世纪 70 年代末 80 年代初以后，这两种出版物从检索工具发展成人才评价的工具，进而成为科学计量学的工具。就这样，世界上一些文献收录量大的权威性的检索刊物，如《工程索引》（EI）、《化学文摘》（CA）等等，都被用于科学计量学领域。目前，国际上和我国，每年都在使用文献计量的方法对科研单位、高等学校和科研人员进行评价。

四、学术活动的意义

近年来，随着我国对科学文化技术的日益重视，国家对教育事业支持力度的不断加大，同时，随着高等教育的不断深化改革，学术研究已经成为学生的第二课堂。在国家、高校以及学生的共同努力下，该领域呈现出了一片繁荣的景象。随着社会实践的普及，大学生学术活动也渐渐成为社会实践的主要组成部分。目前，大学生学术活动作为高校创新教育不可缺少的一部分，无论是对大学生自身的发展还是对各高校的人才培养都有着极其重要的意义。

（一）有利于提高大学生的理论知识应用水平

大学生学术活动是在理论课程教育的基础上开展的、具有发散思维、可操作性的研究性探索工作，是对大学期间所学理论知识的深入发展，是提高学生科学素养、发展自身潜能的主要途径。一方面，参加学术活动是大学生强化自身实践能力，积累实践经验的过程。另一方面，大力开展学术活动还可以激发广大学生的学习兴趣，调动他们主动学习理论知识和主动参与学术活动的积极性。

（二）有利于促进大学生相互学习交流

学术活动可以分为两方面，一方面是知识层面的学术信息学习与交流，另一方面是思维逻辑上的锻炼。通过各种形式的学术活动，学生之间可以相互学习、相互帮助、共同提高。在团队合作项目的学习与研究历程中，团队成员可以各抒己见、取长补短、开拓思维。因此，学术活动不仅仅是知识层面上的学习，更是思想上和思维上的开拓与交流。

（三）有利于推动学术事业的发展与繁荣

从本质上看，学术不仅是一个知识体系，同时也是一个价值体系，它以独特的方式体现了人类的价值因素。学术的终极价值是为社会的全面进步、为人类的自由发展提供现实可能。学术研究通过鼓励知识创新，引导大学生遵守学术规范，控制越轨行为，激励大学生提高学术水平，发挥着推动学术事业发展与繁荣的重要社会功能。学术研究还可以激励大学生努力实现和达到一定的学术目标，比如加强个人专业修养、完善课题设计、提高研究成果质量、促进国内外学术交流等。在这个过程中，学生的科学研究能力和创新精神也能得到锻炼和提升，这有利于推动高校学术事业的发展与繁荣。

第二节　参加社团活动，拓展综合素质

大学里的社团是学生在自愿的基础上自由结成的群众组织。这些社团可打破年级、系科及学校的界限，团结兴趣爱好相近的同学，发挥他们在某方面的特长，开展有益于学生身心健康的活动。

学生社团的形式多种多样，如学术问题、社会问题的讨论研究会，文学艺术、体育、音乐、美术等方面组成的活动小组，如文艺社、棋艺社、摄影社、漫画社、合唱团、乐器社、话剧团、篮球队、足球队等。

学生社团的活动以保证完成学生的学习任务和不影响学校正常的教学秩序为前提，以有益于学生的健康成长和有利于学校各项工作的进行为原则。学生社团组织和活动的目的是活跃学校的学习气氛，提高学生自我管理的能力，丰富学生的课余生活。学生社团可以根据学校的不同情况利用学生的课余时间开展各种形式的活动，以交流思想，切磋技艺，互相启迪，增进友谊。

大学里的社团活动是很丰富的，而且是大学生日常生活的一部分。总的来说，大学的学习比高中的学习要轻松得多，有更多属于自己的时间，所以如何合理安排这些课余时间是很重要的一个问题。把所有的时间都用来学习是不太现实的，所以大学生应该根据自己的兴趣爱好有选择地参加一些社团。社团的作用是多方面的：可以丰富自己的课余生活，在紧张的学习之余有一个小放松；可以使自己的兴趣爱好有更深更广的发展；能向社团里有经验的组织者学习一些组织策划活动的方法以及他们待人处事的做法；在社团的活动中可以增进同学之间的团结协作。

一、大学生社团特征

（一）组织的自发性

大学生社团是在学生自愿结合的基础上自发形成的，它既不是有关组织的安排，也不需要到校外机构申请登记，只要在校内有关部门（一般是学校团委）申请备案即可，完全是大学生出于共同的观念、兴趣爱好的一致性而自发组成的；它的组建过程也完全是学生主动的、自发，其成员的加入也是主动的、自发的。任何一个学生都可以在学校规章制度允许的范围内发起和组建一个新社团；任何一个学生都可以自主地选择自己想要参加的社团，尽管有些社团招新也有一定的条件，但关键还是看个人的兴趣和志愿。大学生社团的自发性，还表现在活动的内容和形式所呈现出的较大的自由度。所以社团活动对大学生很有吸引力，特别是对低年级学生。

（二）结构的松散性

社团作为一种校园非正式组织，具有结构松散性的特点。大学生加入社团一般只需报名登记就可以参加，不需要办理像入党、入团、转专业那样较为复杂的手续，也不需要进行严格的组织审查，一般成员也可随时自由退出。同时，社团内部的机构设置也没有固定模式，完全是根据社团的目标和大小由管理成员集体协商决定。正因为其结构的松散性，学生社团对其成员的控制是一种非正式的社会控制，它主要不是靠规章制度和组织机制来制约，它主要是以群体成员的共同兴趣、相互理解与信任、领导人的威信以及丰富多彩的社团活动来维系。由于学生社团是以校园生活与学习为基础，而且社团种类较多，可选择社团的空间较大，成员的进出也比较容易，这就使得大学生社团的组织结构更具松散性。

（三）类型的多样性

大学，特别是现代的大学，一般规模较大，学科专业齐全，而且是年轻学子集中的地方。不同的培养目标、不同的理想和来自不同文化背景的学子必然营造出丰富多彩的校园文化，这也为大学生社团类型的多样性奠定了基础。大学生正处于成长的青春期，在成长过程中他们对自然和社会充满了好奇，兴趣广泛而丰富。同时，随着社会经济和文化的发展，人们的生活也更加丰富多彩，大学生的兴趣、爱好也随着社会的进步而日趋丰富。因此，单纯的专业学习难以满足大学生发展的需要，再加上政府和学校积极鼓励和支持社团的发展，近些年，大学生社团的数量和类型日趋扩大，涉及政治、经济、文化、体育、科技、军事等各个领域。一般的高校少则也有几十个学生社团，多的有几百个。

（四）目标的趋同性

就参加学生社团的成员而言，其参加社团都是由于在兴趣爱好、特长、观念等方面具有某种程度的一致性，从而在社团活动中表现出极高的热情和主动性，社团成员希望在社团里施展才华，锻炼能力，愉悦身心。社团就是社团成员共同的愿望和需求汇聚之所。这种由个体目标集聚、整合而达到群体目标的一致，正是学生社团总能不断吸引学生参加的原因。同时，社团目标的趋同性又为个体成员能力的施展、相互促进和素质的提高提供了条件。与社会一般社团不同的是，大学生社团的成员由于具有年龄接近、素质相当和生活经历相似的特点，所以他们彼此间的互动更容易产生共鸣，目标趋同性表现得更强烈。因此，只要社团负责人不偏离办团的宗旨，大学生社团成员之间的关系总是较为密切，内聚力很强。

（五）管理的自主性

由于大学生社团是大学中的"民间"组织，即非正式组织，学校一般只对社团进行宏观管理，至于社团内部的管理完全由社团本身的组织结构来承担，社团的宗旨、活动目标、活动内容的设计与实施以及社团人员和经费的管理等全由社团自主进行。即使学校对社团活动要进行考评，但考评的目的是为了更好地规范社团活动，激发社团活动的潜力，促进社团健康的发展。社团的指导教师一般只起顾问的作用，他不是社团的领导。所以，社团活动大大不同于课堂教学，它绝大部分是由学生说了算。

（六）活动的开放性

参加社团的大学生都是一群有活力有激情的年轻人，富有想象，敢为人先，所以他们设计和开展的活动也往往具有个性和丰富性的特点。同一名称的社团，在不同的学校开展的活动往往是不一样的；就是在同一学校，由于社团的负责人不同，其工作的思路也有很大的差别。而且，社团的活动尽管也有计划性，但由于管理的民主性，其计划也可以适时地调整。只要有人提议并得到决策人员中多数人的支持，此项活动就可以付诸实施。所以，大学生社团活动的开放性也很明显。活动的开放性必然带来活动内容与形式的丰富性。

二、社团活动的种类及特征

（一）思想政治理论学习和研究型社团组织

如红旗社团、党章学习小组等。这些学生社团的组织和成员人数目前在总数中所占比例不大，但思想政治性强，政治方向鲜明，是学校思想政治工作很重要的一个阵地。

（二）学术和专业学习实践型社团组织

这类社团目前在高校发展趋势很强。它们的宗旨是研究专业学术问题，消化、深化和实践专业知识，运用专业理论知识解决实际问题的社团组织。目前以本专业和相关专业为主体组成跨系、跨学科的这类社团在高校的发展也比较快，学校也比较重视。这类社团是培养学生创新意识和实践能力的有效载体，如大学生科技协会、计算机科技协会等。

（三）社会服务型社团组织

这类社团具有义务服务性质，以献爱心、服务他人为宗旨，他们通过社会实践帮助社会弱势群体，宣传公益知识、环境保护思想等，受到学校的鼓励、支持和社会的好评。各高校青年志愿者协会、爱心社等社团的活动往往是最为频繁的，大学生们不仅无偿为同学们提供服务，而且热心社会公益事业，体现出当代大学生无私奉献的精神和积极向上的精神风貌。

（四）兴趣爱好型社团

这类社团是社团的传统形式和基础，如大学生艺术团、跆拳道、乒乓球等协会，这些社团通过开展丰富多彩的活动，能够从多方面锻炼大学生的综合素质。

三、大学生社团的功能定位

高校大学生社团最本质的功能在于培养社会主义建设者和接班人，这与高校大学生社团建设目标具有内在的一致性。高校学生社团为大学生参加社会实践活动、提升自身能力提供了平台支持，为大学生成才成长创造了有利条件，为大学生顺利成长为社会主义的建设者和接班人打下了基础，因而，大学生社团的本质功能是大学生社团发展目标的具体和深化。具体来讲，高等学校大学生社团的功能主要包括以下内容：

（一）第一课堂的有效延伸

学生社团是高校第二课堂的重要组成部分，是学生运用所学、检验所学、补充所学的重要舞台，是第一课堂的自然延伸和必要补充。大学生在大学阶段的求知欲望空前强烈，学校课堂教学显然已经无法满足大学生进一步提升素质能力的要求。高等学校大学生社团活动的开展，恰好可以弥补第一课堂教学的不足，延展大学生接受实践教育的"领地"。社团活动不仅有助于培养大学生的个人兴趣爱好，同时还有助于促进大学生专业知识的吸收与巩固，进一步提升大学生理论与实践相结合的能力。例如大学生创业协会举办的创业技能大赛、大学生辩论协会开展的辩论活动等，都是将大学生课堂所学知识和技能运用于实战的典范。学生社团培养和提高了学生的实践能力。课堂教学较为重视理论知识的传授，而大学生社团则更加重视大学生实践应用能力的培养。学生将课堂学到的知识应用于实践活动当中，能够做到学以致用。理论与实践相辅相成。一方面理论指导实践，大学生参加社会实践活动，在专业理论的指导下开展活动更为科学有效。另一方面，实践是检验理论的唯一标准，实践的过程也是主体不断学习、不断提升的过程。大学生参加社团实践活动，能够培养兴趣、增长见识、拓展视野、提升素质，既巩固了理论知识的学习，又促进了实操能力的培养。在具体的社团活动中，大学生的团队精神、组织协调能力、社会交际能力和应变能力得到进一步强化，为大学生进入社会做好充分准备。

（二）培养大学生综合素质的重要平台

高等学校大学生社团在高校建设尤其是高校校园文化建设中的重要作用，决定了其对大学生的成才成长产生着重要影响。高等学校大学生社团有助于培养和提升大学生的实践能力、创新能力、道德修养和民主意识，能够促进大学生人格的完善和综合素养的提升。学生社团活动是以学生为主体的亲历性、实践性、体验性活动，作为一种自发组成的社交群体，学生社团对于学生的社会化技能培养和综合素质的提升具有不可或缺的作用。根据素质能力的不同层次，可以将学生社团在培育综合素质方面的作用分为三个方面：个体化能力、人际能力和高阶能力。个体化能力是指分析、思考和解决问题的能力，适应环境的能力等。人际能力是指与人际交往密切相关的各类素质，包括沟通能力、协调能力、团队合作能力、组织管理能力等。高阶能力是指高层次的复合能力，强调领导力、解决复杂问题的能力等，这是既涉及个人素质又涉及人际素质的能力。高等学校大学生社团无疑对培育和提升大学生的以上三种能力具有重要作用。

在培养大学生个体化能力方面，社团组织就是一个绝佳的潜在（隐性）课堂。在这个课堂中，每个人既是教育者，又是受教育者，既能为团队贡献出自己的智力和执行力，也可以学习到不同层面的个体技能。社团成员之间的互相激发可以提供不同的思考模式、创新思路和问题解决办法。在此过程中，社团成员都受到了潜移默化的影响。

在培养大学生人际能力方面，高等学校大学生社团为大学生提供了人际交往的平台，通过参与社团活动，有助于培养大学生的共享和责任意识。社团对人际能力的培养突出反映在"团队学习"上。所谓团队学习，就是培养和锻炼团队成员整体配合与实现共同目标的能力的过程。在团队学习过程中，社团成员一起制订工作计划、理解工作任务或是判断所要解决的问题，并且团队成员相互之间有可靠的、清晰的、中肯的沟通和交流。这对于提升社团成员的人际交往能力有很大帮助。

在培养高阶能力方面，学生社团是学生的自发组织，在这一组织中，大学生既是组织活动的参与者，又是自身行为的管理者，他们在这个组织里进行各种活动，在活动中学习如何维护组织运转、如何组织重大活动、如何预判活动效果、如何统筹协调各种资源等。为了组织的生存与发展，必须充分发挥主观能动性，争取资金、场地、注意力等各种资源。因此，相比于传统的团学骨干，学生社团负责人面临的生存压力、协调难度都更大，也就更具挑战性。但也正是这种相对艰难和复杂的工作环境，使得学生社团往往能够培育出具有超凡魅力、超强能力、超高人气的学生领袖型人物。

在培育创新能力方面，大学生社团自由、松散、宽松、活跃、民主的氛围有利于大学生创新意识的培养。大学生根据自己的兴趣加入社团，兴趣是创新的先导，如果没有兴趣，创新是难以完成的。开放式、多层次、跨专业的大学生社团活动，突破了相对封闭的课堂教学模式，促进了不同学科间的交叉融合，提升了大学生分析和解决现实问题的能力，大学生的视野由此得到开阔，知识面也得到扩展。通过社团平台开展的学术探索、社会调研、科技服务等活动，培养了大学生的科研兴趣，激发了学生的进取精神，提升了大学生的创新能力和科研水平。

在培养民主意识方面，与高校官方机构相比，学生社团组织机构较为松散，管理相对灵活，对社团组成人员的约束不具强制性，因此社团内部形成了一种宽松自由、民主平等的良好氛围。在这种相对宽松平等的社团氛围熏陶下，社团成员的民主意识得到培养和提升。首先，学生加入社团具有民主性。社团的自发组织性质决定了学生加入学生社团的自愿性，即学生既有加入社团的自由，也有不加入社团的自由。其次，社团内部管理具有民主性。"调查显示，社团主要负责人绝大多数通过民主选举产生，章程通过民主讨论制定，重大活动大多数征得成员们同意。"少数服从多数是社团组织内部管理的基本准则。第三，在各个学生社团之间，他们处理问题采用的原则是民主协商，这种方式保障了社团之间能够相互配合、融洽相处。社团成员民主意识的提升，有助于优化社团内部管理，促进社团成员团队精神和协作意识的养成，推动社团朝着良性发展。

（三）大学生思想政治教育的有效途径

学生社团是新形势下有效凝聚学生、开展思想政治教育的重要组织方式，是学校和学生之间的桥梁纽带，是以班级为主开展大学生思想政治教育的重要补充。思想政治教育要想取得实效，需要不断创新教育形式，运用学生喜闻乐见且易于接受的方式开展工作，而大学生社团便为高校思想政治教育提供了新载体、新渠道。另外，开展社团活动不仅有助于加强学生与学校之间的沟通与对话，维护校生关系的和谐发展，同时还有助于校方及时了解学生的思想行为动向，掌握学生的成才需求，从而强化教育的针对性，提升高校思想政治工作实效。具体而言，大学生社团的思想政治教育功能表现为：

高等学校大学生社团有助于培养理想信念教育，使大学生树立正确的世界观、人生观和价值观。思想政治理论类社团在大学生理想信念教育中发挥着至关重要的作用。与党团等正式组织相比，高校社团开展理想信念教育的活动内容趣味性更强，活动形式更为多样，对广大青年学生的吸引力也更强。

高等学校大学生社团有利于开展爱国主义教育，有利于弘扬和培育民族精神教育。地域文化类社团在弘扬地域文化、突出地区特色等方面作用显著，社会实践类社团通过大量的社会调查、扶贫、支教等活动培养了大学生的奉献精神。

高等学校大学生社团有利于促进公民道德教育，道德素养是新时代大学生必备的素养之一。高等学校大学生社团尤其是公益类社团是提升大学生道德素养的重要平台，是高校德育工作的有益补充。通过开展公益活动，使大学生将道德理论应用到具体的道德实践中去，实现道德理论与道德实践相结合、道德认知与道德行为相统一。高校公益类社团是增进社会福祉、推动社会和谐的重要学生组织，学生志愿者以自身实际行动来满足群众需要，尤其对社会弱势群体关爱有加，改良了社会风气，增加了社会温情，促进了人与人之间的和谐相处。高校公益性社团服务他人、奉献社会，提高了大学生自我价值感和责任心，有助于带动和激发人们崇尚文明、乐于奉献的热情，从而扩大社会爱心群体，提升全社会的道德素养。高等学校大学生社团组织因其内部成员之间的平等和民主氛围，在培育公民道德水平，提高公民参与水平等方面具有独特的作用。社团组织是青年道德社会化的平台，通过同辈群体交往、集体行动和组织决策等环节，社团组织能让大学生养成良好的公民习惯，并将其带入后续的社会生活中，具有广泛的示范作用和影响力。

高等学校大学生社团有利于培养大学生的意志品质。与第一课堂以考试成绩为主要评估手段相比，第二课堂的育人效果评估机制比较柔性，两者的主要差别在于是否具有"失败"的确切标准及由"失败"造成的挫折感之强弱。相对于"考试不容有失"的刚性要求相比，包括学生社团在内的第二课堂活动对于"失败"有更大的容忍度和耐受度，从而使学生有机会接受"挫折教育"而增强自身的抗压力。例如，像登山之类的极限运动，对于个人意志品质的要求甚至高于身体素质，在遇到"极点"时是否能够坚持到底，在多次失败之后是否能够坚持下去，都是对学生意志品质的重大考验和锤炼。

（四）建设和谐校园的重要力量

大学生社团在培育健康向上的校园文化、构建和谐稳定的校园秩序方面发挥着重要价值。学生社团是大学校园文化建设的主力军，也是大学校园文化活动的组织载体。学生社团对校园文化的塑造，是通过多种形式完成的，例如社团的组织形式、社团的组织文化、社团活动开展效果等，都对大学校园文化产生着潜移默化的影响，大学生的思维和行为方式、社会价值观念等也深受社团影响。因此，积极向上的社团活动不仅能够繁荣发展校园文化，同时有助于陶冶社团成员情操，对其自身的心理素质、道德品质、文明行为的提升与改善具有重要意义。

增强学生凝聚力是构建和谐校园的重要条件，而学生社团活动是提升学生凝聚力的重要途径。共同的爱好和追求是凝聚力产生的基础。社团成员加入社团全靠自愿，目标一致，拥有相同的志向和追求，因此，社团成员参与社团活动的热情较高，具有较强的自觉性和主动性，社团组织在开展活动中往往具有较高的凝聚力，这对于构建较高凝聚力和较高认同度的校园文化具有辐射作用。同时，"大学生的需求具有多样性、多变性、多层次性的特点"，学生社团能够满足大学生多样化的需要，从而增进学生对学校的满意度和情感，使得学生的凝聚力进一步增强，促进校园稳定。

四、社团工作注意事项

社团工作是指没有报酬的为群众服务的工作，在大学里则具体指在学校的党团组织、学生团体、社团协会里担任学生干部或担负一定的工作，利用课余时间为同学服务。

大学期间是大学生在各方面走向成熟的关键时期，也是进入社会前重要的准备阶段，因此在大学期间培养和提高自己的工作能力是非常有必要的。参加社团工作可以有效地锻炼社会活动和社会交往能力，培养为他人服务、为社会服务的精神。同时，学生参加适当的社团工作也是对紧张的学习生活的有机调节，能够促进心理健康和思想成熟，对顺利度过大学时代，完成学习任务起到积极的促进作用。

社团工作的类型很多，既可以在班集体里担任班干部、团干部，又可以在宿舍楼里任舍长、宿管部长，还可以到院系团总支、学生会或学联担任其他工作。参加社团工作，首先要出于自愿。想在班里担任工作可以毛遂自荐，在团支部、班委会选举时主动表示自己愿意为同学服务的诚心，去赢得同学们的支持。每学年（学期）初，不少学生组织会公开招聘学生干部，想到班（系）外担任社会工作的同学应抓住这种机会，主动去应聘。当然，应聘之前，应该对该学生组织和招聘岗位的工作性质与任务有一定的了解。其次，参加社团工作一定要从自身能力出发，不要好高骛远。过去有一些同学不安心在班里当干部，热衷于"干大事"，但由于自己的能力所限而没有达到预期的目标。"一屋不扫何以扫天下"，只有扎扎实实从小事做起、从基层干起，不断提高自己的工作能力，增加工作经验，才能担负更重要的工作。最后，参加社团工作还必须遵守组织纪律和组织原则。到学联担任工作，特别是担任比较重要的工作，除了需要通过基层工作的锻炼外，一般还需要学院（系部）的推荐。大一同学对学校情况了解不多，到班（系）外去参加社团工作最好能征求班主任、辅导员的意见，得到他们的指导或同意。

学生社团协会是具有相同兴趣爱好的学生自发组成的学生组织。没有担任社团工作的同学可参加社团协会，在社团协会的活动中既能发展自己的兴趣爱好，充实课外生活，又能锻炼与人交往的能力，扩大社交面。

根据学校的规定，学生社团协会应该向学校有关部门注册登记，并直接挂靠部门或组织。无论是哪一种社团协会，其最大的特点都是自发性和群众性，是一些兴趣爱好相同的同学发起并组织的，参加社团协会的同学首先要本着自愿的原则。社团协会的另一显著特点是不同于学校的党团组织和学生会，除了学生艺术团、体育代表队有比较严密的组织和严格的纪律以外，大部分社团协会会员之间的联系较为松散，协会与会员之间也没有牢固的约束关系，进入或退出协会都有很大的自由，会员参加社团协会的活动出于自身的兴趣爱好。因此，参加社团协会只需要在其招收新会员之时登记报名，一般都能够加入，加入社团协会以后参加其组织的活动便能够取得优先资格。

无论是参加社团工作还是社团协会的活动，都必须是在学有余力的情况下，利用课余时间进行。大学生的主要任务还是学习，决不能因为参加社团工作或社团协会工作而影响、耽误学习。参加社团协会或在班外担任社团工作的同学，还应注意处理好班集体与社团协会集体或工作集体间的关系。

五、参加社团活动的意义

（一）提升政治思想道德修养

人的政治思想道德修养在任何一个时代、任何一个国家都得到了统治阶级、仁人志士的重视，道德的基础是人类精神的自律。作为一名社会主义现代化建设事业接班人的当代大学生，具备过硬的政治思想道德素质则是对其最基本的要求。高校学生社团的蓬勃开展给大学生的思想政治道德素质提升提供了一个广阔的平台。大学生以社团活动为载体，如马克思主义学习和研究会、邓小平理论研究会等，激发他们的强烈爱国热情和政治热情，树立起为国增光、为民效力的责任感和使命感，树立为实现共产主义而奋斗的远大政治理想。由于社团活动也是一种集体性的活动，具有合作性、团结性，需要大学生形成互相关心、互相帮助的集体意识，增强集体荣誉感，这有助于他们树立全局观念、集体主义观念，有助于他们正确处理个人与集体的关系，自觉抵制西方腐朽思想、个人主义思想观念的侵蚀。同时，通过社团的章程，能使高校学生培养自觉规范自我、约束自我的约束力，培养公德意识，领悟做人的道理等，从而促进学生良好品德的养成。

（二）强化专业素质、培育人文精神

在科技、经济、文化飞速发展的今天，没有丰富的科技文化知识，人们举步维艰。大学生是受过高等教育的高素质人才，是社会主义现代化事业的建设者、接班人，更应该掌握科学文化知识。但是如今高校的课堂不能很好地满足大学生科学文化知识的全部需求，大学生要把科学文化知识学扎实，课外的补充少不了。而高校社团活动无疑能够满足学生这一需求。高校学生社团活动，如电子协会、法学会、人文学会等社团举办的计算机大赛、机器人设计比赛、模拟法庭、散文鉴赏、作文竞赛等活动不仅可以强化大学生的科学知识和理论、训练大学生的专业技能、增进大学生将理论知识转换成实际知识的能力，而且也满足了大学生第二专业需求；不仅弥补了大学生的人文知识、扩大了大学生的知识面，提高了大学生的人文素养、陶冶了大学生的情操，而且在潜移默化中也提高了大学生科学文化素质。

（三）培养兴趣爱好

莎士比亚曾说"学问必须合乎自己的兴趣，方可得益"。我们从小学开始，老师就教导"兴趣爱好是最好的老师"，感兴趣的事情你做一天也不嫌烦躁，而不感兴趣的事情做起来真是度日如年，好的兴趣爱好可成就一生幸福，而不良的喜好则可以让人步入深渊。兴趣爱好是做任何事情的动力和力量之源，大学生是即将走出象牙塔的青年学子，他们的兴趣爱好影响他们的择业，甚至决定他们未来就业的方向。高校学生社团活动特别文艺类学生社团举办的主持风采大赛、歌

唱比赛、轮滑比赛、才艺比拼等节目和活动为大学生的兴趣爱好发展提供一个很好的平台，大学生在各种活动中可以强化兴趣爱好的广度和深度，既可以把自己的兴趣爱好发展成为特长优势，为自己将来工作和生活增光添彩，也可以打破教室－食堂－宿舍"三点一线"的单调校园生活模式，丰富自己的课余生活、充实自己的人格魅力，还可以通过社团活动锻炼自己的表现能力、鉴赏能力、组织能力和与人交往的沟通能力，并最终获得社会的认可。

（四）发展身心素质

高尔基说过"健康就是金子一样的东西"，富兰克林也曾指出"保持健康，这是对自己的义务，甚至也是对社会的义务"。伴随着我国社会主义现代化建设步伐的不断加快，作为党和国家建设的主力军，作为新世纪、新阶段的大学生肩负的职责与使命异常重大，所以大学生要有良好的身心素质，没有良好的身心素质，其他方面素质再高也不能充分展现出来。而今天的大学生，他们的成长环境得到很大改善，成长过程较为顺利，家长比较溺爱，所以他们的心理承受能力往往比较脆弱，身体也缺乏行之有效的锻炼，于是在不同阶段上出现了不同问题和状况，引起大家的广泛关注。特别是近年来大学生军训过程中晕倒、体育成绩挂科，甚至因心理问题而轻生的现象时有出现，所以大学生健康的身体锻炼和健全的人格养成问题更不容忽视。社团活动的参加尤其是体育类和心理健康类社团成为大学生自我锤炼意志、沟通心灵的重要场所，一方面体育类社团开展的体育训练和比赛活动直接锻炼了大学生的身体，有利于大学生健康体魄的形成，也培养了大学生乐观、勇敢、坚强的心理品质；另一方面社团成员之间兴趣相投，容易形成良好的人际关系，增强大学生的自信心，也有利于大学生自我认识能力的发展和自我完善意识的增强。同时，通过参加社团活动能够扩大交际圈，提高自己交际能力，"对一些性格孤僻的、心理有缺陷的大学生形成健全的人格具有很大帮助，能够帮助他们在广阔的平台中找到与自己志趣相投的人从而增强他们的心理归属感。"[1]

（五）增强创新能力

大学生社团，由于能给学生营造一个自主学习与集体学习相结合以及宽松、自由的学习环境，所以历来被认为是大学生活最富有生命力的组成部分，是组成校园文化的一支主力军。各种各样的社团以其特有的魅力丰富着校园生活，无

---

[1] 王海燕、于杰. 探析大学社团对大学生素质教育的作用 [J]. 知识经济，2019（19）：150.

形中促进大学生综合素质和创新能力的提高。特别是学术类和科技类社团，如三农问题、机械电子、航模、机器人、创业设计等协会。由于这些社团带有明显的"探究"特征，而且基于同学们共同的兴趣，所以在培养大学生创新能力方面起着课堂教学不可替代的作用。具体表现在以下几方面：

首先，学生社团十分宽松的文化学术环境，为大学生创造力的培养创造了良好的氛围。学生社团是按照自愿的原则组织的，管理也是遵循民主的原则，所以社团活动充满着宽松的学术气氛，学生在其中可以自由地表达自己的思想、实践自己的创意。例如每年一度的由共青团中央、教育部、全国学联共同主办的"挑战杯"大学生课外科技作品竞赛中，都有一大批由各地高校大学生在社团的组织和支持下创造出来的达到一定水平的科技作品。在社团活动的影响下，一批小成果、小发明相继问世，甚至创造出具有国家级或国际级科研成果。这些都充分说明了大学生社团在十分宽松的科研学术环境中可以激发成员的创造热情和创新能力。

其次，学生社团为大学生提供了一个自主学习的环境和展示个性的平台。人的创造力的发展离不开个性的养成和自主探究的空间，社团活动无疑扩大了学生的自主学习和探究的空间。通过参与社团活动，学生可以利用自己广泛的阅读、深入的思考，较系统的钻研某一问题，以求问题的解决；同时可以通过交流和集体研讨等形式，充分借助同伴的知识、智慧，开拓自己的视野，激发创造的激情，丰富自己创新能力所需要的各种知识和技能。

第三，学生社团还满足了大学生情商开发和创新的心理环境需要。现代科学已经证明，开发人的大脑潜能，必须排除心理障碍。对于大学生来说，心境乐观、心理健康，不但有利于健脑、用脑，更有利于他们创新潜能的开发。我国传统的教育模式是片面地强调书本知识的传授，是一种地道的"应试教育"，尤其是在高中教育阶段，专业面过窄，重理论、轻实践，重灌输、轻研讨，忽视了学生的情感教育和综合素质的培养，这直接影响学生的身心健康和情感生活，从而直接导致创新能力的缺乏。而大学生社团活动恰恰能给学生创造宽松的精神环境，减轻心理压力。他们在活动和交往中有高度的心理自由，好奇心、自尊心和自信心得到了满足，这有利于其兴趣爱好的培养和发挥，能促进学生的良好情感和完美人格的养成，激发其上进心和求知欲，从而有利于学生创新素质的提高。

第四，学生社团是大学生满足实践训练的需要。实践是检验真理的唯一标准，大学生只有将自己所学的理论知识转化为实践成果，才可能达到提高创新能力的目的。同时，只有在实践中不断地进行认真训练、体验才能更进一步萌发创造灵感。学生社团的实践活动不仅能锻炼学生的社会交往能力，更重要的是社会实践、科学研究、科技下乡、技术开发与推广等活动，进一步使学生加深对理论的理解，培养和磨炼坚强的意志和进取精神，激发其求知欲、探索欲，从而使其找到创新的源泉和载体。

第三节　参加学科竞赛，提升专业能力

一、学科竞赛的内涵与定位

学科竞赛是在课堂教学的基础上，通过竞赛的形式，培养学生理论联系实际和独立工作的能力，通过实践来发现问题、解决问题，增强学生学习和工作自信心的系列化活动。教育部、财政部 2007 年 1 号文件中（《教育部、财政部关于实施高等学校本科教学质量与教学改革工程的意见》）明确把加强学科竞赛工作纳入到"实践教学与人才培养模式改革创新"这一重要建设内容中，并提出"继续开展大学生竞赛活动，重点资助在全国具有较大影响和广泛参与面的大学生竞赛活动，激发大学生的兴趣和潜能，培养大学生的团队协作意识和创新精神"，这充分肯定了学科竞赛作为高等学校教学过程中实现素质教育和创新人才培养目标的重要环节，在学生的实践能力、创新能力、创业能力和团队精神培养中的重要意义。

随着学科竞赛活动在各高校的迅速开展，学科竞赛对各高校相关课程提出了新的要求，教师通过指导学生完成有现实意义或前瞻性的赛题，促使教师对竞赛训练过程中传统理论教学中的教学内容和课程体系进行改革，以适应创新人才培养的需要，同时，随着学科竞赛活动的开展，一些新的课程应运而生，如传统数学教学中，只注重理论教学，强调学生逻辑思维能力的训练，随着数学建模竞赛活动的开展，数学实验和数学模型作为一门课程在国内外高校开设。数学实验和数学建模思想融入常规教学也促使数学课程体系发生了变化，相应的教材改革得到推进。因而，学科竞赛在高校课程建设中起到推动作用。

同时，随着高校由精英教育向大众化教育的转变，深化课程体系和教学内容改革，加强教学方法和教学手段建设成为调动学生学习积极性的一个重要手段。在不断的课程体系和教学内容改革中，必然会有很多新理念、新方法涌现，在把这些探索性成果广泛应用之前，需要一个测试、修正过程。学科竞赛可以提供一块试验田，在竞赛培训课程中融入新成果，从竞赛过程反馈应用情况，根据竞赛成绩评定成效，因而，学科竞赛在课程体系和教学内容改革中扮演先行者的角色。

二、大学生学科竞赛的内涵

大学生学科竞赛是在课堂教学的基础上，通过竞赛的形式多方位考查大学生的综合素质和能力的系列化课外科技实践活动。在我国，大学生学科竞赛具有其独特的内涵。

第一，它是面向高校大学生的规范化、系列化、多层级、多学科的竞赛活动。所谓规范化，是指竞赛活动是有组织、有章程定期举办的；所谓系列化，是指依照不同的学科门类划分出不同类别的竞赛活动；所谓多层级，是指竞赛既有国际上的、全国性的，也有省级、校级地方性的；所谓多学科，是指竞赛涵盖了高校所开设的基础课、专业基础课和专业课的多个学科。这几点内在规定性，使大学生学科竞赛同一般意义上为了提高学生的综合素质和能力，或是为了丰富校园文化生活而不定期举办的各类竞赛活动区别了开来。

目前，为学界和高校普遍关注或是作为研究对象的，并且有越来越多高校参加的学科竞赛，一般是指竞赛规模和规格较高的国际、全国性的竞赛活动。

第二，它是立足于高校开设的基础课、专业基础课和专业课基础上的课外科技实践活动。这就是说，一方面，它立足于课堂教学，与课堂教学紧密结合，是课堂教学的延伸；另一方面，它又是实践教学环节的重要组成部分。因此，学科竞赛是对教学效果、学习收效的一次大检验，其竞赛成绩如何，一定程度上也反映出一所高校的办学水平和质量的高低。

第三，学科竞赛的宗旨和目的是为了满足大学生自我价值实现的需要，激发学生的兴趣、潜能及学习的积极性，培养和锻炼学生理论联系实际的能力、实践动手的能力、发现和解决问题的能力等综合素质和能力，以深入推进高校的教学建设和改革。

三、学科竞赛的特点

（1）竞赛形式的多样性

许多学科竞赛因学科特色和专业特点而异。例如，大学生"挑战杯"课外科技竞赛作品主要分为三大类：第一类是自然科学类学术论文；第二类是社会科学类社会调查报告；第三类是学术论文、科技发明制作。全国大学生数学建模竞赛采用"半封闭"的通讯方式比赛。大学生电子设计竞赛采用"半封闭，相对集中"的组织方式，竞赛内容既有理论推导、方案设计，又有实际制作、整机调试。

（2）竞赛内容的实践性

侧重于运用理论知识进行技术创新，注重实践能力的培养。例如，大学生数学建模竞赛的题目往往来自生活、生产、工程等实际问题，有些还是当今社会的热点问题，关系到国计民生的问题，参赛学生在对这些实际问题深入理解和分析的基础上，提炼成数学问题，进而构建描述这些实际问题的数学模型，经过相应的运算和数据处理，借助计算机编程，给出合理的数学解释，从数学角度解决实际问题，以此达到提高学生数学建模和运用计算机技术解决实际问题能力的目的。大学生机器人竞赛通过设计制作机器人并参加比赛，培养学生的想象力、创造力，锻炼学生的实际动手能力。

（3）竞赛活动的创新性

创新性是大学生课外科技创新活动的核心体现，学科竞赛自始至终都围绕学生创新意识和创新能力培养这一主线，开拓知识面，培养创新精神。

（4）竞赛团队的协作性

通过学科竞赛，可以提高学生的全面素质，包括团结协作的精神，顽强的工作作风，坚毅的意志品质等。"挑战杯"竞赛中几乎每件作品都是合作的产物，数学建模竞赛、电子设计竞赛更强调团队精神，更强调人与人之间的协调和合作。许多学生通过参与竞赛，学会了如何与其他同学相互合作，如何取别人所长补己所短，学会了相互谦让、相互鼓励、相互配合。团队精神、合作精神的培养已超越了单纯参加比赛的意义。

（5）竞赛过程的时效性

学科竞赛具有竞争性、时效性。例如全国大学生电子设计竞赛要求学生选定一个竞赛题目后，在短短四天内完成资料的查阅、方案论证、电路设计、程序设计、实物制作、论文撰写等工作，还要保证设计的实物作品的可靠性、合理性、最优性。

（6）作品的价值性

学科竞赛中产生的优秀作品，经过简单改进就能作为产品推向市场，可以通过学校与企业、社会多渠道的交流，将其转化为具有应用价值的项目，这样就会使学生的竞赛成果得到二次开发利用，实现其服务社会的价值。

四、大学生学科竞赛的竞赛项目

大学生学科竞赛是一个多层级、多学科的科技竞赛实践活动。按照竞赛规格和组织者来划分，有国际上的、全国性的竞赛活动，有省级、校级地方性的竞赛活动；按照竞赛所依托的学科门类来划分，则包括理学、工学、管理学、文学等一级学科中的数学、物理学、化学、机械设计、车辆工程、计算机软件、设计艺术学等多个二级学科。在这里介绍一下国内的主要学科竞赛。

（1）全国大学生数学建模竞赛

全国大学生数学建模竞赛是教育部高等教育司和中国工业与应用数学学会共同举办的面向全国大专院校学生的比赛。竞赛的目的是提高学生运用数学建模和计算机技术解决实际问题的能力，培养具有创新精神的人才。

数学建模竞赛一般在每年9月份举行，比赛时间为72小时，是一项开放式竞赛。每个参赛队由3名队员组成，并独立完成论文的全部工作。学生在竞赛过程中可以在不违反竞赛章程的前提下，查阅任何书籍或资料（包括使用互联网查阅资料）；使用任何实验手段；做必要的社会调查；使用计算机及任何必要的软件等。数学建模竞赛以最大程度发挥学生自身的创造力为竞赛第一宗旨。

（2）全国大学生电子设计竞赛

全国大学生电子设计竞赛是教育部倡导的大学生学科竞赛之一，由教育部高等教育司与工业和信息化部人事司共同主办，各地竞赛事宜由地方教委（厅、局）统一组织。全国大学生电子设计竞赛的特点是与高等学校相关专业的课程体系和课程内容改革密切结合，以推动其课程教学、教学改革和实验室建设工作。竞赛特色是与理论联系实际学风建设紧密结合，竞赛内容既有理论设计，又有实际制作，以全面检验和加强参赛学生的理论基础和实践创新能力。

全国大学生电子设计竞赛每逢单数年的9月份举办，每支参赛队由3名学生组成，具有正式学籍的全日制在校本、专科生均有资格报名参赛，赛期4天（具体日期届时通知）。在双数的非竞赛年份，根据实际需要由全国竞赛组委会和有关赛区组织开展全国的专题性竞赛，同时积极鼓励各赛区和学校根据自身条件适时组织开展赛区和学校一级的大学生电子设计竞赛。竞赛采用全国统一命题、分赛区组织的方式，竞赛采用"半封闭、相对集中"的组织方式进行。竞赛期间学生可以查阅有关纸介质或网络技术资料，队内学生可以集体商讨设计思想，确定设计方案、分工负责、团结协作，以队为基本单位独立完成竞赛任务；竞赛期间不允许任何教师或其他人员进行任何形式的指导或引导；竞赛期间参赛队员不得与队外任何人员讨论商量。参赛学校应将参赛学生集中在实验室内进行竞赛，便于组织人员巡查。为保证竞赛工作，竞赛所需设备、元器件等均由各参赛学校负责提供。

（3）"英特尔杯"大学生电子设计竞赛——嵌入式系统专题邀请赛

"英特尔杯"大学生电子设计竞赛——嵌入式系统专题邀请赛由教育部高等教育司与工业和信息化部人事教育司共同主办，上海市教委和上海交通大学承办，英特尔（中国）有限公司协办。竞赛旨在进一步丰富全国大学生电子设计竞赛的形式和内容，满足更多高校参加嵌入式系统专题竞赛的愿望，推动高校信息电子类专业教学改革、课程体系及实验室建设，促进各高校之间在嵌入式系统科研与教学上的交流。

该大赛是政府主办、专家主导、学生主体、社会支持的比赛，目的在于帮助学生在基础理论、动手能力、人文精神方面得到锻炼，加强团队合作精神，学习"系统性考虑问题"的方法，以及积累"高质量解决问题"的经验。竞赛采用开放的竞赛形式，3人组成一队，自主命题，自主设计，在规定的时间内完成设计。所有设计都统一采用英特尔（中国）有限公司提供的开发平台。比赛的作品选题，涵盖了家电应用、通信设备、仪器测量、安全保障等方面。作品功能包括图像、视频、音频、网络、无线通信、信号处理等。根据各参赛队的工作侧重点，又可分为系统构架实现、功能模块设计、算法性能优化等方面。

（4）全国大学生机械创新设计大赛

全国大学生机械创新设计大赛是经教育部批准，由教育部高等学校机械学科教学指导委员会主办，机械基础课程教学指导分委员会、全国机械设计教学研究会及全国机械原理教学研究会共同承办的一项大学生机械学科知识创新与设计大赛。机械设计大赛是一项公益性的大学生科技活动，宗旨是培养大学生的创新精神、合作意识，开阔视野，提高大学生的创造性设计能力、工程实践能力和综合设计能力，促进机械学科的教与学，加强教学与产业的联系。

机械创新设计大赛一般分四个阶段完成，第一阶段是产品的创意，要进行很多市场调查和专利查询，基本确定设计目标和实现功能；第二阶段进入具体方案设计，要经过一个又一个具体方案的确立、计算、排除、再确立，最后得到最优的设计方案；第三阶段是样品加工；第四阶段进行说明书的编制，答辩准备。

（5）全国大学生结构设计大赛

全国大学生结构设计竞赛是由中国高等教育学会工程教育专业委员会、高等学校土木工程专科专业指导委员会、中国土木工程学会教育工作委员会和教育部科学技术委员会、环境与土木水利学部共同主办，部分著名高校共同承办的一项大学生专业学科知识创新与设计竞赛。竞赛旨在培养大学生创新意识、合作精神，扩大大学生的科学视野，提高大学生的创新设计能力、综合科技能力和工程实践能力的一项专业学科竞赛。全国大学生结构设计竞赛是一项公益性的大学生科技活动，是促进高等学校教学改革，加强教育与产业之间联系，推进科学技术转化为生产力的一项学科创新的示范性科技活动。

大赛的组织方式分为两级赛事，即省（市）分区赛、全国总决赛两个阶段。各参赛高校自行组织选拔赛，并推荐优秀作品参加全国决赛。全国总决赛由全国竞赛委员会组织进行。竞赛面向全国在校大学生，申报参赛作品以小组为单位申报，每件作品作者不超过 3 人。参赛者应提交所设计作品的理论方案以及实物模型。

（6）全国大学生智能汽车竞赛

全国大学生智能汽车竞赛是教育部为了加强大学生实践、创新能力和团队精神的培养而设立的。该项竞赛与已举办的全国数学建模、电子设计、机械设计结构设计等四大专业竞赛不同，是以迅猛发展的汽车电子为背景，涵盖了控制、模式识别、传感技术、电子、电气、计算机、机械等多个学科交叉的科技创意性比赛。

竞赛要求参赛者在组委会提供的模型车体及核心控制模块的基础上设计制作具有自主道路识别能力的智能汽车。精确和速度是各辆赛车追求的最高目标。根据组委会要求，每校最多派出两支参赛队，每支参赛队由 3 名队员组成。

（7）全国大学生广告艺术大赛

全国大学生广告艺术大赛，由教育部高等教育司主办、教育部高等学校新闻学学科教学指导委员会组织实施，中国传媒大学与中国高等教育学会广告教育专业委员会等单位共同承办，是面向全国在校大学生的一项群众性的广告策划创意实践活动。目的在于活跃大学生的课外文化生活，激发大学生的创意灵感，提高大学生的实际动手能力、策划能力、协调组织能力，促进大学新闻传播教育的人才培养模式、课程设置、教学内容和方法的改革，提高大学生的创新精神和实践能力。

大赛面向全国在校大学生，参赛作品必须统一按照大赛组委会指定的命题和按广告主提供的背景资料进行创作。参赛作品类别包括：平面广告作品（报纸、杂志、招贴广告）；影视广告作品；广播广告作品；网络广告作品（Flash 动画广告、网页形象页面）；广告策划案作品；公益广告作品六类作品。各类参赛作品均以原创性为主要标准，遵守《中华人民共和国广告法》和国家有关法律行政法规的规定，符合民族文化传统、公共道德价值、行业规范等要求。集体创作的作品作者最多不得超过 3 人（广告策划案、影视广告作品作者不得超过 5 人），每个创意小组或个人上交的参赛作品只限 1 件。

（8）全国机器人足球锦标赛

全国机器人足球锦标赛由中国自动化学会主办，从 2002 年开始每年举办一次，包括 RoboCup 和 FIRA 两个系列的全国性比赛。目前世界上机器人足球比赛共有两种：RoboCup（机器人世界杯赛）和 FIRA（国际机器人足球联盟）世界杯赛。RoboCup 是由日本、欧美等国家发起，于 1997 年开始每年举行一次的国际比赛，FIRA 主要由韩国发起，始于 1996 年。RoboCup 和 FIRA 都设仿真组和实物组两种比赛。目前，每年 RoboCup 和 FIRA 的比赛都吸引了世界上许多国家的高校和研究机构的全力支持和积极参与。机器人足球比赛涉及自动控制、人工智能、模式识别、计算机视觉与图像处理、无线通信、决策对策和机器人学科等众多学科领域，可作为人工智能和智能控制领域多种理论和算法的综合性实验平台。

（9）中国机器人大赛

中国机器人大赛是由中国自动化学会机器人竞赛工作委员会和科技部高新技术研究发展中心主办，面向高校和科研院所的一项全国性竞赛活动。大赛是国际 RoboCup、FIRA 等组织在中国唯一的授权组织和联系通道。机器人大赛以科技含量高、学科跨度宽、参与面广和展示性强等特点在国际上有着很强的影响力。它涉及人工智能、图像处理、通信传感、精密机构和自动控制等多领域的前沿研究和技术集成。

（10）全国大学生英语竞赛

全国大学生英语竞赛是经教育部有关部门批准，由国际英语外语教师协会、中国英语外语教师协会和高等学校大学外语教学研究会联合主办，英语辅导报社、考试与评价杂志社承办的全国唯一的大学生英语综合能力竞赛。本竞赛是全国性大学英语学科竞赛，旨在贯彻落实教育部关于大学英语教学改革精神，促进大学生英语水平的全面提高，激发学生学习英语的兴趣，鼓励英语学习成绩优秀的大学生。这项竞赛活动，既可以展示各高校大学英语教学改革的成果，又有助于学生打好英语基础，提高综合运用英语的能力，推动全国大学英语教学上一个新台阶。

本竞赛内容主要包括大学英语学习阶段应掌握的英语基础知识和读、听、说、写、译五方面的能力。竞赛对象为全国高校非英语专业所有年级本科生，竞赛分初赛和决赛两个阶段进行，初赛和决赛均为全国统一命题，采用书面方式进行，由全国竞赛组委会办公室统一制作比赛用卷和听力测试题。

（11）"挑战杯"中国大学生创业计划竞赛

"挑战杯"中国大学生创业计划竞赛旨在宣传风险投资理念，传播自主创业意识，激发广大青年学生适应时代要求，勇于创新，勤奋学习，投身实践，努力成为新世纪适应时代要求的复合型骨干人才，是近几年风靡全球高校的重要赛事。它借用风险投资的运作模式，要求参赛者组成优势互补的竞赛小组，围绕一个具有市场前景的技术产品或服务概念，以获得风险投资为目的，完成一份包括企业概述、业务与业务展望、风险因素、投资回报与退出策略、组织管理、财务预测等方面内容的创业计划书，最终通过书面评审和秘密答辩的方式评出获奖者。中国自1998年起，一系列创业计划大赛的成功举办在社会上引起了强烈的反响，包括《中国中央电视台》、《中国教育报》、《香港大公社》、《美国时代周刊》在内的近60家国内外媒体对各项赛事都进行了广泛而深入的报道。创业计划竞赛最早于1998年在清华大学举办。1999年，由共青团中央、中国科协、全国学联主办。清华大学承办的首届"挑战杯"中国大学生创业计划竞赛成功举行。竞赛汇集了全国120余所高校的近400件作品，在全国高校掀起了一轮创新、创业的热潮，产生了良好的社会影响。在社会各界的关心和支持下，一批创业计划进入了实际运行操作阶段，技术、资本与市场的结合向更深的层次推进。

（12）"挑战杯"全国大学生课外学术科技作品竞赛

"挑战杯"全国大学生课外学术科技作品竞赛是由共青团中央、中国科协、教育部、全国学联和承办高校所在地人民政府联合主办，国内著名高校和新闻媒体单位联合发起的一项具有导向性、示范性和群众性的全国竞赛活动，被誉为"中国大学生学术科技的奥林匹克"盛会。党和国家领导人对此项竞赛活动给予了高度重视和亲切关怀，1993年，江泽民同志为"挑战杯"竞赛题写了杯名，李鹏、李岚清、吴邦国等党和国家领导人为竞赛题词。苏步青、钱三强、费孝通、卢嘉锡、朱光亚、周光召等许多著名科学家纷纷寄语竞赛活动。

自1989年以来，"挑战杯"竞赛规模发展到包括全国所有重点高校在内的千余所内地高校，以及港澳台地区、新加坡等二十多所高校，先后共有200万大学生直接或间接参加了此项赛事。清华大学、浙江大学、上海交通大学、武汉大学、南京理工大学、重庆大学、西安交通大学、华南理工大学、复旦大学、南开大学、北京航空航天大学、大连理工大学、苏州大学、广东工业大学和香港科技大学先后成功举办了前十五届赛事，为国家培养了一批跨世纪的创新人才，并日渐成为我国培养大学生自主创新能力和展示主办高校所在地区社会经济与高等教育发展水平的重要平台。"挑战杯"更是青年大学生课外学术科技成果交流的一场盛会，每届比赛都有近两千件作品参与竞技，科技成果转让额最高突破一亿元人民币。

五、学科竞赛的作用与意义

（一）学科竞赛有利于培养创新意识、创新思维

学科竞赛内容通常都具有一定的实际意义或应用背景，内容广泛，综合性强，在竞赛过程中会遇到很多科学和非科学的问题，在解决这些问题的过程中，学生不仅需要综合利用已学知识，还需要将这些知识进行拓展和延伸，学会正确分析问题、处理问题的思维方法。学科竞赛活动是学生各种思维过程的综合体现，是学生对多年理论知识和实践知识的综合运用，学科竞赛活动既是对竞赛任务进行认真分析、有效推理、准确判断与综合运用的过程，也是对学生创新意识和创新思维的培养，激发学生创造力的过程。

（二）学科竞赛有利于培养创新能力、实践能力

比赛通常是学科竞赛的表现形式，通过比赛能够调动学生主动思考、大胆创新，使其完成的作品或成果达到高水平、高质量、高效率、高技术含量的目标要求。要想达到这样的目标，离不开创新能力和动手能力，需要参赛学生既要有较宽的知识面、扎实的基本功和雄厚的理论基础，也要有较强的综合分析问题能力、综合设计能力和综合调试能力，同时要具备一丝不苟、刻苦钻研、科学严谨、勇于探索的工作作风，还要有良好的心理素质。参与学科竞赛，既可以激发学生的学习兴趣、提升学习的主动性、拓展学生的知识面，又能够锻炼学生利用资源自主查阅相关资料、分析问题、解决问题、综合设计、运行调试、文字表达等多方面的能力，还有助于培养学生的创新思维、塑造创新人格、提升创新大学生学科竞赛与创新人才培养途径能力。学生在学科竞赛的选拔与参与中，工程实践能力和创新设计能力会得到很好体现和提高，势必会增强学生的社会竞争力，也为将来走向工作岗位打下坚实的基础。

（三）学科竞赛有利于调动学生积极性、提高学生综合素质

学科竞赛可以有效地培养学生的创新精神，提高学生的动手能力，使学生的综合能力、综合素质得到全面的提升。学科竞赛关注结果，但更注重竞赛过程，

因为无论竞赛结果或成绩如何，更重要的是在竞赛过程中，学生的主观能动性得到充分发挥，促使他们积极思考、观察、分析、比较、判断、推理、测试、沟通、协作、进取、创新、实践。学生在竞赛过程中，通过合作形成团队精神，培养创新思维。学生完成的竞赛作品中不但体现了学生的创新思维、创新理念和创新潜能，甚至也体现了学生的创新性格。

第七章 在实践中遇见更好的自己

本章是在实践中遇见更好的自己，主要包括大学生实践概述、在社会实践中受教育长才干、在专业见习中阔视野长见识、在毕业实习中找距离攒经验等内容。

第一节 大学生实践概述

一、实践的含义

实践的含义多种多样，中外学者都从自己所处的历史条件出发对实践的含义进行了一些探索。战国荀况指出："不闻不若闻之，闻之不若见之，见之不若知之，知之不若行之。"明代王廷相认为："讲得一事，即行一事，行得一事，即知一事，所谓真知矣。徒讲而不行，则遇事终有眩惑。"鲁迅说过："专读书也有弊病，所以必须和现实社会接触，使所读的书活起来。"俄国车尔尼雪夫斯基认为："理论上一切争论而未决的问题，都完全由现实生活中的实践来解决。"德国诗人歌德说过："一个人怎样才能认识自己呢？绝不是通过思考，而是通过实践。"英国哲学家培根认为，求知可以改进人性、而经验又可以改进知识本身……学问虽能指引方向，但往往流于浅显，必须依靠经验才能扎下根基。尽管中外学者对实践的内涵做了许多可贵的探索，但并没有揭示出实践的本质含义。

马克思主义哲学吸取了哲学史上关于实践概念的合理因素，正确阐明了实践的本质及其在认识世界和改造世界中的作用，创立了科学的实践观。实践是人类能动地改造世界的感性物质活动。实践是马克思主义的核心概念，人们的实践活动是以改造客观世界为目的、主体与客体之间通过一定的中介发生相互作用的过程。这表明，实践是主观见之于客观的活动，是社会性的活动，是历史性的活动，包含客观对于主观的必然及主观对于客观的必然。科学证明，人类历史同自然历史都是客观的过程。同样，构成人类历史的实践以及实践自身的历史发展也是一个客观的过程。马克思主要强调人的社会实践，强调实践的社会性。恩格斯在自然哲学中揭示人的思想产生于劳动，即人的主观意识产生于人的实践行为，同时人的主观意识反作用于客观存在。

二、实践的特点

实践具有自身的规定和特点，是同思维和认识相互区别的主体行为。实践是不能脱离思维和认识而独立存在的。实践需要思维和认识做基础，没有思维和认识就没有实践。实践、思维和认识是统一的整体。实践的特点主要有：

（一）客观性

实践是客观的感性物质活动。实践的主体是有血有肉的客观的人；实践作用的对象是可感知的客观物质世界。实践的发展过程，虽然有人的意识参与，但却是意识指导下的现实的客观过程。实践的结果是外在于人的意识的客观效果。实践的客观性表明它与纯粹的思维活动、精神活动是不同的。只有坚持实践的客观性，才能从根本上与唯心主义实践观划清界限。实践是世界和万物的创造者，没有实践就没有我们生活在其中的现实世界，就没有实践创造的城市、农村、科技、文化和万物，就没有在实践中得到生存和发展的主体。实践不仅创造出新的客体，而且创造出新的主体。

（二）自觉能动性

自觉能动性，又称主观能动性，是指认识世界和改造世界的有目的、有计划、积极主动的活动能力。意识存在于我们的头脑里，人们只能用语言表达它、用文字记录它，不能用它直接作用于客观事物。在实践中，意识总是指挥着人们使用一种物质的东西去作用于另一种物质的东西，从而引起物质具体形态的变化，这种力量就是人的主观能动性。实践是主体有意识、有目的的活动。人的实践活动不同于动物的活动。动物没有自己的主观世界，它们的活动是本能的活动，是无意识与无目的的活动。作为实践主体的人是有自己的主观世界的，人的实践都是在一定意识、目的指导下的活动。只有坚持实践的能动性，才能从根本上与旧唯物主义实践观划清界限。

（三）社会历史性

人是社会的主体，个人的实践同社会有着密切的关系。实践是社会性的、历史性的活动。作为实践主体的人，是处于一定社会关系中的人，总是在一定的社会关系中进行实践活动。尽管实践可以表现为单个人的个体活动，但这种个体活动却总是与社会中的其他人的活动联系在一起的，比如，人借助于工具同自然界相接触，而工具是他人过去劳动的成果。人们在一定社会条件下进行的实践活动，都是受社会条件的限制，并且是随着社会条件的发展而发展的，绝不会永远处于同一水平上，因此实践又具有历史性。只有坚持实践的社会历史性，才能既同唯心主义实践观划清界限，又同旧唯物主义实践观以及实用主义实践观区别开来。

实践的三个特点是密切联系在一起的。人们客观性的物质活动受着人的自觉能动性的支配，还受着一定社会历史条件的制约；反过来，人的自觉能动性的发挥和实现，依赖于人们客观性的物质活动和一定的社会历史条件。

三、实践的基本形式

人类社会实践的内容是丰富多彩的，实践的形式是多种多样的。随着社会的发展，实践的内容和形式更加多样化。实践的基本形式主要有以下几种：

（一）物质生产实践

物质生产实践是处理人与自然关系的活动，是最基本的实践活动。它是决定其他一切实践活动产生和发展的前提，主要包括生产、消费、流通、财政、金融、信托、保险、服务等活动。

（二）处理社会关系的实践

处理社会关系的实践是以调整人与人之间社会关系为目的的活动，是为了配合物质生产实践所进行的活动。它主要包括政治、军事、教育、科学技术、文化、卫生、体育、司法、社会治安、社会管理、社会交往、劳动就业与社会保障、公共服务等活动。

（三）科学实验

科学实验是人们为实现预定目的，在人工控制条件下，通过干预和控制科研对象而观察与探索其有关规律和机制的一种研究方法，它是人类获得知识、检验知识的一种实践形式。科学实验是从物质生产实践中分化出来的尝试性、探索性的实践活动，随着社会实践的发展，科学实验的作用越来越大。

第二节　在社会实践中受教育长才干

一、社会实践的主要流程

正常的社会实践，主要包括以下几个步骤：

（一）确定主题

社会实践一般都是学生自主的活动，往往是某位同学"招募"几位志同道合的同学一起开展。这个主动的同学一般就是社会实践的"小队长"。首先，需要确定社会实践的主题，就是围绕"去干什么"提出初步的想法。尽量不要漫无目的地说，就是想出去走走、看看，说不清楚要干什么去。这样其他同学一般是不会跟你去实践的，即使愿意跟你去，申请学校、学院的资助一般也是比较困难的。这个主题可以从学校、学院的假期社会实践通知中，一些老师课题组的项目招募中选择。

（二）确定内容

确定了主题之后，就要开始策划社会实践的主要内容，即围绕主题要开展哪些活动。这个小队长要先有想法，然后再跟队员协商确定，形成一份"社会实践申请书"，向学校、学院或者老师的课题组递交申请。在确定内容的过程中，一定要与实践地的负责人提前取得联系，告诉对方你们去的目的和想法，更重要的是了解地方的实际需求，以便提前有所准备。

（三）前期准备

确定了主题和内容之后，就要开始做前期的准备工作了。包括对实践地的背景情况的了解、调查问卷的准备、生活必要物资的准备等等。

（四）制订计划

基于前期的准备，制订详细的实践方案，包括每天的交通信息、重点任务、负责人、小组队员分工、注意事项等。

（五）开展实践

根据实践方案，开始乘坐交通工具赶赴实践地，路上注意随时与指导教师、实践地负责人保持联系。到了实践地之后按照计划开展实践活动，如果条件允许的话，每天晚上开个例会讨论、总结一天的进展，是否遇到问题或困难，随时调整优化计划。

（六）总结提升

实践结束后，回到学校继续开展有关资料和任务的总结、整理、上报、汇报等工作。

二、如何参加社会实践

每当暑假来临，就有一批大学生将走向各单位，通过各种形式进行社会实践，期望在社会实践中提高能力，积累经验。要想在社会实践中真正锤炼意志品格，为走上工作岗位奠定能力基础，大学生需要在角色定位、实习态度等方面做好准备。

（一）做好吃苦和承受压力的准备

大多数大学生希望通过社会实践锻炼自己的实践能力和意志品质，但由于生活环境的相对单一，使其面对复杂的实习环境表现出一定程度的不适应。在社会实践过程中，大学生往往表现出"三高三低"的特点：兴趣高、期望高、热情高和持久性低、应变能力低、抗挫能力低。为尽量避免"三低"，实习生在参加实习前要做好以下两方面准备。

1. 做好吃苦的准备

实习生活与大学校园生活在很多方面存在差异，大学生由于长期生活在校园的环境，思维习惯大多是直线式的。大学校园氛围的宽松又使大学生容易养成散漫、时间观念和纪律观念淡薄的习惯。实习生不仅要严格遵守实习单位的作息制度，还要争取在较短时间内熟悉实习单位的工作特点，实习单位的同事都有各自的事务，不可能手把手地教实习生怎样尽快转变思维方式，适应工作角色等。实习生要善于观察、勤于思考、经常请教，需要付出艰苦的努力。实习生要做足吃苦的准备，从小事着手，不能认为实习就是混日子，最后拿个实习鉴定为毕业找工作捞些资本而已。

2. 做好承受工作压力的准备

实习生到实习单位就是学习工作所需的基本技能，为以后走上工作岗位奠定基础。而任何一项工作即使看似简单、琐碎，实际上都牵涉特定的人和事，实习生由于没有或缺乏实践经验，往往在实习之初不能很好地处理实习单位交给的任务。实习单位领导和同事往往又是从这些任务的完成情况中判断实习生的品格和能力的。一旦处理不当或经常出现处理失当的情况，领导和同事的异样眼光就难以避免。大学生要有很强的心理承受能力，要明白在一个人的成长过程中犯错误是在所难免的，错误也是总结经验、获得智慧的重要来源。以感恩的心态对待领导和同事的建议与批评，从中看到自身的不足，加以改进。不能经不起批评，一旦受到批评就产生受挫感和失落感是不成熟的表现。

（二）目标明确，定位清晰

大学生暑期参加社会实践，无论以何种形式，在岗位、单位和行业选择时要与自身的职业生涯设计结合起来。每一个行业有不同的工作规律和方式，适应这些规律和方式，需要一定的时间和精力，也需要兴趣作为最好的向导。大学生在选择实习岗位和实习单位时，最好有比较明确的定位，寻找与自己专业相关的、自己比较感兴趣的行业和单位进行实习，切忌盲目，如果实习行业或单位与自己的理想职业相差甚远，只为打发时间或应付自荐书上的实习经历而实习，在实习过程中容易因为对工作任务没有兴趣产生倦怠情绪，往往既浪费时间，又收效甚微。

在实习过程中，大学生要时刻牢记自己的实习生身份和角色，这种角色意识是做好实习单位所交付任务和取得实习效果的前提。实习生的角色决定了实习生应有相应的行为方式。比如尊敬他人、谦虚谨慎、勤学好问、友善合群等。如果没有很清晰的角色定位，实习生往往会不由自主地将大学生的一些共有属性带入实习过程中，如理想化成分较重，对人和事的看法容易简单、表面和片面，不善于接受他人意见等。实习生要时刻牢记自己的实习生身份，在整个实习过程中都要避免角色混乱或角色定位不清。实习生如果认为自己是大学生，是天之骄子，在工作中必然浮躁，飘飘然，容易给领导、同事留下肤浅、骄傲自大的印象，不利于在以后的工作中得到领导、同事的真诚帮助和指点。

（三）勤学好问，善思敏行

实习生在学校学到的是纯理论的书本知识，工作实践和理论是有一定差距的，理论知识只是为实践提供了基本的知识和思维方式，实习生要善于将所学的理论知识运用到实践中，指导实践，尽快在实习过程中熟悉工作方式和工作流程。这一过程，需要时间，更需要花费精力认真思考和揣摩。得到实习单位领导、同事的指点和帮助对于实习生尽快适应工作环境，转变思维方式和熟悉工作流程至关重要。实习生要勤学好问，遇到不懂的问题，谦虚地向领导和同事请教。由于自身经验缺乏，在处理问题不当时，实习生也要实事求是地承认过失，不否认和回避过失，谦虚地请教领导、同事，为自己改进工作指明方向。

实习生在实习过程中除了要勤学好问，还要发挥大学生思维敏捷、善于接受新事物、善于接受挑战的优势。仔细揣摩实习工作岗位的工作性质和工作流程，努力发现其中的固有规律。善于思考、大胆提出自己有创新性的见解并寻找合适的机会加以表达。在实习过程中，实习生要做到善思敏行，不能过于内向，怕犯错误，不善表达；要多动脑、多动手，这样才会有所收获，有所提高。

三、社会实践的社交礼仪

（一）社会实践中常用的社交礼仪

1. 仪容仪表礼仪

（1）仪容礼仪

仪容主要是指一个人的外在容貌，即外部的形象。在人际交往中，仪容最容易引起交往对象的注意。仪容礼仪是指人们在社交场合应注意自己的仪容，给人以端庄、大方、整洁的良好形象。仪容包括头发、面部、手部等方面。如果仪容端庄、整洁大方，就更容易给人留下良好的第一印象，为双方的交往打下良好基础。如果仪容不整，则令人不悦，甚至会带来很多负面影响，为人际交往埋下不良的伏笔。而且，仪容不仅代表个人的形象，也代表个人所在集体的形象。大学生在社会实践中仪容修饰的基本要求是：仪容要做到自然、协调、美观。仪容修饰的目的是展现出与大学生的内在美相应的外在美。保持天生的自然美和质朴美是大学生自信的表现。同时，大学生的仪容修饰要和自己的年龄、体形、肤色、气质、个性特征相协调，必要时略施清新自然的淡妆，以此展示当代大学生富有阳光与活力的良好青春形象，这种形象给人以自然、和谐、大方的美感。

（2）仪表礼仪

仪表是指人的外表，包括容貌、姿态、服饰、风度和个人卫生等。仪表礼仪主要是指人在不同社会活动中穿着服饰方面的礼节与规范，着装要整洁、美观、得体，并与自身形象、出入场合以及穿着搭配相协调，是形成人的第一印象的基本要素。仪表是一个人精神风貌和生活态度的外在表现，是社会交往中打造美丽个人形象的基础。仪表可以真实地体现一个人的教养和品位，还能够如实地展现一个人对待交往对象的重视程度，同时大学生作为社会实践的主体，更代表着其所在学校的整体形象。在社会实践活动中，如果大学生容貌端庄、姿态自然、穿着得体、表情得当、风度美好、整洁卫生，不仅能赢得他人的信赖，给人留下良好的印象，而且还能够提升个人的整体形象。

服饰可以反映一个人文化素质的高低、审美情趣的雅俗。一个人的着装是否具有美感，并不一定在于服装的新奇漂亮、流行时髦，也不一定在于一个人有一副适宜装扮的漂亮身材，关键在于着装是否适合自己的身份。大学生在社会实践中着装配饰要遵守 TPO 原则，即你的穿着打扮应当与相应的时间（Time）、地点（Place）、场合（Occasion）等相一致，做到整洁得体、落落大方，避免肮脏或邋遢。着装往往可以体现人的性格、气质、文化及身份地位。大学生的服饰要与其年龄、体形、个性、气质、身份及穿戴的环境、场合、时间相吻合，着装以整洁、休闲、大方为主。对大学生社会实践团队而言，可以选择统一着装，这样不但能充分展示实践团队良好的精神风貌，也是大学生讲究礼仪的一种体现。

（3）仪态礼仪

在人际交往中，用优美的体态语言，比用口头语言更让对方感到真实、生动和容易接受。曾经有位体态语言大师研究表明，在人际沟通中，65% 的信息是通过体态语言表达的。

仪态也叫仪姿、姿态，泛指人们身体所呈现出的各种姿态，它包括举止动作、神态表情和相对静止的体态。优雅、自然、生动的姿态，是风度、气质的表现，也是一种美的形体语言。仪态被视为"第二语言"，也叫作"副语言"。每个人总是以一定的仪态出现在别人面前，一个人的仪态包括他的所有行为举止：一举一动、一颦一笑、站立的姿势、走路的步态、说话的声调、对人的态度、面部的表情等。人们的面部表情，体态变化，行、走、站、立、举手投足既可以表达思想感情，又是他内在品质、知识、能力等的真实流露，是表现一个人涵养的一面镜子，也是构成一个人外在美的主要因素。不同的仪态显示人们不同的精神状态和文化教养，传递不同的信息。拥有良好的仪态不仅能为人的整体形象加分，整个人的精神面貌也会有所改变。

2. 交往礼仪

（1）语言礼仪

语言是人际交往的元素，得体的语言反映着大学生自身的教养和对对方的尊敬程度，因此不可疏忽大意，大学生言谈必须合乎礼仪规范。社会实践是大学生与外界交流的窗口，大学生在社会实践中与别人谈话时应注意言辞的礼貌性，如使语言文明、有修养，讲究措辞的修辞性，尽可能使语言文雅、婉转，讲究语言艺术。大学生要根据对方的年龄、职业、身份、地位辈分，以及与自己关系的亲疏、感情的深浅选择正确恰当的称呼，既要庄重、正式、规范，又要充分流露对对方的尊重之情。

在社会实践中大学生要做到待人彬彬有礼，跟指导教师、实践单位工作人员交流时主动使用"您""请"等礼貌用语，同学之间沟通的时候也要做到彬彬有礼，讲友善、讲礼貌。谈话内容要选择得体，这往往会影响到与人沟通的效果，有时甚至会决定社会实践活动的成败。大学生在社会实践中谈话礼仪的基本要求是文明、礼貌、准确。语言是人类思维和谈话的载体，作为有知识、有文化、有修养的现代青年，大学生在社会实践活动中始终要对自己的言语措辞精心斟酌，高度重视自己的谈话礼仪。在与他人交谈时，大学生一定要运用优雅文明的语言表达自己的观点或向对方提出问题，绝对不宜在交谈之中讲粗话、脏话、黑话、荤话、怪话、气话等种种有失大学生身份、令人反感厌恶并有碍沟通的不文明用语。同时，在谈话中多说礼貌用语也有助于大学生赢得他人的好感和体谅，推动社会实践活动的有效进行。谈话时要表现得大方亲切，既不能慌慌张张、不知所措，更不能漫不经心、毫不在乎。言语措辞要谦虚适度，内容要准确恰当，能够实事求是、恰如其分地展示自己，既友好自信，又不虚伪自负。

（2）举止礼仪

举止礼仪又称为"形体语言"，是指人的肢体动作，是一种动态的美，是一种内涵极其丰富的体态语，是风度的具体体现。在某种意义上，举止礼仪在人与人之间的社会交往中发挥着有声语言不可代替的作用。一个人的举止是修养的表现，其举手投足都在不知不觉中传递着信息，优雅的举止对于个人形象的塑造是至关重要的。大学生作为当代知识青年，个人的知识涵养和品格气质都会无形地流露于其社交中的举手投足之间。大学生社会实践中举止礼仪的基本要求是端庄、自然、大方、稳健。切记一定要避免抓耳挠腮、头部低垂、摇头晃脑、歪歪斜斜等不雅的行为举止。努力做到举止落落大方、动作合乎规范、站姿挺拔、走姿洒脱、坐姿端庄、蹲姿优雅。另外，在举止礼仪中微笑占有重要地位。微笑即在脸上露出愉快的表情，是善良、友好、赞美的表示。微笑是礼仪的基础，可以迅速拉近彼此之间的心理距离，创造出交流与沟通的良好气氛，更好地向他人传递个人的学识与修养，给人一种美的享受。

（3）拜访礼仪

礼貌的拜访，可以树立良好的形象。人与人的交往从友好的拜访开始。这样，沟通就变得更自然、更愉快，信息传递也更直接、更有效。在社会实践中，大学生拜访实践单位时应该提前预约，明确拜访的目的并且向受访者说明，根据拜访目的准备相关资料。拜访时要守时践约，拜访时间确定后，拜访者要准时赴约。

这是为了讲究个人信用，树立自身良好形象。赴约时可提前几分钟到达约定地点。因特殊情况需要晚点到达，拜访者要诚恳地请对方原谅，并告诉对方晚点到达的时间，并征询对方是否仍有时间可以会面，必要时还可以与对方商议，将拜访改期。到达拜访地点时，拜访者要主动向接待人员通报自己的有关情况，如没有接待人员，也可以打电话告知对方，切勿鲁莽进入实践单位办公室。见面后拜访者要主动问候，如果是初次见面，要主动进行自我介绍。说话时应开门见山，简单寒暄后即言归正传，切入主题，注意不要滔滔不绝。当受访者发言时，要善于倾听，碰到不清楚的问题，可以要求对方重新解释，但不要贸然打断对方的讲话。拜访时间不宜过长，当所谈问题了解清楚后，便可起身告辞；如话题未讲完，但对方提议结束，或者用身体语言表现出结束的意愿，拜访者也要主动提出告辞，告辞时要对受访者表达谢意。

（二）大学生社会实践中社交礼仪的重要性

1.有助于塑造大学生良好的社交形象

大学生社会实践是在一定的社会关系中进行的一种自主能动性的活动。在参与社会实践活动的过程中，大学生自身的社交礼仪形象是非常重要的，它直接影响着交往双方关系的融洽和交际的成败。这在很大程度上也会决定大学生社会实践活动的结果，即"自己的理想追求和个人价值的实现"能否如期达到。讲究社交礼仪有助于塑造大学生良好的社交形象，展现大学生自身的魅力。在日常的社会交往中，影响交往双方第一印象的主要因素便是对方以一定的仪表、着装、言谈、举止而进行的某种行为。实际生活中，许多人为了塑造完美的形象不惜花费大量的时间和金钱，通过各种各样的方法对自身进行奢华的包装，但这样过度的包装往往会产生过犹不及的负面形象。只有整洁大方的衣着、得体的举止、高雅的气质、良好的精神面貌和真诚动人的谈吐才能给交往双方留下美好的印象，从而建立信任关系，达到社交目的。由此可见，良好的社交礼仪在社会交往中既起着润滑和媒介作用，又起着黏合与催化作用，它对交往各方表达感情、增进了解、树立形象都是必不可少的。大学生只有注重加强社交礼仪修养，努力做到内在美和外在美的有机统一，才能在参与社会实践的过程中展示出大方得体、自信沉稳的良好社交形象，从而有助于社会实践活动各项任务的完成，并在社会实践活动中不断实现个人价值，充分展示自身魅力。

2.有助于促进大学生交往行为的规范化

俗话说："没有规矩，不成方圆。"在社会交往中，人际关系是通过人与人之间的交往和联系表现出来的，只有自觉用一定的行为规范去调节和增进交往各方的联系，才能促进人际关系和谐发展。社交礼仪正是在这种情况下根据实际需要而产生的，它是人们在社会交往中必须遵循的律己敬人的行为规范，也可以说是在人际交往中约定俗成的示人以尊重、友好的习惯做法。社会实践活动是大学生对未来社会生活、工作方式与学习方式的一种预演，对于他们的成长具有积极意义，有利于培养成人感受和社会性情感，锻炼能力，加快他们的社会化进程。从这个意义上讲，大学生社会实践可以说是大学生以"准社会人"的身份主动参与的一种有意义的预演性社交活动，大学生的社交礼仪便是这种预演性社会交往活动中不可或缺的重要内容。大学生在参加社会实践活动过程中是否讲究礼仪、是否注重礼貌、是否遵守一定的礼仪规范是衡量大学生自身文明程度的准绳。在社会交往活动中，社交礼仪作为一种大家共同遵守的行为规范，一方面会积极指引大学生按照固定的程序、采取恰当的方法并按照社会公认的行为模式进行交往，比如守时守约、注重仪容仪表、尊老爱幼、讲究公德等；另一方面也会潜移默化地熏陶大学生的心灵，时刻提醒大学生在社会实践活动中时时处处注意自己的言行举止，自觉成为一个知书达礼、待人以诚的时代青年。由此可见，讲究社交礼仪对大学生的人际关系起着整合与疏导的功效，它使大学生在人际交往中得心应手，为他们创造了宽松和谐、安定团结的环境和氛围，是大学生人际关系和谐发展的润滑剂和调节器，有利于大学生社会实践活动的顺利进行。

3. 有助于强化大学生的文明行为习惯

在人类社会发展的过程中，礼貌礼节从古至今都是文明社会生活的重要标志，讲文明、讲礼貌是社会精神文明程度的实际体现。大学生社会实践的主要任务之一便是接受社会教化、满足社会需求并围绕社会的发展需要为推动社会文明的整体发展作出贡献。要顺利完成这一重大任务，大学生自身需要学习的东西很多，文明行为习惯的养成则是他们在社会化过程中必不可少的重要学习内容。礼仪教育可以引导大学生自觉遵守社会主义礼貌道德规范和相应的社交礼仪礼节，提高大学生的文明意识，强化大学生自觉养成良好的文明行为习惯。通过社交礼仪学习，大学生会逐步认识到社交中人们相互鞠躬、握手、拥抱甚至微笑等礼貌礼节不仅是对交往对象表示敬意和友善的一种形式，还能反映个人的道德情操、文明程度、精神面貌、气质修养以及处理问题时的应变能力。在学习、掌握和践行社交礼仪的过程中，大学生自身的文明行为习惯不断得以强化，个人的礼仪修养不断提高，真正做到了"诚于中而形于外，慧于心而秀于言"，成为一个名副其实的具有良好文明行为习惯和较高礼仪素养的现代文明人。

4.有助于弘扬中华民族优秀的礼仪传统

大学生在社会实践活动中不但要"受教育、长才干"，更要"做贡献"，因为大学生的自身价值只有在服务社会的过程中才能得以实现。大学生既要为创造丰厚的社会物质财富贡献自己的聪明才智，也要为传承和建设优秀的社会精神财富起到引领作用。讲究社交礼仪，按照礼仪要求规范自己的行为，有助于继承中华民族优秀的礼仪传统，弘扬我国优秀的礼仪风范，从而为我国社会主义精神文明建设大厦筑牢扎实的礼仪基础，使我国社会主义精神文明之花到处盛开。身为素以"礼仪之邦"著称于世的中华民族的一分子，大学生在对待中华民族优秀礼仪传统和我国现代礼仪建设上不应只津津乐道于礼仪之邦，还要继承和弘扬中华民族传统礼仪中的精华，同时又注重吸收世界优秀礼仪文化成果，力争在提高全民族的文明程度、促进社会和谐发展方面起模范带头作用。通过礼仪教育和礼仪实践增强民族自尊、自信、自强的精神，巩固和发展人民内部平等、团结、友爱、互助的社会主义新型关系，使社会主义思想道德蔚然成风。

四、参加社会实践的意义

大学生社会实践活动是引导学生走出校门、接触社会、了解国情，使理论与实践相结合、知识分子与工农群众相结合的好形式；是大学生投身改革开放，向群众学习、培养锻炼才干的重要渠道；是提高思想觉悟、增强大学生服务社会意识，促进大学生健康成长的有效途径。通过社会实践活动有助于大学生更新观念，树立正确的世界观、人生观、价值观。

大学生社会实践活动的意义主要有以下几点：

（一）有利于大学生了解国情，了解社会，增强其社会责任感和使命感。现代大学生学习大多以学习书本知识为主，对我国的国情、民情知之甚少，而社会的复杂程度，远不是读几本书，听几次讲座，看几条新闻就能了解的，社会实践活动则为大学生认知社会打开了一扇窗。

（二）有利于大学生正确认识自己，对自身认识更加清晰。通过丰富的社会实践活动，让学生看到自身素质和市场需求之间的差距，看到自身知识和能力上存在的不足，客观地去重新认识、评价自己，学会正确处理个人与社会、个人与集体的关系。

（三）有利于大学生对理论知识的转化和拓展，增强运用知识解决实际问题的能力。大学生以课堂学习为主要学习方式，这对大学生来说非常重要，但这些理论知识并不代表大学生的实际技能，往往难以直接运用于现实生活之中。社会实践使大学生接近社会和自然，获得大量的感性认识和许多有价值的新知识，使他们能够把自己所学的理论知识与接触的社会现象进行对照、比较，把抽象的理论知识逐渐转化为认识和解决实际问题的能力。

（四）有利于增强大学生适应社会、服务社会的能力。社会实践活动使大学生广泛地接触社会，了解社会，在实践中不断动手、动脑、动嘴，直接和社会各阶层、各部门的人打交道，培养和锻炼其实际的工作能力，并且在工作中发现不足，及时改进和提高，更新知识结构，获取新的知识信息，以适应社会的需要。

（五）有利于发展大学生的组织协调能力和创新意识。社会实践活动没有课堂教学的束缚和校园生活的限制，学生们的积极性被充分调动起来，兴趣高涨，思维也空前活跃起来，往往会产生一些创造性的火花，在实践中勇于开拓、敢于创新。

（六）有利于提高大学生的个人素养，完善个性品质。社会实践活动给提高大学生的修养、品性提供了一个良好的环境。在与那些平凡而伟大的人民群众的交往中，大学生的"娇气"和"骄气"会得到克服；在实践的困难和危险面前，大学生的牺牲精神和坚强品质会得到培养和提高。这种实践活动多了，并且能深入坚持下去，大学生在积极参与的过程中，就会逐渐养成坚韧、顽强的优良品性，养成务实的学习态度和生活作风，不断提高自己、完善自己。

第三节 在专业见习中阔视野长见识

首先，参加专业见习可以培养正确的职业价值观。学生时期大家接收到的都是非常模糊的职业价值观，对于自己将来所要从事的职业没有一个清醒的认识，只是在高考后选专业时凭着自己的直觉和现实的判断选了大学专业，但是经过四年的半社会性接触，这种观念也可能发生了改变。通过专业见习，大家可以判断出将来自己是否可以在这个行业中有所发展，培养出正确的职业价值观取向。

第二，大学生在专业见习期间最好选择相关行业内比较著名的企业，因为大企业的管理都是非常规范和先进的，大家可以在这样的环境下了解一下自己的潜力和发展，熟悉行业和职位的概念，为自己将来的正式工作和职业规划明确一个清晰的方向。很多学生在参加专业见习后，都有理想和现实差距过大的突出想法。学生在工作中和学习是截然不同的，他们往往实践缺乏经验，对自己的期望值又过高，有时候很容易就造成眼高手低的不良习惯。在专业见习中可以想办法改掉这些坏毛病，正确认识自己，为自己的职场生涯正确导航。

第三，为自己的就业增加经历砝码。很多学生在走出学校后择业都是比较痛苦的，因为看中的企业动辄就要求求职者有 2~5 年的工作经验，这个要求对于他们来说太过强人所难，让他们难以企及。公司对求职者要求最多的就是经验：有没有在这个行业中工作的经验？有没有在这个岗位上工作的经验？有没有相关企业专业见习的经验？那么多的问题得到的很多时候都会是无声的应答和尴尬的笑容。很多公司规定对大学生的考察只关注个人潜力，所以任何其他条件都不会迷惑考察者的双眼，只要你是璞玉，就会被发现。

第四节　在毕业实习中找距离攒经验

一、实习的分类

大学生实习，是指在校或毕业大学生通过社会实践以及相关活动，将所学的理论知识在实际工作中加以运用和检验，以提高自身综合素质、增强就业能力的学习过程。一般而言，大学生实习可以按照目的（学业、就业、经济因素、社会因素）、方式（是否签订劳动合同或协议）、时间（在校期间或毕业后）、主导（学校、个人、用人单位）等不同因素分成以下几类：

（1）就业实习。就业实习是大学生以解决就业为目的，个人与用人单位达成实习协议，在毕业前进行的工作实践，这也是着重要谈的大学生实习。

（2）专业实习。专业实习也称毕业实习，是大学生以完成学业为目的，按照专业培养目标和教学计划安排，由学校统一安排或者授权开展的实践性教学活动。特别是对于一些专科院校和高职院校，这是学校专业教学的重要组成部分。

（3）社会实践。社会实践是指大学生在假期，特别是暑期开展的以文化、科技、卫生"三下乡"为代表的综合性实践活动，也泛指各种以社会体验、公益服务和素质提升为目的的大学生实践活动，通常由学校团委组织，也可以由学生自发开展，最终达到学生受教育、长才干、做贡献的目的。

（4）勤工助学。勤工助学可上溯至民国初期留法青年"勤工俭学"传统，现多指学生在学校的组织下利用课余时间，通过劳动取得合法报酬，用于改善学习和生活条件的社会实践活动，当然，随着大学生社会兼职以及自主创业现象的出现，勤工助学的概念也日益丰富起来，但其根本特征在于有偿性以及减轻学业负担，而不必与就业和专业教学直接相关。

（5）岗前见习。岗前见习是指用人单位对聘用人员进行就业上岗前培训的实践体验，此时实习人员与用人单位建立了劳动合同关系，目的在于增强以后从事这些专业工作的熟练度，在此过程中学校一般不会参与。

（6）就业见习。就业见习是指我国从 2006 年起新推行的有计划地组织未就业高校毕业生到相应单位和基地参加阶段性工作的制度，目的是为了帮助回到原籍、尚未就业的大学生尽快实现就业，这是毕业生正规就业前的过渡性就业形式，属于非正规就业劳动关系。此外，传统意义上的"就业见习"是一种常态见习期内的见习，类似于试用期的见习期，包括在劳动合同期限内，属于正规就业劳动关系，见习期满且考核合格的转为正式职工。可见，就业见习的主体是毕业生，不能与在校学生的实习混同。

二、参加实习的益处

（1）提高大学生就业竞争力。在当前就业难的社会大背景下，大学生找工作的时间被一再提前，实习作为大学生就业的前奏也更加重要，很多用人单位在招聘新员工的时候，更加看重学生社会实习实践经历，愿意录用具备相关工作经验的毕业生，实习经历类似于一段工作经验，可以在求职应聘时吸引用人单位的注意，增强大学生就业竞争力。

（2）提升大学生职业能力。实习除了锻炼专业实践能力以外，更重要的功能是拓展大学生的综合素质，为大学生装备强大的"软实力"，在实习的过程中，通过适应环境，磨炼意志、承受压力、发展个性、完成任务等方面的实践锻炼，有助于培养大学生的团队合作能力、人际沟通能力以及踏实肯干的工作作风等。

（3）促进大学生角色转变。实习作为大学生适应职场的重要演练，是促进大学生就业以及适应从"学生"到"雇员"角色转变的关键阶段，这个阶段，实习能帮助大学生树立正确的职业概念，达到认知自我、准确定位、树立正确的择业观和立业观的目的。

（4）有助于了解用人单位，获取求职信息。到企事业单位实习，通过与用人单位的沟通交流，能帮助大学生积累工作经验、增加社会阅历，了解企业的招聘信息以及对人才的需求标准，从而为顺利就业做好准备。

由此可见，实习可以视为高校人才培养过程中的一个重要环节。让学生在实习中就业，是对高校人才培养模式的一种肯定。即使学生在最后的实习中未能解决就业问题，但这种毕业前的实习锻炼，对大学生综合素质的提升也大有帮助。

三、处理实习与学业的关系

《中华人民共和国高等教育法》第56条规定："高等学校的学生在课余时间可以参加社会活动和勤工助学活动，但不得影响学业任务的完成。高等学校应当对学生的社会服务和勤工助学活动给予鼓励和支持。"因此，在处理实习与学业关系时需要把握以下几个原则：

（1）要在保证学业的基础上，开展各项实习活动。学习是大学生的首要任务，一定要把基础知识和专业知识学扎实，再去参加实习，没有理论怎么与实践相结合呢？有的大学生为了实习，逃课、挂科，显然是本末倒置，最后的结果也是得不偿失，不但工作没找到，连获得学位都受影响。

（2）在完成学业的基础上，应该参加实习。学习的目的在于应用，不能成为"书呆子"，在实习过程中可以巩固理论知识，把理论知识转化为能力，能在工作中发现新问题，然后再深入学习，从而提升对理论知识的理解和掌握，这是一个相互促进，共同提高的过程。

因此，大学生实习与学业的关系是相辅相成，有机统一的学业是就业的基础，实习是实现就业的手段和途径，两者相互依存，相互促进，共同为就业服务。

大学生在选择实习单位的时候，应该考虑哪些因素呢？大学时间宝贵而短暂，选择一个适合自己的实习单位，对未来职业发展会产生事半功倍的作用；反之，如果实习单位选择不当，则可能会耽误或浪费时间，难以达到预期效果。因此，大学生需要明确设定自己的实习目标，从专业能力、兴趣特长及社会需求三个方面考虑，选择适合自己的实习单位。

（1）以专业能力为基础选择实习单位。大学生选择一份专业对口的实习机会往往能增加成功概率，毕竟通过专业学习已具备了一定的理论基础。从一定意义上说这是大学生最基本的竞争力，从用人单位的角度来看，一个人专业知识的掌握程度，在一定意义上也体现其学习能力的高低，因此，有些用人单位在招收实习生时，会列举出明确的专业背景、学历层次要求，根据现实经验，我们认为理工科学生实习可以多考虑企业单位，而文科学生则可以偏重事业单位，虽然有些工作岗位没有专业背景限制，但是考虑专业知识的应用性，还应该充分考虑专业适应力以及发展前景，此外，在学历层次方面，高职高专院校学生要考虑实践性相对强的工作岗位，而硕士、博士研究生则要考虑学术性强的实习单位。

（2）以本人的兴趣特长为参照选择实习单位。实习本身就是对工作世界的探索，大学生可以根据个人性格、爱好选择自己感兴趣的实习岗位，同时，青年人自我意识明显，好恶感强，容易根据主观兴趣和个人爱好选择实习岗位，我们认为，只要个人能力可以胜任，大学生应该重点考虑自己喜欢的领域和方向进行实习，因为兴趣特长能为一个人提供创造的源泉和坚持的动力。有些大学生缺乏对自我的认识，不考虑自己内心的需求，爱慕虚荣，追求刺激，盲目随大流，选择热门实习单位和岗位，一味追求知名企业和实惠岗位，或者只是考虑家庭因素和社会关系，完全依赖各种私人资源，去自己毫不熟悉、没有兴趣的单位，最终不仅不能完成实习，而且还会让自己就业时更加迷茫，陷入焦虑和困惑之中。

（3）以社会需求为导向选择实习单位。选择实习单位时，除了考虑专业能力、兴趣特长之外，还要注意分析目前的社会需求，从而提高自己就业的成功率和潜在优势。比如，目前国家政策尤其鼓励毕业生到西部和基层建功立业，广大的西部地区蕴含着巨大的发展潜力和成长机会。"君子相时而动""识时务者为俊杰"，有志向、有气魄的大学生就应该抓住时机选择到基层和西部就业，相应地多参加农村调研、地方挂职、西部支教等实习项目，有针对性地为将来的工作积累经验。再比如，在金融危机爆发的大背景下，经济金融类的学生可能难以找到专业对口的实习机会，此时就要适当向其他相关领域倾斜，如营销管理类、社会服务类等，根据现实需求灵活调整实习计划，才能在不断变化的经济形势中把握时机，为长远发展打下坚实的基础。

四、实习前常见的心理状态

（1）迷惘心理。有些人在实习前，缺乏相对明确的实习目的，往往只知道参加实习是为了锻炼和提高自身的能力，但是，内心却非常迷惘，不知道该找什么样的实习，面临着种种心理冲突，容易产生种种矛盾的心态，他们胸怀远大的理想，却不愿正视眼前的现实；渴望竞争，又缺乏竞争的勇气；注重专业能力的发展，但又互相攀比、爱慕虚荣；重事业重才智的发挥，却在实际价值取向上重物质重利益；对自我抱有充足的信心，但在遇到挫折之后，又容易自卑；既崇尚个人奋斗、自我实现，又有较强的依赖感，职业目标上理想和现实的反差，自我认知上自傲与自卑并存，使得他们在准备实习前感到十分迷惘和困惑。

（2）焦虑心理。有些人在实习前，如果对环境评价出现偏差，确定的目标不切合实际，那么当他们进入纷繁复杂的社会环境后，面对日趋严峻的就业形势，面对日益激烈的竞争，面对社会需要、个人意志、有限的供职岗位、多样的工作环境等多元因素组合的职业选择时，就会感到无所适从，从而产生焦虑和烦躁，甚至恐惧的心理。

（3）依赖心理。一些人缺乏主动参与意识和竞争意识，信心和勇气不足，在社会为其提供的实习机会面前顾虑重重，不能主动地参与竞争，畏惧向用人单位展示自我、推销自我，不想依靠自身的努力去赢得竞争、赢得用人单位的青睐，而寄希望于学校和家庭，缺乏择业的主动性，"等、靠、要"思想和依赖心理严重，使自己在实习中处于劣势。

（4）自傲心理。自傲心理在大学生身上反映的最为突出。一些人或受陈旧观念的影响，以"天之骄子"自居，自认为高人一等，或过高估计自己的知识和能力水平，有的人好高骛远，自命不凡，期望值过高，脱离实际，怕吃苦、讲实惠，不愿到基层、小企业的岗位去实习，择业目标与现实之间存在巨大的反差，如有的人认为自己具备很多优势：学习成绩优秀、政治条件好、学校牌子亮、专业需求旺、求职门路广等，因而盲目乐观，把目标定得很高，满脑子挤满了淘金梦，实习时一味寻找大公司、好岗位，结果屡屡受挫，此种失败源于不能摆正自己的位置，对自己的劣势和困难估计不足。

（5）自卑心理。自卑心理也是大学生实习前和实习过程中一种常见的心理现象。一些人自我评价过低，过低估计自己的知识和能力水平，表现在实习过程中，有的人对自己缺乏自信，过于拘谨，缩手缩脚，优柔寡断，不能向用人单位充分展示自我，从而错失良机。有的人因为学历、成绩、能力、性格方面的某些缺陷和不足而丧失了勇气，悲观失望、抑郁孤僻、不思进取，觉得自己事事不如别人，不敢参与市场竞争。有的人尽管具备一定的实力，但对自己的评价过于保守，面对激烈的竞争，总觉得自己不如别人，因而丧失竞争的勇气，习惯于临阵退缩，放弃了许多很好的机会。由于他们不客观的自我评价而产生无形的压力，以及对自己缺乏信心，导致了自卑心理的产生。

（6）挫折心理。生活中有成功就会有失败，大学生由于一直囿于校园，生活经历比较简单，没有经受过挫折的考验，所以心理承受能力和自我调节能力较差，情绪波动大，情感较为脆弱，往往缺乏对待挫折的准备。在实习前，往往希望实习能够一蹴而就，顺利达到实习目标，害怕失败。一旦受到挫折，就容易产生挫折心理，感到失落、悲观失望、自惭形秽，对自己、对未来失去信心，或不思进取、消极等待，或怨天尤人、顾影自怜。

（7）攀比心理。由于每个人的能力和性格、家庭背景以及所碰到的机遇是不相同的，因而在实习目标、职业选择上不具有可比性，而大学生血气方刚，争强好胜、虚荣心强，容易引发攀比心理，表现在寻找实习机会过程中，忽视自身特点，对自我缺乏客观正确的分析，不从自身实际出发，不考虑所选单位是否适合自己，而是盲目攀比，看到周围有的同学到了知名的企业或单位实习，自己就不屑于到基层锻炼，总想找到一份超过别人、十全十美的实习机会，这种攀比心理使得不少大学生迟迟得不到实习的机会。

（8）从众心理。大学生正处于人格逐渐完善和成熟的阶段，容易受社会思潮和社会观念的影响，人云亦云，缺乏个人主见，从众心理较为严重，在实习过程中忽视所学专业的特点，过分追求实惠，追求功利，一味追求所谓的热门单位、热门职业，没有从职业发展与个人前途去考虑，求安稳，缺乏积极进取精神，功利主义、实用主义思想严重。

（9）固执狭隘的心理。有些大学生缺乏变通，不顾社会分工和专业化的内在联系，只看到专业的独特性，人为地"画地为牢"，限制了自己的选择范围，其实，现在社会所需要的人才，并不只是看他学了多少知识、专业是否对口，更重要的是看个人所具备的综合素质和职业能力是否达到了社会和用人单位的要求。

五、实习的准备工作

（一）心理准备

1. 准备转换角色

虽然实习还不是正式的就业，但是，在思想上，必须把它当作正式的工作来看待。相对来说，大学生活是一种单纯而有保障的生活，与老师同学为伴、与书本为伍，经济上有父母的支持，在这样的环境里，大学生容易萌发浪漫的情调和美好的理想，但这样的生活与现实社会存在一定的距离。从大学校园到社会，最重要的心理准备就是要转变角色。所谓转变角色，主要是指大学生的心理从一个受父母、老师呵护的状态，转变为一个独立面对现实的职业工作者的状态的过程。要想更好地发挥实习的价值，就必须做好转换角色的心理准备。学校环境和社会环境是有很大差异的，不能把学校、家庭、亲友及同学所给予的关心、呵护、尊重当成是社会的最终认可，而是要摆正自己的位置，客观、冷静地进入实习状态，认识社会、了解社会，以自身的实力，积极主动地去适应社会需要，也坦然地接受社会的选择，正确地迈出人生这关键的一步。

2. 知己知彼，选择适当的目标

大学生实习前要做到知己知彼。知彼就是要了解社会大环境，正确认识面临的就业形势，了解社会需要什么样的大学毕业生，了解自己要从事的行业对应聘者有什么样的特殊要求。知己就是实事求是地评价自己，对自己有正确的认识。要客观、正确地认识自己德智体美诸方面的情况，对自己的优点和长处、缺点和短处及性格、兴趣、特长等有比较清晰的了解。避免理想主义，避免从众心理，一切从自身的特点、能力和社会需要出发，不与同学攀比，找到适合自己的实习岗位。

3. 树立自信心，敢于竞争，善于竞争

现在人们处在一个充满竞争的时代。竞争冲击着人们的事业和生活，冲击着人们的意识和思想。大学生的竞争意识，就是要在正确自我评价的基础上，充分相信自己的实力，敢于通过竞争去达到理想的目标，自觉地正视社会现实，转变观念，做好参加竞争的心理准备。

4. 正确对待挫折

世上不如意之事十有八九，人们总会遇到各种各样的挫折，遇到挫折不要消极退缩，应采取积极的态度，勇于向挫折挑战。一个心理健康的人对人生总能保持着自信心，如果丧失了自信心，就失去了开拓新生活的勇气。遇到挫折后应放下心理包袱，仔细寻找并分析失利的原因，调整好目标，脚踏实地地前进，争取新的机会。需要特别指出的是，有时候所谓的"挫折"，只是没有达到理想的目标，并不能算是失败。

（二）行为准备

1. 求职信

求职信是求职者写给招聘单位的信函。它与普通的信函没有太大的区别。求职信所给的对象很难明确，也许是人事部一般职员，也许是经理，如果你对老板比较了解的话可以直接写给老板。当然，如果你根本就不认识招聘公司的任何人，邮寄求职信时最妥帖的做法就是将收件人写为"人力资源部负责人"。

求职信可以起到毛遂自荐的作用，好的求职信可以拉近求职者与人事主管（负责人）之间的距离，获得面试机会多一些。求职信是自我表白，目的是让对方了解自己，相信自己并录用自己，它是一种私人对公并有求于公的信函。因招聘负责人有太多的求职信函要看，因此信的内容要简明扼要。

实习求职信对于成功获得实习机会起着非常重要的作用，但往往容易被大学生忽略。求职信和简历在功能上是有差异的，一般说来，简历的着眼点在于自己，强调自己"有什么";求职信的着眼点在于对方,强调将给对方"带来什么",从而引起对方的注意、重视和好感,以期在众多的应征者中脱颖而出。

实习求职信可以谈自己的背景、个性、对职业生涯的设想,特别是独到见解和与众不同的优势,但其根本目的在于突出对方能得到的使用价值。因此,在撰写实习求职信时,要能够站在用人单位的角度去想对方的需要,如对方想要了解什么、哪些成就和技能可以引起对方的关注等。

实习求职信主要包括称谓、正文、结尾、署名等几个方面的内容。

(1)称谓。如果知道招聘负责人姓名及性别,可以直接称呼;如果不知性别,或连姓氏、职位也搞不清楚时,最好称"尊敬的负责人",切忌因妄加推断而弄巧成拙。

(2)正文。一般涉及两方面的内容:第一,开篇第一句话就必须引起对方的兴趣和注意,如解释为何选择该企业,何以证明自己乃最佳人选;第二,要讲清楚自己为何适合对方的要求,可以针对应聘的实习职位找出自己具备的3~5个优点或优势,包括专业能力、品行、工作作风和敬业精神等。

(3)结尾。感谢对方花时间阅读自己的材料,并提出面谈请求。此外,常用的结语还有"此致""敬礼""顺颂高祺"等。

(4)署名。署名处要写上"自荐人××"的字样,标注规范的公元纪年和月、日,并附上自己的联系方式。署名处要由求职人亲自签名,以示郑重和敬意。

求职信的书写格式与要求如下:

第一,要控制求职信的篇幅,通常以1页纸的2/3长度为宜。

第二,求职信要重点突出。要围绕用人单位的实习招聘要求有针对性地组织材料,突出自己的特点和用人单位最关注的部分。

第三,求职信行文上要言之有物,避免花哨的文字和空洞套话;也不可把自己塑造得太完美,容易令人反感。

第四,求职信的格式要有美感,且易于阅读,行距和段落之间的距离要适当,以1.5倍行距为宜,字体大小适中,小四或四号字号为佳。

第五,求职信与个人简历一同寄出。

2. 实习简历

简历是一个求职者获取实习机会的敲门砖,优秀的实习求职简历是迈向成功的第一步。

实习简历的基本内容如下:

(1)个人基本信息。姓名、性别、出生年月、政治面貌、籍贯、通信地址、联系电话等。如果用人单位有明确要求，还需附上标准的证件照。

（2）求职目标。想要申请的实习岗位。

（3）教育背景。按照时间倒序的方式写明自己就读的学校、科系、学习年限等，也可写上学过什么课程，以及参加过的专门的培训项目。

（4）实践经历。包括上学期间的学生工作经历、企业实习经历等。按照与求职目标相关性由大到小或时间倒序的方式列出相关经历的时间、地点、所承担的工作内容、取得的成果等。

（5）所获荣誉。获得的校内外奖学金、三好学生等荣誉称号或奖励。

（6）个人能力。包括外语水平、计算机水平、各类专业证书及其他所长。

填写实习简历注意事项如下：

第一，简明扼要。文字简明扼要，概括性强，最好是一页，最多不超过两页；省略无意义的罗列，避免出现含混模糊、指代不清或前后矛盾的词句，充分体现职业化；要言之有物，避免口号式的，诸如"给我一个机会，还你一个奇迹"等千篇一律、没有内容的空话。

第二，有针对性。简历的内容要围绕应聘职位和个人特长去写，详略得当。一方面根据职位的要求和个人特点取舍素材，选择重点，注意紧扣对方的要求，投其所需；另一方面，要突出自己的优势部分，一份没有展现任何特长的平淡的简历，是不可能在众多的简历当中脱颖而出的。

第三，主题统一。个人信息的陈述要紧紧扣准求职目标，以求职目标为中心，有的放矢。将个人教育经历或优势特质中更能够体现出目标职业的潜在素质挖掘出来。切不可通篇简历的实践活动和教育经历与求职目标完全不搭界，如应聘会计岗位应突出个体的细致、认真，对数字敏感，做事严谨的特质，而简历中突出的却是活泼、热情、组织能力强，参加各类演讲表演活动等，整个南辕北辙。

第四，数据翔实。简历避免过多的文字陈述，个人特质方面也尽量简洁，实践经历多用事实和数据说话，以动词突出绩效，如获得了、取得了、实现了……（团体第××，个人绩效排名第××，业务额增加××），培训、服务××人次等。

第五，诚信求实。简历内容要真实，不说假话。所有的招聘单位都对造假者敬而远之，一旦被发现造假，可能会带来严重的后果。要多用数字、例证来说明自己的能力和技能。特别要小心避免使用过度形容词，如"卓有成效""最好"等。

第六，行文易读。易读表现在两个方面：一是提供给对方想要的有效信息；二是排版整洁，段落分明，字体、字号适宜，以便于阅读。

3. 笔试准备

（1）分析招聘启事

通常一则招聘启事包含公司介绍、招聘岗位、岗位职责、学历要求、技能要求、联系人、联系方式、应聘者需提供材料（比如：学历证书、近照）等内容。

首先，看公司介绍一栏，看公司是属于哪个行业，判断是否是自己感兴趣的行业、企业的规模业绩如何。

其次，看招聘的是哪些岗位，岗位的职责是什么，对所学专业、学历有没有要求，有没有自己想要去尝试的岗位。

再次，看自己想去尝试的岗位的技能要求、岗位知识要求自己是否能够达到。岗位专业知识的要求一般在企业的招聘信息中都会写到，如会计、人力资源、计算机等相关专业优先等。根据所投递的岗位专业知识要求去准备，如一般企业在招聘研发实习生如果要求精通 C 语言或 Java 会写明在招聘信息中，有类似明确要求的企业一般也会准备相应的笔试题进行考试，笔试前要针对其内容进行准备。岗位要求的专业知识大部分不能一蹴而就，临时抱佛脚作用不大。

最后，看清招聘启示上对于投递简历时的特殊要求，记录好应聘企业的联系人和联系方式，因为在面试时能够说出企业和联系人名字的话，会给招聘人员留下自己很重视这个岗位的印象。

（2）行业知识准备

企业考试基本上是站在企业角度去出题，事先了解一下准备参加笔试企业相关行业背景知识，有助于理解企业题目设计。特别是案例分析题，题目一般专业性较强，陷阱点也比较多。在做这些题目时不要急于书写，要先从企业角度出发看考的是哪些点，考察个人的哪些素质，整理好一个架构后再下笔，这类题看似容易，其实是最能体现个人逻辑思维与社会接触程度的测试。

（3）个人特质信息准备

大部分企业在进行校园招聘时，除了简历外都会让学生填写一份信息采集表或其他类似的表格，不要小看这些表格，设计比较完善的表格一般包含填表者的爱好、期望、追求、价值观甚至行事风格，一位专业的 HR 根据信息表可以分析出填表者的日常行事风格，从而判断他是否适合所选择的岗位。所以笔试前还要对相关的个人信息进行准备，这样才能够使自己在笔试后获得更大的面试机会。

4. 面试准备

面试是用人单位招聘实习生过程中一般都要设置的一个考核环节。考官通过面对面交谈或情境观察等方式，对应聘者进行知识、能力、经验等相关素质的考查。

"台上一分钟，台下十年功"，面试过程虽然一般持续时间并不很长，长的不过1~2个小时，短的也就十来分钟，但事先都要经过充分的准备，只有这样应聘者才能保证在面试中能够充分展现自己的优势，增加成功的可能性。

（1）进一步了解面试的单位和职位

面试过程中，考官常常会问到单位的相关信息，很多问题的设定也是与单位和职位的需要密切相关。在用人单位看来，如果应聘者对所要应聘的单位和职位一无所知，那说明应聘者并没有多少诚意。如果能够更多地了解求职单位和职位，就有助于找到自己和这个单位的结合点，更能够切中考官的心理和需要。

（2）准备一些常见问题

大学生可以在面试前对面试的过程进行演练，请同学扮演考官做一次模拟面试，既可以帮助自己提前找到面试感觉，也可以从同学那里得到反馈。通常来讲，自我介绍是面试开始的第一个程序，一个好的自我介绍可以给考官留下深刻的印象。还有一些常见问题，也可以适当准备一下，比如："你为什么想来我们单位实习？""你为什么选择这个实习岗位？"需要提醒大学生注意的是，在问题准备上要适度，过度准备一是会让自己的回答明显带有"准备"的痕迹，从而使用人单位容易认为大学生表现出来的并不是其真实的能力和水平，还有一旦碰到没有准备到的问题，容易变得慌乱。

（3）要对自己充满信心

一个人如果对自己胜任某个岗位都没有信心，那就更不要指望考官会对你有信心了。做好面试前的准备，包括对用人单位、岗位的了解，进行面试前的演练，对自己和实习岗位的匹配性进行分析，都有助于增强信心。

（4）体能、仪表准备

面试前要保持良好的精神状态，前一天不要太晚休息，好的睡眠是精神状态和体能的保证。在仪表方面，衣着打扮要整洁，根据应聘单位的风格和习惯来确定是否着正装，即使对于平时不需要着正装的公司来说，如 IT 公司的研发部门等，建议穿着上也要稍正式一些，以显示对用人单位的尊重，并让自己显得更加职业化。切忌打扮过于随便，如穿 T 恤、吊带、短裤、拖鞋等。女同学可以化淡妆，忌浓妆艳抹。

六、培养职业意识

职业意识是人们对职业的认识、意向以及对职业所持的主要观点，具体表现为：工作积极认真，有责任感，具有基本的职业道德。实习生职业意识的培养既影响个人的就业和择业方向，更影响着个人的就业状况和职业发展，在实习的过程中，大学生要着重培养自己以下几个方面的职业意识：

（1）诚信。诚信是中华民族的传统美德，同时也是处理个人与个人、个人与社会之间相互关系的一个基本准则。诚信对个人来说，是立身之道和修业之本，实习单位在考查实习生的时候非常看重一个人的品行，有的单位在招聘员工时，要求求职者具备三种品质：诚信、才能、活力，如果没有诚信，那么才能和活力都不能充分发挥，这就要求大学生在实习的过程中展现出诚信的品质，才能得到实习单位的认可，言不信者，行不果。一个人有了诚信意识，才会遵从诚信规范，从而才会产生诚信行为，把诚信落实到一言一行上。

（2）虚心。虚心就是谦虚；不自满、不自大；不自以为是，能够接受别人意见，俗话说："虚心使人进步，骄傲使人落后"，实习期是学生了解单位，学习职场规则，实践专业知识，培养职业素质的关键时期，在实习期间应向单位的所有同事多多请教和学习，"虚心的人学十当一，骄傲的人学一当十"。

（3）踏实。踏实就是切实，不浮躁，革命先烈李大钊先生曾经说过："凡事都要脚踏实地去做，不驰于空想，不骛于虚声，而惟以求真的态度作踏实的工夫，以此态度求学，则真理可明，以此态度做事，则功业可就。"到企业实习，目的可能有很多，有的要学以致用、发挥专长；有的要学习知识、检验学业；有的目标明确、期望就业，但无论是哪种目的，踏踏实实地在实习单位做好本职工作，哪怕一开始的工作不是那么重要，也不能浮躁。

（4）敬业。敬业是人们在工作中严格遵守职业道德的工作态度，即一个人对自己所从事的工作负责任的态度，梁启超说过："凡职业都是有趣味的，只要你肯继续做下去，趣味自然会发生"人有了敬业精神，就决不让自己流于平庸，全力争做一个异常优秀的人，不仅会做别人要求他做的，而且要能够超越人们的期望，不断追求卓越，把工作做得尽善尽美。在实习中也是这样，要想学习到真正的本领，要想获得实习企业的好评，首先就应该专心致力于自己的实习工作，严格要求自己，才能取得成功。

（5）合作。合作是指个人与个人、群体与群体之间为达到共同目的，彼此相互配合的一种联合行动。合作是一种精神，它源于信任，且无处不在，自从人类社会产生后，分工和合作就不可分割，合作精神将永远是推动时代前进的不竭动力。现代社会中，越来越强调团队的力量，在实习过程中，应特别注意加强团队合作精神的培养。

（6）精明。精明指精细明察，机警聪明，在实习工作中，除了诚实守信、虚心、踏实肯干、爱岗敬业和团结合作外，还应勤于思考，善于学习，做一个精明的实习生。

七、提高技能

（1）基础技能

我们强调在实习中感悟，提升基础技能。实习的过程也是被用人单位考查的过程，在这个过程中用人单位除了对能力的考查外，最主要的是看人的精神风貌、道德品质。因此每个实习生在心里要树立内在的约束机制，良好的职业道德包括：爱岗敬业、诚实守信、遵纪守法、团结互助等，此外，要熟悉每类人不同的思维方式，能够辨别是非，不要人云亦云，更不要无原则地随大流，合理安排自己的工作与生活，让自己的生活井井有条，工作中充满活力和斗志。

（2）特定技能

实习最大的作用在于对职业的认知，对所学理论知识的运用，对动手能力的促进和提高。因此，在实习过程中，要脚踏实地，任劳任怨，以高度负责的态度完成自己的工作，通过实践让自己了解未来职业，特别是未来目标职业的工作内容以及其所需要的专业知识技能。

提高特定技能的渠道主要有三：一是通过与一线工作者的长期接触，向他们学习相关的知识、方法；二是通过自己的尝试、探索，寻找适合自己的工作方法；三是通过单位的培训，提升相关领域内的专业技能。

提高特定技能，需要着重从四个方面观察和了解职业特点。首先，要熟悉和了解企业的工作流程、岗位分工和企业的日常运转安排。其次，观察企业对员工的激励方法。第三，树立成本意识，一方面从身边小事做起，有意识地节约成本；另一方面，要观察和思考企业是如何进行成本控制的。第四，了解企业的管理制度和财务制度，实习生虽然不能亲自参与决策，但通过现场观察和思考就能有所得。实习生通过实习锻炼和对管理方面问题的思考能够提高经营意识，为未来的经营管理工作奠定良好的基础。

提高特定技能，重点是要善于提出问题，培养创新精神和开拓能力。在实习中培养创新精神和开拓能力是非常必要的。在实习岗位上，学生要树立主人翁责任感，对所承担的工作要敢于负责要尽快进入岗位角色，积极主动地完成任务，并提出操作的设想和建议。总之，在实践中要学会不断克服因循守旧、墨守成规的传统观念，自觉培养创新精神和开拓能力，树立敢于冒险和探索的精神，学会在竞争中求生存和发展。

提高特定技能，要不断审视自己的差距，不断丰富和积累未来资本。在实习中，要通过审视自己的理想职业及目前的实习工作，了解自身能力与理想职业要求之间的差距，同时，通过交互式活动，分析理想职业与目前工作的关联性，发挥自身的主动性，自愿地、积极地参与实习的各项具体工作，使自己的综合素质得到锻炼，能力得到有效提高，为未来的事业发展积累资本。

（3）如何提高通用技能

作为员工而言，主要的通用技能有自我管理能力、学习和适应能力、解决问题能力、创新能力、团队工作能力、语言表达能力、信息处理能力、人际交往能力、系统化工作能力、自我规划能力等十项。我们可以从三个方面入手提高通用技能：

（1）提高自我任职能力，有效工作，胜任职责，为组织做出一定贡献。通过提高解决问题的能力、信息处理能力、创新能力、系统化工作能力，不断使自己胜任所承担的工作，这是提高通用技能的根本。

（2）合理处理组织关系，和谐待人，融入团队，建立和谐的组织关系，通过提高语言表达能力、人际交往能力、团队工作能力，完善沟通模式，拓展人脉资源，是提高通用技能的保障。

（3）保持积极的心态，自我管理，严于律己，不断提高个人素质，通过提高自我管理能力、自我规划能力、学习适应能力，特别是做好自我目标管理、时间管理、沟通管理、礼仪管理，保持积极的心态和良好的状态，不断提高个人素养，提升个人在团队中的影响力，是提高通用技能的源泉。

总而言之，要在实习中做个有心人，随时随地注意提高自己各方面技能，通用技能需要在生活中形成习惯，内化成自己的自主意识，成为生活中的一部分。

八、保障实习权益的建议

（1）理性选择岗位。应当理性地选择适当的工作岗位。实习的目的是为了学以致用、增加自己的实践经验、增强就业竞争力，因此，在选择实习岗位时不要忘记这个初衷，不要因为实习岗位难找就接受一些没有实践意义的岗位，特别是一些有一定劳动危险的岗位，万一发生工伤事故，在实习生的工伤事故保护上缺乏明确统一的规定，实习生的权益难以受到切实的保护。

（2）签署实习协议。尽量在学校协调下，与实习单位签订书面的实习协议，在协议中明确双方的权利、义务，对实习期限、实习内容、实习地点、实习报酬、实习期间的工作条件和相应的保护、实习期间的休息休假以及发生意外伤害事故责任的分担等都做出详细的约定。在立法未完善之前实习生应积极通过签订实习协议的方式来保障自己的权益，但从目前的情况来看，企业为了维护自身利益，很少有企业自愿与实习生签订实习协议来明确自己责任，尽管如此，大学生在实习前也要积极争取与用人单位签订实习协议。

（3）保持和学校联系。在实习中应多与自己的学校保持联系，首先是可以通过学校的有关部门联系实习单位，这样联系的实习单位信誉比较有保障。其次在实习中遇到权益受损或者其他问题都应及时向学校寻求帮助或者咨询，以利于问题尽早、尽好地解决。

（4）分清实习状况。如果以就业为目标，同时已经与实习单位签署了劳动合同，就是就业实习，一切以劳动合同为依据处理与实习单位的关系，因为此时的实习生已经作为劳动者身份，符合《劳动法》进行保护的主体；如果是学习实习，总体上还是按照《民法通则》《最高人民法院关于贯彻执行（民法通则）若干问题的意见》《最高人民法院关于审理人身损害赔偿案件适用法律若干问题的解释》《学生伤害事故处理办法》的相关规定保障实习生的权利和义务。

（5）寻求第三方帮助。梳理以上法律关系，不是说学生实习没有任何法律保障，学生实习总体上仍然适用于民事法律法规，参照《民法通则》《最高人民法院关于贯彻执行（民法通则）若干问题的意见》《最高人民法院关于审理人身损害赔偿案件适用法律若干问题的解释》《学生伤害事故处理办法》的相关规定，实习生的权利一样得到保护，在权益受到伤害时，学生可以寻求第三方帮助，如：法律援助、学校、仲裁、劳动监察等。

九、调整自己的发展目标

（1）要全面、客观地了解自我。所谓全面，就是要正确认识自己的综合素质，包括形象气质、性格特点、兴趣爱好、专业技能、知识水平等各方面的内容；所谓客观，就是要冷静下来考量自我，可以借助测评工具、他人评价等手段，尽可能地以一个客观中立的视角对自己做出评价。

（2）要了解职业环境。社会环境对每个人的职业生涯及发展都有着重大的影响。影响职业生涯的社会环境因素包括：

①经济发展水平。在经济发展水平高的地区企业会相对集中，优秀企业也比

较多，个人职业选择的机会就比较多，因而有利于个人职业的发展；反之，在经济相对落后的地区，个人职业选择的机会就相对较少，个人职业发展也会受到限制。

②社会文化环境。社会文化是影响人们行业、欲望的基本因素，它主要包括教育水平、教育条件和社会文化设施等。在良好的社会文化环境中，个人受到良好的教育和熏陶，从而为职业发展打下良好的基础。

③政治制度和氛围。政治和经济是相互影响的，政治不仅影响到一国的经济体制，而且影响着企业的组织体制，从而直接影响个人的职业发展；政治制度和氛围还会潜移默化地影响个人的追求，从而对职业生涯产生影响。

④行业动态和职业内容。俗话说，女怕嫁错郎，男怕入错行，其实对每个人来说都是如此。关心行业发展动态，了解职业内容，这是相对微观的层面，也是与每个求职者最为密切相关的外在因素。职业内容是每个职业最基本的特征，它能告诉我们工作的职责是什么，工作当中会运用到哪些技能等，只有了解了职业内容，我们才能结合自身特点来判断自己是否对这个职业感兴趣，是否适合这个职业。

（3）寻找自我与社会需求的最佳结合点。许多大学生在实习或者求职时，眼睛总是盯在一个"大"字上，要进大单位、做大业务、干大事业，而忘记了一个最基本的道理——不积跬步无以至千里，不积小流无以成江河。只有找到自身实际与社会需求的结合点，才能使自己真正融入职场，实现社会价值与个人价值的和谐、长久发展。

十、实习结束后解决求职问题

经过实习获取了相关的经验、技能，能够确定自己是否适合做此类工作，并且在实习中一旦确定了自己的职业发展目标，下一步要做的就是继续寻找意向单位。一般来讲，通过下面这些渠道可以帮助大学生实现求职目标：

（1）在实习过程中要留意、关注相关信息。比如实习单位中领导、同事在本行业的人脉关系，很多时候熟人推荐是企业乐于使用的方式之一，因为熟人推荐来的人可信度比较高，企业对求职者的情况和背景也可以了解得比较清楚。

（2）要重视发挥网络的作用。有一些比较成熟的政府网站或求职指导网站，这些网站提供的信息来源可靠，指导与服务到位，可以作为同学们个人求职的一条重要渠道。

（3）重视老师、师兄师姐的信息渠道。如果意向求职单位与专业对口，那么专业老师和同一专业的师兄师姐也是不可忽视的信息渠道，他们往往会和业内人士有较多的联系，或者本身就在你的意向单位工作，同学们可以通过老师或者师兄师姐获取一些直接有效的信息，或者获得被推荐的机会。

（4）校园专场招聘会和学校提供的实习机会。校园招聘会一般由学校就业指导中心或省市毕业生就业指导中心在每年 10-12 月或来年的 3-4 月举办。这种招聘会所能提供的职位通常数量相对有限，招聘目标人群也相对集中，大多数知名企业都会在目标学校举办自己的专场招聘会。

成长篇

第八章　在公益路上遇见更好的自己

本章从大学生公益活动的类型、参加公益，体会奉献与幸福、参加公益，提升修养与智慧等方面来论述在公益路上遇见更好的自己。

第一节　大学生公益活动

一、公益活动的界定

公益活动是个人或团体为了给社会公众创造更多的公共产品而组织起来，自愿以做好事、行善举的方式开展的联合行动。公益活动是由一定规模的人群形成的联合行动，是以公共利益为目标的群体性努力，有别于单枪匹马的个体公益行为。具体而言，大学生公益活动是指大学生自愿参与或自主组织的，以助益他人、服务社群、增加公共福利为目标取向的公益服务行动。大学生公益活动主要分为三种情形，即为公益组织活动、因公益参与活动、用公益引导活动。

（一）为公益组织活动

为公益组织活动，是指个人或团体为了公共利益而开展的组织工作。这种组织工作包括公益项目的策划与设计，公益行动的倡导和呼吁，公益活动的组织开展等等。为公益组织活动的主体通常是社会中的精英人物以及具有感召力的机构，能够通过个人或组织的影响力进行公益倡导，从而发动起具有社会影响力的公益行动。

（二）因公益参与活动

因公益参与活动，是指社会中的个体或组织受公益精神的感召，自愿参与到提升社会福利水平、增益社会公共事业的活动当中，并且形成规模效应。因公益参与活动强调的是"参与"，是社会大众或社会组织参与公益的状态，以及由此形成的公益行动氛围。

（三）用公益引导活动

用公益引导活动与为公益组织活动、因公益参与活动的区别在于其更低的准入门槛和更广的覆盖面，用公益引导活动涵盖的人群范围要比为公益组织活动和因公益参与活动更广。这是一种成果导向的公益行动模式，不用泛道德的意识形态来评判公益，甚至提倡在商贸交易中融入公益的元素，从而影响消费者的行为习惯，目的是为公益事业的开展带来更多的资源。

二、公益活动的要素

公益活动是现代社会条件下的产物，是公民参与精神的表征。公益活动要产生有利于提升公共安全、增加社会福利的公共产品。在组织公益活动时，要遵循公德、符合公益，努力形成参与者投身公益的良好氛围。公益活动的要素主要包含以下五个方面：

（一）公民

公益体现了现代社会条件下公民的志愿参与精神，公益的参与者之间是平等的关系；而传统社会的慈善活动，更多体现的是对弱小者、贫困者的帮助，施助者和受助者之间是强者与弱者的关系。

（二）公共

公益行动所产生的公益成果具有公共产品的性质，因而难免会有人趁机"搭便车"。因此，有必要建立有效的机制减少或消除公益中的"搭便车"现象。公益并不只是公民个人的事情，社会中的其他组织类型，尤其是政府部门，更要忠实履行自身公共责任，维护社会公共利益。

（三）公德

公益行动者的言行要符合公德，要尊重他人的权利，尤其要从受助者的角度出发去考虑问题，遵守公益服务的伦理要求。

（四）公意

开展公益活动要顺乎公意、顺应民意，而不能只是发起者的自说自话、自娱自乐，要从服务对象的需求出发，从社会民众的需求出发来组织和开展公益活动。

（五）公益

现代社会的公益活动应当寻求一种全体公益活动参与者（服务提供者和接受者）共同受益的公益模式。这种共同受益的公益模式可以实现公益能力的双向传输，有利于公益活动的可持续发展。

三、公益活动的特征

公益活动的特点表现为自主而行、参与为本、成果导向、规模效应以及多方受益等五个方面。

（一）自主而行

公益活动的开展首先要尊重个人的意愿，参与公益是个人或组织自发的一种善意的举动，以人们的自主、自觉、自愿为前提。自主而行既是指公益组织者的主体意识，也指公益参与者有自主选择的权利，不能用强制的方式迫使个人参与其中。这说明，公益活动应该充分调动组织者和参与者的积极性和主体性，尊重公益参与者的创造精神，最大限度地激发出社会公众的潜能。

（二）参与为本

公益活动要具有可参与性，才会具有影响力和生命力，应该改变传统的精英主导型公益模式，而采取大众参与型公益模式，形成人人可做公益、人人能做公益的氛围。公益活动要立足普通人的现实生活，要嵌入普通人的生命历程，让参与公益活动成为充实人生阅历的有效方式。因而，要从"微公益"入手，使每个社会成员都能从自身能力出发参与到公益活动中，让每一个成员都能够在公益活动中发挥自身潜能，实现自己的价值和理想。

（三）成果导向

成果导向的公益活动意味着要改变那种泛道德意识形态的公益评价方式，建立以行动为基石、以成果为导向的公益活动评价标准。尽管人的动机和意愿很重要，但评价公益活动的效果不能只看参与者是否具有良好的愿望或善良的动机，而要以提升公益行动能力为基础，要以取得实实在在的成果来增益社会公共的善。公益活动并不只是一种内心活动，而是人与人之间以改善社会状况为目标的良性互动，是增加社会公共福利、提升社会安全状况的集体性努力的行为。

（四）规模效应

公益活动是一种集体性或群体性的行动，这种集体性行动的最大好处是依靠社会中许多人的努力来应对面临的困难或问题，使得解决社会问题具有较好的民意基础。同时，公益活动还可以创造一种积极向上、温暖感人、充满人文情怀的社会氛围，让置身其中的成员受到感召。公益活动的规模效应是公益活动所形成的社会资本，也有利于增强人与人之间的信任感，使社会从整体上实现由"熟人社会"到"陌生人社会"的转型升级。

（五）多方受益

要想使公益活动具有持久的动力，最重要的是要让参与其中的个人或组织能够普遍受益，这种受益不一定就是经济上或物质上的，也可以是精神上的或是个人、组织发展成长方面的。这就意味着，公益活动的项目设计、可行性论证、项目实施、结果评估和成果推广等不仅需要有热情，还需要有专业精神，因时制宜、因地制宜、因人制宜，形成天时、地利、人和的良好局面，使公益活动的发展壮大具有多个引擎，让更多的社会成员能够受益。

四、公益活动的意义

建立多方受益的公益活动模式，有利于促成利益的分享从熟人圈的闭合回路走向全社会的融通共赢，有利于促成个人价值与社会价值的双向互动，使得人人都有出彩的机会和自我实现的途径；良性的公益参与还有利于政治的渐进式发展，为公民有序和有效的公共参与提供了平台。

（一）利益闭合走向利益融合的起点

一般而言，人们对经济利益的追逐通常以竞争为基本方式，久而久之，利益格局因竞争而形成了板块化，形成了不同的利益阶层，利益共享因阶层的板结而障碍重重，最终形成闭合回路。人人可参与、人人能参与的公益活动模式将为利益和价值的共享提供机会，可以使利益的共享从闭合走向融合。

（二）个人价值达到社会价值的通道

人人都有自我实现的愿望，都希望得到他人、群体或社会的认同。如何将个人的成就动机与社会价值的彰显有机结合起来，这就需要一个有效的社会机制来进行联结。众所周知，社会主义市场经济体制的建立已经将人们创造社会财富的动机和能力有效地激发出来，推动了社会生产力的向前发展。在此基础上，如何做大做强与经济资本、人力资本相适应的社会资本的问题就呈现在我们面前。开展公益活动的最终目标是使社会公共的善的价值得到最大程度的宣扬。社会资本的积累与经济资本的积累一样，需要激发社会成员的创造力，而不能只靠政府或官方的努力。由此可见，公益活动的广泛开展为个人社会价值的实现提供了一条有效的通道。

（三）公益参与通往公共参与的纽带

提起公共参与，人们往往把它理解为社会公众通过参与民主政治等途径进入社会公共层面。但是，实事求是地讲，当前公共参与的途径在现实层面的确存在着不少障碍，包括社会公众自身的障碍，人们称之为执行公民的可行性遭受质疑。然而，公益参与则有可能改变这种情形。公益参与超越了一般意义上的做好事，以及简单帮助左邻右舍的行为。它进入整个社会或其一部分的需求层面，超越了熟人社会的圈子进入到陌生人那里。这就是"公共"的含义，它不再局限于家庭或家族之中，也不再局限于非正式的交往行为中，每个普通人都有可能因此而与整个社会的公共层面发生联系。

五、公益活动的分类

在公益事业领域，从古至今都存在公民自愿或者志愿提供社会公共服务或者社会福祉，这也是人类代代相传的过程中善良最纯粹的一种体现。按照国家有关公益事业相关法规对公益事业的分类，公益行为主要包括下列四种类型：

（1）表现在救灾扶贫、扶残等困难的社会群体和个人的公益行为；

（2）表现在教育、科学、文化、卫生、体育事业方面的公益行为；

（3）表现在环境保护、社会公共设施建设方面的公益行为；

（4）为了促进社会发展和进步的其他社会公共和福利事业的行为。

第二节　参加公益，体会奉献与幸福

一、培养大学生感恩意识

现今社会中存在着一些以自我为中心、个人主义、自私、冷漠等不良的人格倾向，使得人们的同情心和爱心受到冲击。不少人尽管在行为上仍然能按照普遍的道德规范约束自己，但内心却对传统的道德观念不屑一顾，少数人内心甚至丧失了对父母、师长的感恩之情。

公益活动，通过对弱势群体，如老弱病残困的帮扶，唤醒和激发人们尊重他人，理解他人的同理心；使人们通过关心他人，服务社会的举动重新审视自身的问题，为人们重新认识自我提供机会；让良知和道义对于社会和他人的意义价值从社会生活中直接呈现出来。

大学生参与公益者活动程度越深，大学生感恩水平越高，越容易对他人产生感激。这在某种程度上说明了，人们在为他人提供服务的经历，能强化自己受他人无偿帮扶的情景时的共情和反思，从而唤醒感恩的心。同时，通过这种感恩的价值体验，能提升人们的道德境界，唤起人们主动丰满空虚的精神世界的冲动，是形成人格塑造的良性循环。

二、培养大学生幸福感

心理学中的移情效应，指的是人类能够理解他人的感情变化，具有感受他人的感受的能力。我们日常生活中观赏影视剧会有类似的体验，当我们看到屏幕中人物的欢乐场景时，自己也感到愉悦，当我们看到故事中讲述不公平的情形时，也会跟随主人公一起咬牙切齿感到愤慨。这就是移情效应在生活中的体现。

在公益活动中，大学生为服务对象提供帮助时，由于服务对象一般都是社会上的弱势群体，他们对服务者的服务充满了感恩，得来不易的帮助大多数情况下会让他们感到幸福。这时，移情效应使得大学生自身也能感受到被帮助者的感激之情。为他人的快乐而感到快乐，感受到助人的快乐和生命的充实。

同时，助人不仅是对社会有益的事，参与公益活动，真诚地帮助他人、服务社会，看到困难中的人们因为自己的帮助而有所改善，看到社会某方面因为自己的努力而有所改善，也能令大学生自身产生成就感和满足感。

幸福感是一种个人感受。现代快节奏的都市生活，加上中华民族"向前看"

的进取的民族性格，让人们常常只关注于那些更快更高更强的生活，给自己加压，对生活充满了不满足。而当人们参与到公益活动中，走到更为真实的社会生活中时，会意识到幸福感的获得其实远比自身想象的要简单。

第三节　参加公益，提升修养与智慧

大学生参加社会公益实践活动产生的效果是双向的，不仅为服务对象带来改变，为社会带来美好，而且为自身发展提供了可能性。这种可能性主要分为两个层面，一是有利于个人的全面发展，二是为个人职业发展提供了广阔的天地。

社会公益实践活动有利于大学生的全面发展，有助于大学生在服务他人、服务社会中提升各方面的能力。大学生参加社会公益实践，是对自己世界观、人生观、价值观的综合检视，是对自己团队合作和领导能力的集中考验，是对自我实现体验的不断积累。

一、提升综合素质

社会公益实践使大学生从象牙塔中走出来，真正深入社会、了解社会，特别是了解社会中容易被忽略的弱势群体或其劣势方面，引导大学生进行价值分析和判断，让大学生更全面且客观地认识世界，完善个人的世界观、人生观和价值观。社会公益实践通过让大学生亲身参与、亲力亲为，提高大学生的思考辨别能力与动手实践能力，激发大学生服务社群、改善社会的创造力。社会公益实践与其他社会实践形式相比，对大学生的道德素质提出了更高要求，让他们在实践过程中实现思想道德教育与践行道德行为的结合，在参与社会服务的过程中让他们感受到真正的奉献、互助的公益精神，这比起单纯接受思想道德教育更具有说服力，进一步内化了思想道德观念。同时，在提供社会服务的过程中，大学生们不断调整心态，磨炼心理素质和意志品质。总的说来，社会公益实践是对大学生德智体美劳的一个深度检阅和全面提升；大学生经常参与社会公益实践，让参加社会公益活动成为自身习惯，可以有效塑造个人风格，为大学生将来担当大任奠定良好的基础。

二、培养社会责任感

社会公益实践为大学生们打开了一个了解社会的窗口，为大学生将来步入社会做好铺垫，是教育社会化的有益尝试。"公共的善"这一理念，是大学生社会责任感的动力源泉，美好的愿景和志愿精神赋予大学生更多的主动性，帮助他人、服务社会的过程是一个发挥主人翁精神并获得自豪感、满足感的历程，从而使大学生更清晰地认清自身定位和历史使命，日渐增强公民意识和公共精神。历史也多次证明，当一个社会面临危难时，青年人更容易迸发出强烈的社会责任感，更容易用实际行动去改变社会、促成社会的发展进步。社会公益实践可以传播关怀与文明，加强人与人之间的沟通与信任，社会公益精神的相互传递将使整体社会更趋于友善合作，缔结出爱的力量和责任的担当。

三、完成自我实现

社会公益服务是基于人的需要而产生，有助于发展人的潜能、完善人的本质。因此，大学生社会公益实践需要坚持"以人为本"的原则。按照马斯洛的需求层次理论，人有生理需求、安全需求、社交需求、尊重需求和自我实现需求。大学生参与社会公益实践也是满足大学生个人需求的重要途径和有效方式。首先，大学生通过公益实践，获得更多人际交往的机会，并传递爱与关怀，收获信任与温暖，获得归属感，完成了社交的需求；其次，公益是被社会广泛认同的高尚行为，大学生通过做公益更容易获得他人的赞扬与尊重，可以满足尊重方面的需求；最后，大学生们在实践中发挥自身的能力，在帮助他人服务社会的过程中提升自我，在帮助他人解决问题的同时增强自身克服问题的能力，形成助人自助的效果，也在帮助他人过程中进行自我完善，完成自我价值的实现。大学生社会公益实践其实是大学生实现自我价值与创造社会价值双轨并进的过程。

第九章　在创新路上遇见更好的自己

大学生接受高等教育，学习着先进的科学文化知识，是富有智慧的群体，是有创造力的一代，是思维活跃的一个集体。本章从大学生创新概述、培育创新思维、提升创新能力等方面论述在创新路上遇见更好的自己。

第一节　大学生创新概述

一、创新的含义

创新是指以现有的思维模式提出有别于常规或常人思路的见解为导向，利用现有的知识和物质，在特定的环境中，本着理想化需要或为满足社会需求，而改进或创造新的事物、方法、元素、路径、环境，并能获得一定有益效果的行为。

创新是以新思维、新发明和新描述为特征的一种概念化过程。其起源于拉丁语，有三层含义：第一，更新；第二，创造新的东西；第三，改变。换句话讲，并不是说只有重大的发明创造才是创新，实际针对各种产品、工作方法、商业模式、服务模式等的改进都属于创新。

具体来说，创新主要包括如下几种含义：

（1）创新的目的是解决实践问题，是一项活动。

（2）创新的本质是突破传统、打破常规。

（3）创新是一个相对的概念，其价值与时间、空间有关。同样的事物在今天看来是创新，明天可能是追随，后天大多数人都接受了，可能就是传统了。

（4）创新必须在一定范围内具有领先性，有的是世界领先，有的是地区领先。

（5）创新可以在解决技术问题、经济问题和社会问题的广泛范围内发挥作用，它是每个人都可以参与的事业。

（6）创新以取得的成效为评价尺度。有成效才能认为是创新，根据成效，创新可以分成若干等级：有的是划时代的创新，例如，北大方正的汉字激光照排系统，淘汰了铅字，使全国印刷业告别了对铅与火依赖的时代；有的不过是时尚创新，例如，电子宠物曾为厂商带来丰厚利润，但不久就失宠了。

总之，创新是人类特有的认识能力和实践能力，是人类主观能动性的高级发挥，是推动民族进步和社会发展的不竭动力。一个民族要想走在时代前列，就一刻也不能没有创新思维，一刻也不能停止各种创新。

二、与创新相关的概念

（一）发现

发现是指经过研究、探索等看到或找到前人没有看到的事物或规律。这些事物或规律本身就已存在，只不过是前人没有找到而已，如秦始皇兵马俑、稀有矿藏、美国科学家通过研究发现西红柿可以预防前列腺癌、化学家发现了化学元素、牛顿发现了万有引力等都是发现。也就是说，发现的内容是客观世界的存在和天然性成果的正确表述。

（二）发明

发明是指创制新的事物、首创新的制作方法。我国《专利法实施细则》第二条明确指出"专利法所指发明，是指对产品、方法或者其改进所提出的新的技术方案"。发明是指研制出新的事物或新的方法或是建立了新理论，这些事物或方法或理论过去是没有的，如火药、造纸术。发明的成果包括物质成果、精神成果和社会成果三大类型。

发明应当具有的特点为发明应当包含创新，另外，发明必须利用自然规律。从专利法的角度而言，不利用自然规律的不能称之为发明。自然规律本身也不是发明，日常生活中常常将"科学发现"与"技术发明"混为一谈，其实这是两个截然不同的概念。发现的对象是自然规律或者自然现象，而发明的对象则是技术方案。

（三）创造、创新、发现、发明的关系

1. 发明与发现的关系

发明是指创造出一个在客观上过去并不存在的新事物或新方法。发现是指经过探索和研究后才开始了解在客观上业已存在的事物或规律。找到以前有的只能

称发现，找到以前没有的可以称发明。发现是认识世界，发明是改造世界。发现回答的是"是什么""为什么"和"能不能"的问题，发明回答的是"做什么""怎么做"和"做出来有没有用"的问题。发明总是从发现开始，否则发明就成为无源之水。

2. 创造与创新的关系

创造就是创造活动，是指人们所从事的各种具有"新颖性"的活动。创新是指新技术、新发明在生产中首次应用，是指建立一种新的生产函数或供应函数，是在生产体系中引进一种生产要素和生产方法的新组合。即是说，当一种新技术、新发明只有具有市场价值时，才可称其为创新。创造与创新的本质相同，即都与"新颖性"有关。

创造与创新同时又存在差别：

（1）创新一词出现较晚，最初，它只是指技术创新，是经济学领域的一个概念，由美籍奥地利经济学家熊彼特提出。

（2）创新强调其商业利益或市场价值。

（3）创新重在最后的成果效应，所以最后结果是否成功或者说是否具有经济价值，即是判断该事物是否属于创新的一条重要标准。比如，我国专利局已授予专利权的绝大多数发明创造因尚未转化为生产力、并未占据市场和实现市场价值，就不具有创新的意义，所以创造的范围超过创新的范围。

（4）创新多是指通过对已有事物的改进或突破而完成的。所以创新的目标主要是在已有事物上。但是创造却不完全相同，创造的目标亦可以在当时没有的空的想象上。

3. 创造与发明的关系

创造就是创造活动，是指人们所从事的各种具有新颖性的活动。发明是指创制新的事物、首创新的制作方法。我国专利法实施细则第二条明确指出"专利法所指发明，是指对产品、方法或者其改进所提出的新的技术方案"。创造与发明的本质是相同的：即都具有新颖性。所以就有"发明创造""创造发明"的提法。

创造与发明存在差别：

（1）发明的外延比创造要小一些。发明多指技术领域上的创造，而不包括非技术领域的创造。我国 2000 年再次修改的《专利法》中所称的"发明创造"，指的就是发明、实用新型和外观设计三类。因此，人们在经营上的策划、文学上的创作、理论上的探究等虽然都属于创造或创新之列，但都不属于发明范畴，因此按规定也不能申请国家专利。

（2）发明的成果应是一个明确的新的技术方案，应是一个明显的实物或者一种可操作的方法。而创造成果，不仅可以是一种具体实物或方法，而且也可以是一个决策、一种思想甚至是一个点子、一个想法。如邓小平提出的"一国两制"设想，就堪称是个伟大创造。

（3）创造，即创造活动，往往强调的是一个过程，而发明则往往强调其最后成果。比如一种新型电热保暖服的发明，至少要经过反复构思、设计、测试，最后才可能制作成功。其中的每一步，如每一个构思、每一步设计或每一步试制等，均因具有明显新颖性而分别被视为创造（活动），但不能称作发明，只有最后的新型电热保暖服才可称得上发明。

科学上的发现、技术上的发明、管理上的创新和文学上的创作都是创造。

第二节　培育创新思维

一、思维及其分类

（一）思维

思维就是有顺序地想和思考，是人脑对客观事物间接的和概括的反应，是在表象、概念的基础上进行分析、综合、判断、推理等理性认识的过程，通常把这一过程的产物即理性认识称为思维。

就其本质而言，思维是对问题或情境的内部表征。比如你在做某件事之前会提前想好每一步要做什么。你要运用思维的基本组成——表象、概念、语言来完成这一过程。表象，指人的头脑中，似乎看到真实物体的效果（具有图画般特点的心理特征）；概念，对某类事物的概括；语言，我们生活中每时每刻都在使用，相信你在睡梦中也会用到的，包括用于思维和交流的词、符号，以及将词或符号联系起来的规则。

当一个人演奏小提琴的时候，双手协调运动要求大脑的左右两个半球必须飞快地传递信息。人的左右脑按照一种很有趣的方式分工合作。人的左脑主要从事逻辑性、条理性的思维；右脑主要从事形象思维，是创造力的源泉，是艺术和经验学习的中枢。

例如，语言的工作一般由左半脑负责，右半脑只对一些简单的语言和数字有反应（见表 9-2-1）。在相当长的一段时间中，人们总以为右半脑是"次要的"脑半球，但现在我们知道，右半脑在知觉技能方面的功能超过左半球，在对模式、面孔、音调、情绪识别等方面起着重要作用。右脑的存储量是左脑的 1 万倍。可是现实生活中 95% 的人，仅仅只使用了自己的左脑。科学家们指出，大多数人终其一生只运用了大脑的 3%~4%，其余的 97% 都蕴藏在右脑的潜意识之中。这是一个多么令人吃惊和遗憾的事实。充分利用大脑的资源才是我们所追求的。

表 9-2-1 左、右脑模式

左脑模式	右脑模式
词汇性的（使用词汇进行描述）	词汇性的（图片）
分析性（有步骤——解决问题）	综合性（把事物整合为一个整体）
象征性（用符号象征某些事物）	真实性（涉及事物当时原样）
抽象性（取出很少的信息代表事物）	类似性（看到事物相同的地方）
时间性（将事物排列首先其次去做）	非时间性（没有时间概念）
理性（根据理由和事实得出结论）	非理性（不需要理由与事实为基础）
数字性（用数字进行计算）	空间立体（看到事物与其他事物之间联系，组成整体）
逻辑性（把事物按逻辑进行排列）	直觉性（根据不完整的规律、感觉洞察事物真相）
线性（连贯性思维，一个想法紧接一个想法去想）	词汇性的（图片）

（二）思维的分类

思维可根据不同的目的、适应不同的需要、从不同的角度出发进行不同的分类。

1. 按抽象性来划分

（1）直观行动思维。直接与物质活动相联系的思维，又叫感知运动思维。孩子最初的思维往往是直观行动思维。运动员对技能和技巧的掌握也需要直观行动思维做基础。这种思维主要是协调感知和动作，在直接接触外界事物时产生直观行动的初步概括，感知和动作中断，思维也就终止。

（2）具体形象思维。以具体表象为材料的思维，是一般形象思维的初级阶段。它借助于鲜明、生动的表象和语言。在文艺创作中经常运用。

（3）抽象逻辑思维。以抽象概念为形式的思维，是人类思维的核心形态。它主要依靠概念、判断和推理进行思维，是人类最基本也是运用最广泛的思维方式。一切正常的人都具备逻辑思维能力。

2. 按目的性来划分

（1）上升性思维。以实践所提供的个别性经验为起点，把个别性经验上升为普遍性的认识。个别性思维大多来自日常的生活体验，过于直接和个性化，因而不具有普遍的指导意义，其真实性有待实践检验，最终上升为普遍性认识。

（2）求解性思维。围绕问题展开思维，依靠已有的知识去寻找与当前现状之间的中间环节，从而使问题获得解决。如小孩子解答数学题，先分析已知条件，看看问题，最后再找由条件到问题之间的桥梁。

（3）决断性思维。以规范未来的实验过程或预测其效果为中心的思维。遵循具体性、发展转化、综合平衡三条原则。

3. 按智力品质来划分

（1）再现思维是依靠过去的记忆而进行的思维。把已经学过的知识原封不动地照搬套用，就属于这一种。

（2）创造思维是依赖过去的经验和知识，却把它们综合组织而形成全新的东西的一种思维。如把已经学过的几个数学公式综合起来运用到某个具体的问题上来。那些被称作是发明天才的人，就是善于运用这种创造思维的人。

4. 按思维技巧来划分

可以分为：归纳思维、演绎思维、批判思维、集中思维、侧向思维、求异思维、求证思维、逆向思维、横向思维、递进思维、想象思维、分解思维、推理思维、对比思维、交叉思维、转化思维、跳跃思维、直觉思维、渗透思维、统摄思维、幻想思维、灵感思维、平行思维、组合思维、辩证思维、综合思维。

理论上说，分类越详尽越好。但有些思维方式在训练与应用的过程中并不需要严格区分，一是很多思维方式总是共同起作用，二是有些思维方式统一在某种思维方式之中。

二、创新性思维概述

（一）创新性思维的含义

创新性思维是具有创新精神的人在已有的经验、知识的基础上，捕捉到新颖、有价值的信息并把它输入大脑后，进行分析、整理，抓住事物的本质，通过研究、推理、判断后形成新颖、独创、科学地解决问题的办法、方案、计划或观点的思维过程。一般对创新性思维有广义和狭义两种理解：

广义的创新性思维。从一定意义上说，发明创新是一种以解决问题为目的的人类活动。正如任何活动都有一个发生、发展和完成的过程，创新发明活动同样也有一个从问题的提出到问题得到解决的发生、发展的过程。所谓广义理解的创新性思维，也就是指在这一过程中发挥作用的一切形式的思维活动。其中既包括直接提出新设想或新的解决方法的思维形式，也包括并非直接参与创新的思维形式。也就是说，广义理解的创新性思维包括在创新发明中直接或间接使用的一切思维形式，包括逻辑的、非逻辑的思维。

例如，为了解决某个新遇到的难题，就需要广泛搜集有利于解决该问题的各种有关资料。这种对资料进行搜集、选择、整理、分类的思维活动，尽管没有直接提出新的解决方案，却是整个问题解决过程中必不可少的环节。因此，我们往往也把这种形式的思维活动与直接提出创新答案的思维活动形式一起，统称之为创新性思维。

狭义的创新性思维指的是，在对创新性思维活动进行研究时，人们往往更加关注与创新性解决问题直接相关的思维活动，即狭义的创新性思维。与广义理解的创新性思维活动不同，狭义理解的创新性思维专指在发明创新中提出创新思想的思维活动形式。在一般情况下，人们所说的创新性思维，大多都是指的狭义的创新性思维。

（二）创新性思维的特征

从本质上说，创新性思维是在实践和感性认识的基础上，利用人脑有意识的理性思维和逻辑思维的能力，深入研究和认识事物的具体细节，以获得并完善对事物的理性认识，并充分利用人脑下意识和无意识的活动能力，发挥想象、直觉、幻想、灵感等思维形式的作用，对已有的理性认识做进一步的分解组合，以获得突破传统理论的新发现和新发明，最后再运用逻辑思维等其他思维形式以及通过实践来验证并扩展新认识的过程。因此，作为人类思维的一个重要方面或分支的创新性思维，它不仅具有人类思维的一般特性，而且还具有其自身的特性。这主要体现在：

1. 思维方式的求异性

思维方式的求异性，指的是对司空见惯的现象和已有的权威性理论始终持一种怀疑的、分析的、批判的态度，从不盲从和轻信，并用新的方式来对待和思考所遇到的一切问题。思维方式的求异性主要表现为：选题的标新立异，方法的另辟蹊径，对异常的敏感性及思维的独立性。正因为如此，有人把创新性思维称之为求异思维。当然，这种求异是建立在实事求是的科学态度之上的，并不是单纯地为求异而求异。

2. 思维状态的主动性

创新性思维是主体的一种能动的过程，它需要创新主体积极调动自身的情感、意志以及全部的积极的生理和心理功能，即把一切积极的生理和心理品质都调动到最佳状态。只有这样，才能取得创新性成果，离开了创新主体思维状态的主动性，要顺利地进行创新性思维是不可能的。

3. 思维结构的灵活性和多维性

创新性思维的思维结构是灵活多变的，其思路能及时地转换和变通。这种思维结构的灵活性主要表现在：

（1）思维的立体性。具有立体的思维能力，能从多方位、多角度、多侧面去思考问题，寻求问题的答案。

（2）思路的变通性。当某一思路行不通时，能及时地放弃旧的思路，转向新的思路。

（3）方法的多样性。采用多种方法解决问题，而且能主动放弃无效的方法而采用新的方法。

创新性思维在思维结构上的灵活性，对于探索未知、创新技术，都是不可缺少的。只有多方探索，反复试验，才能增加成功的把握，切不可在一棵树上吊死。创新性思维的多维性决定思维是朝着不同方向进行的，所以，有时能够通过"转移作用"探索到未知的东西。具有创新性思维多维性特征的人，其发明创新的水平往往比较高。诚如有位数学家所说的，你考虑的可能性越多，也就越容易找到真正的诀窍，这是具备创新能力的奥秘之一。

4. 维运行的综合性

综合性是创新性思维的一个重要特征，在创新性思维中，既要善于智慧杂交，大胆吸取前人与今人智慧宝库中的精华；又要善于思维统摄，把大量概念、事实和观察材料综合在一起，加以概括和整理，形成科学的概念和系统；更要善于辩证分析，对占有的材料进行深入分析，把握它们的个性特点，然后从这些特点中概括出事物的规律；还要善于形象组合，把不同的形象有效地综合在一起，因此，日本学者就有了"综合就是创新"的说法。综合性思维是站在巨人肩上的思维，它把许多前人的理论观点吸收过来进行整理、综合，使之成为思维的材料，加快自己的思维进程，同时还对自己思维过程中的观点进行综合，加强其条理性。

5. 思维进程的突发性

创新性思维的进程不是连续的，而是间断的。其思维进程往往在某个特定的时间中断，而在某一不确定的时刻它所需要的思维结果会突然产生，从而表现为一种突发性。这种突发性的思维成果的出现，并不是偶然的，而是在长期量变基础上所实现的质的飞跃。在创新性思维中，这种非逻辑性的突变一般的表现形式就是我们通常所说直觉和灵感的顿悟。

创新性思维具有易逝性的特点。当灵感以极其敏捷的步伐到来时，新意象的各种画面、各种情景纷至沓来、美不胜收，在大脑皮层上留下极其众多的痕迹。这种痕迹还是很浅显的、不稳固的，一旦有外来其他刺激就会引起该部位或其他周边部位的抑制或负诱导，使灵感模糊。灵感的模糊性带来了灵感的易逝性，一旦没有抓住，就很难再想起来。

6. 思维表达的新颖性

创新思维最本质的特征是新颖性，它不同于一般思维活动的方面，就在于要打破常规的解决问题的方法，将已经有的知识或经验进行改组或重建，创新出个体前所未知或社会前所未有的思维成果。创新性思维的创新性成果的表达方式往往是十分新颖的，它通常是以一些新的概念、新的范畴、新的符号、新的模型、新的图像、新的旋律以及新的人物等等来准确、流畅和有效地表达思维的结果，并以最快的速度向社会展示，在激烈的竞争中获得承认。

7. 思维成果的效用性

创新性思维的成果不仅具有很强的新颖性和独创性，而且具有很强的建设性和效用性。创新性思维的成果既是突破传统理论的新的发现和发明，又是经过实践检验的解决问题的新方法和新思路。

三、创新思维的形式

创新思维有很多种，以下是几种常见的、主要的创新思维形式：

（一）换位思维

很多创新思维都源于思维角度的改变。对任何事情，都应该尝试从不同角度、不同位置、不同群体等方面去看一看，想一想，这样往往会有一些意想不到的发现。

（二）逆向思维

逆向思维也叫求异思维，它是对司空见惯的似乎已成定论的事物或观点反过来思考的一种思维方式。例如，有人落水，常规的思维模式是"救人离水"，而司马光面对紧急险情，运用了逆向思维，果断地用石头把缸砸破，"让水离人"，从而救了小伙伴性命。

运用逆向思维，可以从以下三点进行把握：

一是面对新的问题，我们可以将通常思考问题的思路反过来，用常识看来是对立的，似乎根本不可能的办法去思考问题。"油水不合"，即使在今天仍被人们当作常识。油水真的不相合吗？在印刷业，人们从相反的方向进行思考。经过试验发现，常规搅拌，油水确实不合；而采用超声波技术进行油水混合，再适量加点活性剂，问题就解决了。

二是面对长期解决不了的问题或长久困扰着我们的难题，我们不要沿着前辈或自己长久形成的固有思路去思考问题，而应该"迷途知返"，即从现有的思路上返回来，从与它相反的方向寻找解决问题的办法。有一个人，他想发明一种圆珠笔，并试图解决圆珠笔中最令人头痛的漏油问题。苦思冥想想了好久，就是找不到解决的办法。后来他反过来想，圆珠笔漏油，一般发生在写了两万字之后。那么，造一种写了两万字就用完了的圆珠笔，问题不就解决了吗？新式圆珠笔问世之后，果然很受人们的欢迎。

三是面对那些久久解决不了的特殊问题，我们可以采取"以毒攻毒"的办法，即不是从彼一问题中来寻找解决此一问题的办法，而是相反，就此一问题本身来寻找解决它的办法，免疫理论的创立和付诸实践，就是这种思考方法的结果。

（三）发散思维

发散思维又称辐射思维、放射思维、扩散思维或求异思维，是指在对事物或对问题的研究中，保持思想活跃和开放状态的思维。

发散思维作为一种创新思维方法，不仅被广泛运用于科学研究和科技发明中，也被广泛运用于企业经营中。

如果说创新是一个民族的灵魂，那么发散思维便是创新的基石。它是典型、艺术化的思维，它能使我们对工作、生活和学习产生激情，它是智慧的发源地，是兴趣的乐园。

在解决具体问题的过程中，如何运用发散思维并没有固定不变的模式。对于不同的外界条件，运用这种思维的方式也是不同的。一般来说，发散思维的具体方法有以下几种：

1. 多向求解法

多向求解法是指思维主体在解答问题的过程中尽可能从多个不同方向来考虑，强调跳出点、线、面的限制，能从上下左右、四面八方去思考问题。这种多向求解法的目的在于产生和提出新颖独特的设想，这样可以通过多种途径不断地摸索和试探。

爱迪生在研制灯泡的灯丝材料时，先后试用了 1600 多种热材料和 6000 多种植物纤维，甚至连头发丝和胡子都利用到了，终于在 1879 年找到了"炭化了的棉线"，这是当时最佳的灯丝材料。

2. 多级发散法

多级发散法是指思维主体在问题求解时，通过对多个相关因素的离散解析，逐层或逐级探索事物本质的一种思维方法。日常分析问题和解决问题时，人们就在头脑里将事物分成不同的部分、阶段、层次，通过层层离散分解的思维探索过程，以求思路有所突破。多级发散法的实质就是在两级或两级以上的层次或阶段上发散求异，有时每级均有多个导出点，使认识不断深入，后一层次都是在前一层次的基础上不断扩展。

人类对物质结构层次的认识就体现了多级发散法。在 20 世纪 60 年代以前，人们一般认为：物质是由分子构成的，分子是由原子构成的，原子是由电子、质子、中子等基本粒子组成的，而这些基本粒子是组成物质的最小粒子。后来，在做这些基本粒子以极高的速度发生碰撞的实验时，发现原来这些"基本"粒子是由更小的粒子所组成的。

3. 交叉发散法

交叉发散法是一种立体的、动态的、多维系统的构思，通过借助多维坐标系，将一个轴上的各点信息与其他轴上各点信息相结合而求解的方法。这种相交叉的点就是创新点，并借此产生系列的创新。信息交合的反应场是一个"魔球"，信息的引入与层次的变换，会引出系列的新信息组合。"魔球"旋转能使思维在信息变幻莫测的交合中更富有发散性，新构思就会源源不断地出现。

交叉学科的发展是运用交叉发散法的一个典型例子，现代科学的发展特点是学科越来越多、越来越细。同时，学科之间的关系也越来越密切，它们相互交叉、相互渗透，已经形成一个有机的整体、一个大的系统。各个学科知识的交叉应用将会为复杂问题的研究提供新的视角，学科交叉点往往就是科学新的发展点、新的科学前沿。1953 年，DNA 双螺旋结构的重大发现就是化学家鲍林、生物学家沃森、物理学家克里克、富兰克林和威尔金斯等合作的结果，更是这些科学家思维交叉发散的结果。

4. 侧向发散法

侧向发散法是指思维主体在正向思维直接解决问题遇到困难时，改从其他侧面发散求异，从而产生新设想的一种思维方法。

科学研究中常常出现这种情形：研究者对研究目标孜孜以求，但从正面一直无法解决问题，一旦这种思维受到偶然事件的启发，就容易从其他领域或偶然事件中侧向产生好主意或新设想。

四、创新思维的培育

（一）树立问题意识

1. 树立问题意识应培养批判意识

（1）合理看待权威，敢于批判

权威不一定就对，这个道理浅显易懂，但做起来却不容易。在社会化过程中我们从小就被教导要尊重权威，在家里要尊重父母，尊重长辈；在学校要尊重老师，尊重教科书；到了社会上要尊重领导。当代大学生应该有清晰的认识，权威不一定全是正确的，要敢于怀疑，敢于批判。

（2）把握系统性原则，合理批判

事物都是由一定的结构和层次组成的有机体，批判意识的培养应树立系统观念，避免以偏概全或只顾眼前利益。如果在批判的过程中把握不到事物的系统性，那么这个批判是站不住脚的。

（3）自觉训练批判性思维，善于批判

训练批判性思维能力的方法有很多，例如，进行元认知训练。元认知是人们对认知的认知，它不同于单纯认知的个体对外界客观事物的直觉、记忆、思维、想象、注意等心智活动，而是积极主动地对心智活动计划、监控、反思以及根据解决问题的不同情境灵活机智地进行认知策略改组的心智活动。元认知体现了个体的自主控制性、自我批判性和自主创造性。促进元认知训练，能培养大学生的探究精神、对传统思维范式的颠覆精神和对问题的评估论证能力。展开积极的辩论也是培养批判思维的有效方式。批判性思维本身就是一个积极的建构争论的过程，而对同一个问题的争论，促使自己用已有的知识经验、理论原理来维护自己的意见，在辩论的过程中一方面是对知识的巩固，另一方面是对思维能力的锻炼，更重要的是通过各抒己见及思想火花的碰撞能使人们更清楚地发现问题的本质。大学生培养批判性思维不能急于求成，要给自己足够的时间和空间，抓住在课堂活动等各种活动中的机会，主动创造机会，锻炼自己的批判性思维品质。

2. 树立问题意识要善于捕捉问题

（1）克服盲目从众

克服盲目从众需要保持高度的自信心，缺乏自信的人总是认为"真理掌握在多数人手中"，不分情况地"随大流"以避风险。自信心十足的人通常能够坚持己见，做出独立判断后不轻易改变自己的观点。

克服盲目从众需提高自制性。一个自制力较高的人一旦作出了决定，便会主动地顶住"与众不同"所带来的群体的压力，迫使自己执行已有的决定。

克服盲目从众还要保持清醒的头脑。如果你感觉自己比较容易从众，那么你每天可以给自己一个暗示："我是独立的个体，没有准确的证据绝不盲目改变初始判断，要做到'众人皆醉我独醒'。"当自己的意见与别人不一样时，多问问自己："我一定要同意大家的意见吗？我同意的理由是什么？我的意见和他们的意见各有什么合理的地方？"

（2）摒弃惯性思维

摒弃惯性思维需要对固有经验保持怀疑的态度。人们对固有的经验产生怀疑是一件比较困难的事，固有的经验给人们的生活带来了很多好处：它简化了人们认识世界的过程，它为人们解决问题提供良好的借鉴和帮助。但固有的经验也会蒙蔽我们的眼睛，成为我们思维无形的枷锁。打破固有经验的枷锁首先要做到见多识广，对似曾相识的问题的认识不可以偏概全。其次，不要轻易放过自己新的体验或认知，想办法将自己新的体验与固有的经验相结合，当新的体验或认知明显优于固有经验时，应放弃固有的经验。

（3）学会多角度观察与思考问题

重新界定问题，这是一种特殊的创新能力。不要完全接受别人告诉你该怎么想或怎么做的观点，要学会以质疑的眼光看待传统的假设，换一个角度，从产生问题的外围环境而非问题本身来思考解决的方式。可以这么说，很多人失败并不是因为他的能力有限，而是没有意识到换个角度看问题。

寻找常人忽略的事物。在面对难以解决的问题时，不妨尝试一下回忆过往的经历或经验，思考其中是否有哪些经验可以被利用来解决目前的问题。有创新意识的人往往会选择同时寻找各种方法的新组合，以求问题解决的突破。

选择创造的生活方式。培养日常生活中的自我创造力，因为只有当你尝试创新时，许多资源才会被利用起来。虽然重新界定问题不是马上可以学会的，但接受重新界定则是你可以自主选择的。

3.树立问题意识要抓住问题的实质

（1）跳出问题，客观看待

所谓当局者迷，旁观者清，有的时候死抓问题不放容易受固有经验和定式思维的影响，使思维陷入死胡同，不利于问题的解决；而当我们跳出问题，站在更广大空间去看待问题的时候，或把自己当作旁观者时，问题的本质会变得很清晰。

（2）举一反三，透彻分析问题的根结

《论语·述而》曰"举一隅，不以三隅反，则不复也"。据《词典》释之，是从一件事，类推而知道许多事情。反而推之，如果能正确地举一反三，说明已经抓住了问题的本质，否则就无法得出与问题本质相似的新知识。所以在日常生活中，要养成善于用脑，产生联想的习惯，通过举一反三，透彻分析问题的本质。

（3）集思广益，多方听取，征询不同意见

头脑风暴法就是你抛出问题让每个人献计献策、畅所欲言。中国有谚"三个臭皮匠，顶个诸葛亮"，就说明众人的智慧产生的合力是巨大的。不同的人有不同的立场、角度和思路，将众人的观点集合起来，进行选择和整合，就可以找到问题的本质。

（二）激发创新动机

1.准确评估与开发创新潜能

（1）寻找特长潜能及其灵敏点。

（2）保持良好的精神状态。轻松的环境，舒畅的心情会使人的思维活跃起来，思想无拘无束，灵感层出不穷。如果一个人的情绪总是十分紧张，长此以往，他的大脑神经系统将会受到伤害，思维反应将会变得迟钝，甚至影响日常行为能力。

（3）营造轻松的环境。无论是在睡眠、休息，还是在工作时都要营造轻松的环境。轻松的环境有助于我们充分地放松和想象，达到"忘我"状态，可以最大限度地开发潜能、释放潜能。古人说"眉头一皱，计上心来"，这里的皱眉头，就是瞬间的忘我工作时应尽量减轻客观环境对思维活跃程度的压抑，特别是不要对自己的言行进行不必要的约束，身心都保持自然的状态，最自然的状态有利于激发个人与生俱来的创造力。

2.进行积极的归因

（1）内控性归因。如果将行为结果归因于像运气等不可控的因素，即使成功了，个体的积极性和主动性也不会太高，因为他会认为成功与失败并不是自己说了算，从而放弃努力；如果失败了就会听任失败，表现冷漠、压抑、自暴自弃或"丧失动机",心理学家通常把这种现象称为"习得性自弃"。如果把成功或失败归因于可控因素,如努力程度不够,那么只要再努力的话就可能会成功,这样则会对自己充满信心,保持工作的热情,因为他会认为通过改变这些可以控制的因素,即使目前失败了也不会丧失信心。

(2)适度地进行"自利性归因"。个体将成功的原因归于自身因素,把失败的原因归为自身之外的情境或他人,称之为自利性归因。适当的自利性归因有助于个体在失败的时候不至于太悲观,同时也可以减少内心的焦虑与内疚感;在成功的时候会感到满意和自豪,这种积极的心理体验将使个体对行为的积极性保持在较高水平。

3. 寻求激发内部动机的方法,提升创新意识

(1)借用外部动机激发内部动机。借用外部动机,可以适当采取强化法,即当自己对一项工作不感兴趣但又必须完成时,可以事先与自己做个约定,即在完成一部分工作后给自己一个奖励。在实施的过程中一定要注意给自己设一个奖励的标准并严格执行这个标准,只有工作完成到一定的程度才给相应的奖励。心理学关于动机的研究认为:非必然的外在奖励(活动结果达到一定的水平才能得到的奖励),较那些必然伴随的奖励(只要活动就能获得的奖励),对内部动机和行为会产生更大的促进作用。我们可以把将要完成的工作分为几个步骤,每当取得一定的成绩就给自己一点儿奖励,也许在完成工作的过程中你会发现这项工作的乐趣。

(2)避免外部动机抑制内部动机。过分强调外部动机会使内部动机降低,甚至使其完全消失。促使一个人行为的外在动机很多,例如外部的奖励、他人的赞赏、讨好权威等。外部动机的存在不可避免,但在行为活动中要学会弱化外部动机,使行为活动是为了满足机体内在的需要。

(三)培养创新兴趣

在许多人的眼中,创新是一种遥不可及的能力,认为创新是少数天才的表现,是特殊能力的表现。其实创新的表现不一定非要伟大的发明创造,对事物任何一种不同的认知或对任何一个问题的不同解决办法都是创新的表现,日常生活的革新变化中也处处充满着创新。要学会带着审视的眼睛去观察和思考自己生活的环境,学会关心和关注周围的事物或现象,特别是自己所不熟悉的东西。在平时的生活中,多去思考自己的所见所闻,让自己活得丰富多彩。在课余的时间里,也要多阅读一些专业外的书籍,拓展自己的知识面,培养自身广泛的兴趣爱好。

1. 培养兴趣从简单尝试开始

我们常常听到这样的话，"我对这项活动根本不感兴趣"。其实在说这句话的时候，他或许对这项活动一无所知，或者认识得十分片面，还可能是对这项活动缺乏信心。这时不如试着先了解一下这项活动，尝试一下这项活动。可以先给自己制订一些小目标，让自己在实现小目标的过程中尝到活动过程的成功喜悦，兴趣也就逐渐产生了。再者，将一项比较复杂的任务分解为几个小目标，从比较容易的小目标入手，容易增加创新的信心。

2. 培养兴趣从日常生活中入手

培养创新兴趣可以从感受日常生活中的创新带来的乐趣开始。日常生活中可以称之为创新的东西不胜枚举，顺利地解决生活任何琐碎的问题都是创造力的表现，比如烹调出一道新的菜肴，发现事物新的用途，用更简单的办法解决生活中的难题等都是创新的表现。有的时候一个简单的办法也是一种创新，有这样一个小故事：有一辆货车在通过一座天桥时，司机因为没有看清天桥的高度标记，结果车正好被卡在了天桥下面。因为当时车上装的货物很重，所以一下子很难把货车开出来。为了弄出这辆货车，司机和当地交通管理部门都想尽了办法，还是无济于事。这时旁观的一个小孩子走了上来，笑着说道："你们为什么不把车胎的气放点儿出来呢？"大家一想，这其实是一个可行的办法，于是司机便放了一些车胎的气，使货车的高度降了下来，最终汽车顺利地通过了天桥。

3. 合理运用兴趣的可转移性

兴趣爱好是可以转移的，鲁迅先生就是一个很好的例子，他最初所学习的专业是医学，却因为我国当时特殊的社会环境而毅然弃医从文，选择用手中的笔来作为思想斗争的武器，写出了大量的战斗檄文，最终成为闻名世界的大文豪。因此，作为新一代的大学生应该有意识地把自己兴趣爱好转移到创新活动中去。

第三节　提升创新能力

一、创新能力的构成要素

所谓创新能力它是由创造主体的知识、经验、智能因素和非智能因素等构成的，在其创造实践中利用已有知识和经验，新颖性地解决问题，产生有价值的新设想、新方法和新成果的本领，是独特而新颖地解决问题的能力。创新能力是由一般创新能力、知识经验、特殊创新能力、非智力因素四大要素构成，这四大要素相互作用、相互影响决定了创新能力的总水平。从这四个要素各自对创新能力的普遍性指导意义而言，是处于不同的层次的。一般创新能力在一切创造活动领域都有作用，是代表创造者心理能力水平的最普遍的创新能力。一般创新能力水平较高的创造人才可以在不止一个领域表现出创新能力。知识经验的作用在其普遍性上低于一般创新能力，但它是一般创新能力的基础。具体地说，知识是智力的基础，而创新能力是智力的最高表现。当然，知识经验对特殊创新能力和非智力因素影响也不可低估。特殊创新能力的普遍性低于前二者，例如一个画家的形象记忆力、色彩鉴别力、视觉想象力等特殊才能，只有在绘画创造方面有意义。而非智力因素是特殊，它对于创造的个别活动有关，拿动机来说，它在推动人主动地启动创造活动方面的作用是巨大的；兴趣只在维持创新能力的热情和投入上有明显作用；意志常作用于创造遇到困难、曲折和坚持完成整个创造过程时。下面，就创新能力的四大要素及其构成做一些必要的解释：

（一）一般创新能力

一般创新能力是创造活动获得理想成果的决定因素，无论哪一个领域的、哪一个层次的创造都离不开它。一般创新能力的构成及其内容是：

1. 创造性思维。它不仅是一般创新能力的核心，也是创新能力的核心。

2. 创造风格。它包括认知风格和工作风格。认知风格是指个人所具有的、在打破心理定势和理解复杂问题过程中表现出来的气度、能力和心理特点。

（1）创造性认知风格具有以下特征：

①能够打破感觉定式，从不同角度不同侧面感知对象。

②能够打破思维定式，主动放弃某些思维路径，转向新思路。

③保持思路灵活，不受已有计划的束缚。

④思维的广阔性，能从在一般人看来没有关系的事物之间发现新的联系。

⑤记忆的准确性，能从大量的信息储存中调用有价值的内容用于创造。不急于对创意、方案和设想下决定它们"命运"的结论。

⑥理解复杂性，对创造对象或创造过程的复杂性抱有一种欣赏的态度和应变自如的做法，而不是厌倦和回避。

⑦创造性理解，用与大多数人不同的方式和从新的角度来认识事物。

（2）工作风格是指一个人在长期的工作和生活中表现出来的气度和风范。创造性的工作风格具有以下特点：

①有长时间集中注意力和对工作有持之以恒努力的能力。

②善于建设性遗忘，放弃业已证明失败的构想，暂时遗忘干扰思路的棘手问题。

③正视困难，坚持到底。

④精力旺盛，乐于创造，不断有新创意产生。

3.一般智力。它包括从事一切活动都必需的观察力、记忆力、想象力、思维能力和操作能力等。

4.创造工程能力。它常常是指创造技法和创造发明方法。

（二）知识经验

知识是人们通过对自然界和社会观察、认识及实践而获得的感知的总结。经验也是一种知识，只不过是由实践得来的，有时也指一种经历。不严格区分的话，知识和经验有共同的属性。知识和经验在创新能力结构中是基础要素，它包括一般知识经验，有一定的广度、深度要求；专门知识经验是指专业化的或特殊领域的知识经验，创造知识经验则指关于创造学研究领域的知识和自己在创造活动中的经验。

（三）特殊创新能力

特殊创新能力是创新能力结构的重要内容，是创造性活动的必要条件。它包括从事特定活动的必需的特殊能力和各种专门活动所必需的专门技能。任何创造总是以某一特定活动的方式表现出来的，技术发明表现在技术产品、技术方法方面；文学创作表现为创作小说、诗歌、戏剧、散文等方面。因此，创新能力结构必须有这种特殊创新能力。

特殊创新能力包括胜任特定活动的特殊能力，如从事音乐创作开发，大学生必须有旋律感、节奏感、音乐想象力等音乐能力。还包括从事专门活动所必需的专门技能，如实验技能、机械技能等。特殊创新能力一方面与个人的先天素质有关，另一方面，后天的教育、训练和社会实践同样重要。

（四）非智力因素

非智力因素是创新能力结构的重要组成部分，它的作用可以说"不是智力，胜似智力"。如果说创新能力结构的上述三个要素都是智力或智能性质的话，这第四个要素强调的是非智力因素。早就有学者在定义创新能力时强调个性，吉尔福特就是其中的代表人物。一般认为创造个性因素、创造情感因素和创造意志因素构成的非智力因素是上述的三个要素的心理基石。从狭义上看，非智力因素是指直接影响和制约智力因素发展的意向性因素，包括动机、兴趣、情感、意志、性格五种基本成分。从广义上看，非智力因素是指注意力、记忆力、观察力、想象力、思维能力和操作力等智力因素之外的一切心理因素，包括心理过程中的情感和意志、个性中的个性心理倾向（需要、动机、兴趣、信念、态度、价值观等）和个性心理特征（气质、性格）以及自我意识系统（自我认识、自我观念、自我体验、自我评价、自尊心、自信心、自制力等）。

二、创新能力的特征

（一）自主性

创新能力的自主性又称自主创新能力。创新能力作为主体本质力量发展的最高表现，也是主体主观能动性发展的最高表现，其最大特征就在于其自主性。所谓创新能力的自主性或主体创新能力，即指创新主体在既定的创新目标下，充分发挥自身的主观能动性，综合运用自身创新知识、创新能力，从事各种创新活动，努力实现创新目标的能动活动。创新能力的自主性一方面表现为任何创新活动，都离不开创新主体有目的、有意识、自觉、能动的活动，是创新主体的自主行为；另一方面则表现为创新能力的强弱、是否进行创新活动、创新目标大小的设定、创新方法、路径的选择等，与主体自身素质、知识水平、智力水平等息息相关，都是主体从自身情况出发，进行自主选择的结果，因人而异、因事而异，体现出明显的自主性。

主体性特征使创新能力打上了强烈的个性化色彩，不同的个体、不同的群体所表现出来的创新能力各有不同，所追求的创新目标也不尽相同。正因为创新能力的这种主体性、个性化特点，使社会在具有创新能力的不同个体追求不同的创新目标的过程中，表现出丰富多彩的特点，并形成创新的合力，推动社会向前发展。正如爱因斯坦所说的"只有个人才能思考，从而能为社会创造新的价值"。要是没有独立思考和独立判断的、有创造能力的个人，社会的向上发展就不可想象，正如没有供给养料的社会土壤，人的个性的发展也是不可想象的一样。

（二）首创性

提供新颖、独创的产品是创新能力外化的主要体现。无论什么形式的创新能力的成果，在本质上都必须具有新颖、独特的特点。是否能提供具有独创性的产品更成为检验是否属于创新劳动的一个重要标志。同时，应该予以注意的是，首创性主要是相对于个体而言的，一个人如果提出了前所未有的独特的新工艺、新技术或新观念、新理论、新方法，属于创新能力的表现，但一个初入学的儿童，如果经过自己的独立思考、大胆想象而想到了一种与他同层次的人不曾想到的解题方法，那么，相对于个体而言，这种方法同样具有新颖独特的本质特征，同样是个体创新能力的表现。美国心理学家克雷奇就曾经说过："一个人对某一问题的解决是否属于创造性，不在于这一解决是否有别人提出过，而关键在于这一问题及其解决对这个人来说是否新颖。"

所谓的首创性特点，主要包括两个方面含义：一方面是时间上具有首创性。即作为创新能力主要载体的创新思维和主要成果体现的新颖、独创的产品，在产生或提出的时间上具有优先性。是否比他人更先一步实现创新目标，也是体现创新主体创新能力高低的一个重要指标。另一方面是形式或内容上具有首创性。即作为创新能力主要载体的创新思维和主要成果体现的新颖、独创的产品，其内容、形式要么是创新主体基于设定的创新目标，进行的独立创造，在形式和内容上都不同于现有事物而产生的新事物；要么是创新主体立足于现有事物，对现有事物的形式和内容加以一定的改造、综合、整理而产生的另一种具有新的内容和形式的事物。上述两种创新活动，都属于主体创新能力的外化表现，都具有鲜明的首创性特点。

（三）价值性

价值在经济学意义上指物的有效性，即事物能满足主体某种需要的属性。首创性是创新能力外化的一个重要表现，但是否提供具有社会价值的创造性劳动产品也是检验、评价创新能力高低的一个重要依据。所谓创新能力的价值性，指创新成果必须能满足社会的需要，能推动社会的发展进步，才能称其为是创新能力的产物。苏联心理学家波果斯洛夫斯基就指出，"真正的创造，总给社会以有益的有意义的成果"。没有独创性，人云亦云，复制模仿，当然不是创新；但仅有首创性而没有社会意义，不能为人类社会和人类自身的进步与发展提供有益的产品和效益，同样不能称之为创新能力。所以，创新能力的首创性必须和价值性相互关联，方能共同构成创新能力的外在表现形式，二者缺一不可。

创新能力的价值特性，主要表现在两个方面：一方面，创新能力作为主体本质力量的最高表现形式，其对主体本身而言具有较高的价值性，主体可以通过运用、发挥其自身所具有的创新能力，实现自身的个人价值和社会价值，体现自己对社会的有用性；另一方面，创新能力的价值特性还着重展现在创新能力所作用的对象上，表现为一定形式的创新成果。这些创新成果作为主体创新能力的凝结产物，必须具有一定的社会价值，对社会进步和发展具有一定的积极作用。

（四）超越性

创新能力的超越性是指创新主体通过一系列创新活动，不断突破原有思维定式，而产生新的飞跃的特性。任何创新都意味着旧事物的消失、重组和新事物的产生、发展，即新事物对旧事物的超越和取代。没有对原有事物的超越，任何创新都无法实现。在创新活动中起决定作用的创新能力因素，也必然因此产生超越的特性。

创新能力的超越性表现在两个方面：一方面，对已有认识成果进行一定的重新排列组合，进而形成新的认识成果的超越性。比如，"阿波罗登月计划"的成功是人类航天史上的壮举，展示出人类创新能力方面非凡的超越性。但"阿波罗"登月工程所用的数万个零件没有一个零件是新发明的，都是对原有知识成果的综合或重新组合的结果。可见，对已有知识成果的综合或重新组合引导着思维能力的超越。另一方面，对思维定式的突破也将引导着创新能力的超越性。牛顿创立的"牛顿力学"是牛顿的创新能力超越性的主要表现，它是对静力学的超越和发展，统治了科学界二百多年时间，以至人们把其绝对化，以为依据解释和说明一切科学。爱因斯坦创立相对论和量子论力学，变革了把牛顿力学教条化的思维定式，以创立的"直觉－演绎"思维方法开发的直觉－演绎思维能力，就是爱因斯坦创新能力对牛顿创新能力的新飞跃，就是创新能力的超越性。可见，创新主体在创新实践中突破思维定式必然引导创新能力的超越性。

（五）层次性

创新能力作为主体能力的重要体现，受主体自身知识结构、能力结构、智能结构、个性品质的影响而表现出高低强弱，不同主体所具有的创新能力必然有所不同，表现出鲜明的层次性。

创新能力的层次性主要有两个方面的表现：一个方面，是指创新能力并不是伟人所独有的，就人类的整体而言，它是一个水平由低而高的连续体，也就是说，每一个社会成员都有创新能力，时时在以不同程度的创新能力影响着社会的发展。但不同年龄、不同文化程度、不同经验的人所表现出来的创新能力必然具有水平高低等方面的差异，这种差异构成了创新能力在程度、水平等方面的层次性。另一方面，是指就创新能力的本身结构而言，其是由多种心理因素协同作用构成的一种多层次的复杂结构，它主要包括了知识结构、智能结构和个性结构，知识是构成创新能力的基本要素，主要指为创新所进行的知识积累和储备，其在创新能力结构中居于基础地位，决定着创新能力的发展程度；智能结构主要指实现创新所必须具备的认知能力，主要是由观察力、记忆力、想象力、创造性思维及直觉思维等构成，在创新能力结构中居于核心地位，其状况直接决定了创新能力的大小和强弱；个性结构主要指创新能力中的非智力因素，指个体为进行创新活动所必须具备的个性心理特征，主要包括情感、意志、个性心理品质等，是创新能力智能结构的补充，表现为对智力活动的支持、定向和强化，对创新活动是否获得成功也起着至关重要的作用。总之，创新能力是一种多层次、多结构的综合能力，表现出结构上的多层次性。

三、创新能力的分类

创新能力是多序列、多层次、多类型的，要进行科学的分类难度相当大，至今尚未形成一个成熟、统一的研究结论。以下介绍几种常见的分类：

（一）按结构分类

按结构分类，有思维创新能力与形象创新能力之分；抽象创新能力与具体创新能力之分；理论创新能力与技术创新能力之分等等。从单个因素来说，它们各自独立存在，发挥各自的功能；从创新能力整体结构来说，则各为结构因素之一，具有相互联系、相互对应的关系。

1. 思维创新能力

思维创新能力是创新能力结构的核心，这个核心是指创造性思维能力。创造性思维能力是一种较高水平的思维能力，其中最主要的是想象能力和直觉能力。没有想象能力和直觉能力，就没有创造性活动。显然，创新能力的大小，创造成果的多少，思维创新能力起着决定性的作用，其他一切创新能力的产生和发展，都有赖于思维创新能力的核心作用。所以说，创造性思维是发明创造的基础。创造性人才，要靠创造教育者培养其创造性思维，才能有效地开发其思维创新能力。

2. 形象创新能力

形象创新能力是指依靠直观形象思维进行创造活动的能力，它是创造性思维的一种表现形式。人们借助直观形象进行思维时，已经舍弃了那些偶然的、次要的、表面的东西，在大脑里留下了反映事物本质的、深刻而理性的东西。所以说形象思维蕴含着极其丰富的创新能力。形象创新能力主要表现为对自然形象和人物形象的创造，它包括两种形象思维创新能力：一种是再创造性形象思维创新能力，比如由房屋设计图再造出房子形象，由小说再造出人物形象等等；另一种是创造性形象思维创新能力，这是比较高级和精细的形象创新能力，它要经过主体自身的分析和综合、构思和塑造，创造出典型化了的形象以及在现实生活中并不存在的想象物，比如，鲁迅笔下的阿 Q、孔乙己，古代传说中能腾云驾雾、呼风唤雨的飞龙等。

3. 象创新能力

抽象创新能力是指依靠科学的概念、判断和推理的形式进行抽象思维活动、掌握事物的本质和规律、表达认识结果的能力。抽象思维也是创造性思维的一种表现形式。随着人们认识自然、改造自然水平的提高，对客观事物本质的认识也必然更加深入，因此，在创造活动中，必须培养和发展抽象创新能力，使创造成果达到更深刻更高级的水平。抽象创新能力的高低对科研成果的取得有着重要的作用。抽象创新能力高的人，在抽象思维过程中，能比较敏捷地区别事物的真与假，通过现象揭露事物的本质，同时舍弃非本质的东西，区别事物基础的东西和派生的东西，抓住事物内部的联系和矛盾，把决定事物本质的东西找出来，进行研究，使对具体事物的认识理论化。如马克思把社会抽象为生产力－生产关系－上层建筑的结构形态，表面上看它们既不是美国、日本的社会，也不是中国、法国、意大利的社会，但是它却深入到社会的本质中去，具有更大的普遍性。抽象创新能力的产生滞后于形象创新能力。从人的思维发展规律看，先有形象思维，后有抽象思维。成年人的抽象创新能力是由少年时的形象思维能力发展起来的。人在十三四岁之前，抽象思维往往需要具体形象的支持才能顺利进行。随着年龄的增长，思维活动不断扩展，一般都可以顺利进行抽象思维。抽象思维发展状况如何，不仅影响创新能力的产生，而且成为学生学习水平的一个分界线，滞后的学生往往是抽象思维发展缓慢的学生。创新教育就是要从抽象思维出发对受教育者进行培养和训练，开发其抽象创新能力。

4. 具体创新能力

具体创新能力是一个很复杂的概念。马克思曾对"具体"本身下过定义："具体之所以具体，因为它是许多规定的综合，因而是多样性的统一。"[①] 从这个定义出发，我们可以认为，具体创新能力表现在感性具体和理性具体两个方面。感性具体是认识的起点，是通过感觉、知觉、表象直接综合的结果；理性具体是认识的结果，是在抽象基础上形成的包含着客观事物各种本质属性的统一体的再现。

① 　马克思著，徐坚译. 政治经济学批判 [M]. 北京：人民出版社 .1955.

"人们的认识总是由感性具体阶段，经过抽象蒸发为各种抽象的规定，然后在头脑中再创造包含着各种本质属性的理性具体。感性具体－抽象－综合理性具体，这就是认识的具体过程。"[①]由此我们可以看出，具体创新能力是从感性具体开始的，经过创造达到理性具体的认识。这里还应当指出，在具体创新能力作用的过程中，存在着两条不同的认识道路：一条是从感性具体上升到抽象；另一条是由抽象上升到理性的具体，即思维中的具体。

5. 理论创新能力

理论创新能力是依据一定系统知识、遵循特有的逻辑程序而进行思维活动的能力，它以揭示和把握事物的内在本质和一般规律为创造的根本任务，以一系列抽象的概念、判断、推理等为创造的内容，在"超脱"于具体事物的抽象领域中进行的类似抽象创新能力的又一种较为高级的创新能力。理论创新能力主要是在理论思维活动中显示出来的一种创新能力，它有比经验思维更为重要的地位和作用，它体现在自然科学理论创造和社会科学理论创造上。理论思维创造具有以下主要特征：

（1）间接性。理论创造是在经验感受的基础上，运用逻辑等思维工具，并以经验思维为中间环节而与实践乃至客观对象发生联系，进而把握事物的内在本质及一般规律。如达尔文的进化论学说、马克思的《资本论》和科学共产主义学说等等，都不是凭空想象出来的，而是经过大量的调查研究，取得丰富经验后总结的。但本质与规律等抽象的理论认识，只有转化为具体的行动方案、措施、办法、指令等等，才能发挥其指导实践的功能。所以理论创造无论是从实践中来，还是回到实践中去，都必须通过中间环节才能发挥作用，由此决定了它的间接性。

（2）抽象性。理论创造是对事物的内在本质和一般规律的把握，这就必然失去了事物具体的直观的形象。它揭示的内容是人们感官所感觉不到的，只能运用抽象思维才能把握。同时，在理论创造过程中，创新能力贯穿于一系列的抽象过程，舍弃了事物个别的、偶然的、表面的东西，而抽象出事物的共同本质，反映一系列抽象的范畴和关系，如概念、判断等之间的联系和关系。

（3）自觉性。理论创造通常都是一种有意识的、自觉的思维活动。因为创造主体在理论创造中需要明确目标，自觉地思考和解决问题，进而要自觉地运用一系列概念（范畴）、判断、推理去进行创造，实现从一种认识到另一种认识的过渡，形成理论化、科学化的成果。同时，在运用于实践活动时也是自觉的，由创造主体自觉地将其转化为决策方案，然后付诸实施，去认识和改造客观世界。

① 马克思著，徐坚译. 政治经济学批判 [M]. 北京：人民出版社 .1955.

（4）系统性。理论创造一般都是围绕一定的问题和目的而进行的有步骤、有程序、有阶段的思维活动。创造过程中，不论是抽象形成概念，还是判断和推理，都是有序地展开和演进的。理论创新能力作用的结果是建立起一般的知识和理论，并使它们系统化、条理化、规范化，构成理论知识体系，形成一门理论科学。通过它揭示知识之间的内在联系，反映事物之间的本质联系及内在规律性。

6. 技术创新能力

技术创新能力是指运用基础的科学理论进行思维活动而创造新物质、新产品的一种能力。我们通常所说的技术创新、技术革新就是这种创新能力的反映，也可以用"发明"来表示。但创新和革新的发明水平是不同的，即有层次之分：有的是全新的发明，有的是部分发明；有的是大发明，有的是小发明。但不论何种发明，都是以发现为基础的。发现是科学研究的成果，成果转化为生产力，对社会的发展具有重大的意义。比如美国科学家塞缪尔·弗·伯·莫尔斯根据电的学说发明了发报机，开创了通信的新纪元。世界著名的发明大王爱迪生一生做出了一千多项改变人们生活方式的发明创造。可见，技术创新能力的作用是很大的。要正确认识技术创新能力，还要把握它的基本特征：

（1）新颖性。发明的产品必须具有新颖性，这种新颖性不是创造者主观自封的，而是要得到社会承认的，是前所未有的。

（2）先进性。发明的产品必须具有先进性，先进性是指它比现有技术优越，使用起来好处多。

（3）实用性。发明的产品必须具有实用价值，能切实满足社会需要，而且有良好的效果。

（二）按作用方式分类

按作用方式分类，有个人创新能力，也有集体创新能力（即创造合力）。个人创新能力是个人智慧的升华，是不依靠他人直接参与的个人发现、发明和创造；集体创新能力是多人组合甚至是社会力量的共同创造。如一部词典、一项工程技术、一种科研成果、产品等，均可合作创造。特别是在个人难以完成的情况下，更需要合作才能进行成功的创造。

（三）按活动领域分类

按活动领域分类，有科学创新能力、技术创新能力、文艺创新能力、政治创新能力、教育创新能力、军事创新能力、管理创新能力等等。一句话，不论在哪个领域里，只要有创造性人才的创造性活动，就有相应领域里的创新能力。

（四）按层次分类

按层次分类，一般分为高层次创新能力和低层次创新能力。有人按层次分为四种创造性，即"第一创造性"（重大发明创造）、"第二创造性"（根据基础理论发明新产品或革新产品）、"第三创造性"（对前两种发明创造进行论证和开发）、"第四创造性"（自我性的创造）。创造力度不同，创造价值、目标和方法也不一样。

（五）按品质分类

按品质分类，有积极性的创新能力和破坏性的创新能力。这两种创新能力所产生的作用是完全相反的。前者可推动社会精神文明和物质文明建设的发展，给人类带来幸福；后者会给人类带来痛苦。当然，按品质分类，也有的介于两者之间，问题是看掌握在哪个统治者手中，为什么人服务。如制造原子弹，既可能限制侵略者的狂暴罪行，也可能给无辜群众带来灾难。我们应鼓励、调动积极性创新能力的发挥，反对、阻止破坏性创新能力的滋生和蔓延。

（六）按创造成功的时间分类

按创造成功的时间分类，一般可分为早期创新能力、中期创新能力、晚期创新能力。早期创新能力是指早期成才者（被人们称为"神童"的人才）所具有的创新能力，这种创新能力具有极不稳定性；中期创新能力是指中青年时期做出发明创造的人所具有的创新能力，这个时期创造成果最多，是创造的最佳时期；晚期创新能力是指那些大器晚成者的创新能力，大器晚成者在中青年时期没有做出什么成就，但打下了良好的基础，到晚年爆发出惊人的创新能力，获得成功。

这里需要说明的是，以上分类是相对的，不能绝对化、凝固化。随着人才的动态变化，社会人才体系不稳定，创新能力同样处于动态变化之中，往往不是"非此即彼"，而是"亦此亦彼"。

四、影响创新能力的基本因素

创新能力是人类所特有的一种能力素质，是人类在认识世界、改造世界的过程中不断形成、完善的一种特有的主体能力，是人类主体力量的重要体现。对现状的永不满足、对自身发展的不懈追求，构成了创新能力发展的动力源泉。大学生创新能力的形成与发展，既与大学生自身的创新思维、知识结构、智力因素、非智力因素等有密切的关系，也与外部的社会环境、校园文化氛围、教育模式、教师素质等有极大的相关性。总的说来，影响大学生创新能力的基本因素，主要有内在因素和外部因素两大方面。

（一）内在因素

1. 创新思维

思维是能力的内在基础，能力是思维的外显结果。任何类型的能力素质，都离不开主体的相应的思维能力。创新能力同样也离不开主体的创新思维，创新能力的大小、强弱，也与创新思维的强度、宽度、持久度等有直接的关系。所谓创新思维，主要是指对事物间的联系进行前所未有的思考，从而改进原有事物、技术、方法等或创造出新事物技术、方法等的思维方法，是一切具有崭新内容的思维形式的总和。一切需要创新的活动都离不开思考，离不开创新思维，可以说，创新思维是一切创新活动的开始。创新思维是思维的高级形态，因此，它既有一般思维的基本性质，又有其自身特征。与常规思维相比，创新思维的最大特点在于它的动态性、多向性、超前性和独创性，而这些特性的产生在于巧妙地发挥了人脑思维的潜能，特别是与右半脑的功能密切相关。凡是能想出新点子、创造出新事物、发现新路子的思维都属于创新思维。例如，古希腊著名哲学家阿那克西米尼生于中亚的莱普沙克斯，他思维灵活、想象力丰富。有一次，阿那克西米尼随国王亚历山大远征波斯，在军队将要占领莱普沙克斯时，他为使故乡免受兵燹，前往拜见国王。亚历山大早就知道阿那克西米尼的来意，未等他开口便说道："我对天发誓，决不同意你的请求。""陛下，我请求您下令毁掉莱普沙克斯"，哲学家大声说道。阿那克西米尼在这里就是运用创新思维，根据国王给出的答案，创造性地提出反向的问题，从而帮助他解决了难题，展现出他非同凡响的创新能力。

2. 知识结构

知识是能力的基础。创新能力必须要在知识积累到一定程度才可能发生。在知识不完备、对事物缺乏全面了解的情况下，创新主体很难具备创新思维。但并不是知识越多，创新能力就越强，二者不是完全的正相关关系。一个人能力的强弱，包括创新能力的强弱，不仅要看他掌握知识数量的多少，更重要的是看他知识结构的优化程度、与能力的契合程度是否合理等。只有对特定事物的知识自成一体，或者说系统化了的知识，形成一定的知识结构以后，才能为创新思维和创新能力提供一个生产新知识的思维空间。因此，应该确切地讲，人的知识结构是思维的基础，合理的知识结构是进行创新思维的硬件系统。

知识是人类在认识和改造主客观世界的实践中获得的认识经验的概括和总结，它包括直接经验和间接经验、感性认识和理性认识。人们的知识都不是单一存在，而是以某种特定形式复合存在，共同对主体的能力产生影响。这种复合的、由多方面知识组成的复合知识系统就是知识结构。

不同的能力素质所要求的知识结构是不同的，一般来说，越是简单、低级的能力素质，所需要的知识结构也相应简单、低级。相应地，越高级、强大的能力所需要的知识结构也越复杂、庞大。创新能力是主体一种十分复杂的能力系统，支持创新能力形成和发展的知识结构也十分庞大和复杂，其中涉及哲学、数学、文学、艺术及心理学、思维科学、创造学等不同学科的知识。与创新思维、创新能力有关的知识结构越完善、合理，对知识结构内部各种相关知识的认识和理解就越深入、透彻，所表现出来的创新思维和创新能力也将越明显、直接。

3. 智力因素

智力因素在主体的能力素质形成和发展中也具有十分重要的地位和作用。所谓智力，简单讲指的是人的聪明才智，是主体在遗传素质的基础上，在认识和改造主客观世界的实践活动中表现出来的心理特征和各种能力的综合表现，是保证人们有效地进行认识活动的那些比较稳定的内在心理特征的有机结合，属于认识的范畴。智力同样是主体创新能力的形成和发展的重要基础。与创新实践活动密切相关的主体的注意力、记忆力、观察力、想象力和思维能力等都是智力活动的重要因素。没有发展到一定水平的智力，就很难正确、迅速而有效地掌握知识和创造性地运用知识解决问题。创新能力正是对知识、智力以及能力的新颖、灵活的运用，它的发展和完善必须以一定的智力条件为基础。同时，还应当注意到，并不等于说智力越高的人，创新能力越强。受教育体制、考试考核方式等的影响，当前一些高校的教育教学、考试考核等明显有利于选拔智力较高的学生，导致学生在学习知识和开发智力时，常常以牺牲创新能力为代价，在各种学习活动中虽然取得了极高的成绩，但表现出来的创新能力却与他的智力水平不相称，即所谓的高分低能现象在高校中不同程度存在着。

4. 非智力因素

非智力因素是 1935 年美国心理学家亚历山大在其论文《智力：具体与抽象》中首次提出的一个概念。所谓非智力因素，从广义上看，主要指智力因素（观察力、记忆力、想象力、思维能力、注意力）以外的一切心理因素、环境因素、生理因素以及道德品质等等。狭义的非智力因素则指那些不直接参与认识过程，但对认识过程起直接制约作用的心理因素，主要包括动机、兴趣、情感、意志、性格等心理特征。一般来说，个性特征明显、善于发现问题、有冒险精神、富于挑战性、想象力丰富的人更具有创新能力。在创新能力的培养过程中，非智力因素尽管不能直接转化为创新能力，但它直接决定着知识积累的深度和广度及智力投入的高低。在主体知识水平相同、智力相差不大的情况下，非智力因素对主体创新能力的发展则起到十分关键的作用。对主体创新能力形成和发展具有比较大影响的非智力因素主要有以下四个方面：①冒险性，包括敢于提出问题，敢于冒险，不怕困难、失败或批评，勇于坚持自己观点，并为自己的观点辩护；②好奇心，对未知事物充满好奇，富有追根究底的精神，善于通过表面现象探索事物的内在规律，思路灵活，点子多，在复杂的情境中能有效把握关键环节；③想象力，包括视觉化和建立心像，对尚未发生过的事情能进行各种想象并进行直觉地推测、预测，从而对事物的认识能够超越感官及现象的界限；④挑战性，包括寻找各种可能性，了解事物的可能性及与现实之间的差距，能够从杂乱中理出秩序，愿意探究复杂的问题。这四方面也可以称之为创造力倾向。一般来说，这四种因素越强的人，其创新的潜在能力也越强，当然，这四种因素还需借助于主体的知识积累和智力水平等因素才能影响主体的创新能力。

（二）外在因素

1. 社会环境

人们常说"时势造英雄"，就是指社会环境对个体成长的重要作用。大学生作为独立的个体必然生活在各种各样的社会关系之中。这些社会关系的总和，就构成了社会环境。在人与社会环境的互动关系中，不仅人在影响环境、改造环境，环境同样也在通过潜移默化的方式影响人、改造人。社会环境对大学生创新能力的培养提高具有十分重要的影响。创新作为一种人类所独有的、以打破常规为主题的活动，必然需要一个比较宽松、自由的社会环境。很难想象，在一个保守、专制的社会环境内，主体的创新能力还能得到怎样的发展。布鲁诺以毕生精力继承、捍卫和发展了哥白尼的太阳中心说，并在此基础上提出了自己的关于宇宙无限性和统一性的创新性理论，却遭到当时神权社会的残酷压制和打击，甚至为此献出了自己的生命。社会可以通过营造浓厚的鼓励创新、支持创新的宣传舆论氛围，建立鼓励创新、支持创新的社会制度体系，为社会个体的创新活动提供良好的舆论环境和制度环境，使整个社会形成重视创新的价值导向，从而为大学生开展各种创新实践活动、实现创新目标、提高创新能力创设良好的外部环境。

2. 学校教育

学校教育是大学生接受正规、系统、完整的教育的主要阵地，对他们学习知识、形成个性、完成社会化等都起到巨大的作用。他们的创新能力，在很大程度上就是在接受学校系统教育，包括学校创新教育的过程中逐渐发展、不断成熟起来的。传统的学校教育模式，以传授知识为重点，整个认知过程中均以教师为中心，教师担当着传授知识的重要角色，而学生只能被动地接受老师所教的一切，学生学习的主观能动性受到一定程度的压制，进而也抑制了他们的创新思维和激情，使他们在学习过程中不敢标新立异，进行创新创造，在一定程度上使学生成为只会答题、解题的考试强者，而创新能力却得不到提高和加强。这不能不说是学校教育模式已在一定程度上对学生创新能力的培养产生了阻碍和破坏的作用。而以素质教育为中心，使教育真正回归以人为本的价值理念，做到以学生为中心，尊重学生的个性发展，通过建立有效的激励评价体系和宽松自由的教育管理模式，充分发挥学生学习的主动性和积极性，可以使大学生在整个认知过程中变被动为主动，通过积极思考问题、解决问题，激活他们的创新思维和创新激情，真正成为学习的主体，学会自主学习，进而培养提高自己的创新能力。

因此，学校教育应正视自己在学生创新能力培养过程中可能产生的两种截然不同的影响，努力摒弃对培养学生创新能力不利的教育模式，充分发挥学校教育在培养学生创新能力方面所具有的强大作用。

3. 教师素质

百年大计，教育为本。教育大计，教师为本。在学生创新能力形成和发展过程中，教师不仅是传道授业解惑的重要主体，其自身素质如何、学识是否渊博、教学方法是否有效、品德是否高尚，特别是教师自身是否具有创新精神及创新能力高低等，都直接或间接地影响学生创新能力培养的过程。一方面，教师通过系统的知识传授，可以优化学生的创新知识结构，弥补学生在创新知识方面的不足，为学生创新能力的形成和发展奠定必不可少的知识储备基础。另一方面，教师肩负教书育人的光荣使命，育人的过程不仅体现在课堂教学上，更重要体现在教师平常的言行举止上。正所谓"身教重于言教"，教师对每件事物的态度以及是否敢于创新，是否勇于坚持自己观念等，都以这样或那样的方式对学生产生着深刻的影响。因此，一个有创新思想的老师必定会在创新能力方面成为学生最好的良师益友，通过自己的言传身教，对学生创新能力的发展起到很好的示范、诱导和激发作用。同时，一个有良好创新能力的教师，还可以对学生的创新活动过程加以有意识地引导和帮助，增强学生参与创新活动的热情和愿望，并通过创新活动使创新能力得到不断的锻炼和提升。

五、提升创新能力的方法

（一）广开思路

一个人的思路越开阔，越容易产生创造性思维，其创造力越高。反之，一个人的思路越狭小，越不容易产生创造性思维，其创造力越低。有一个研究是让被试给一个故事情节定标题，所定标题的数目不限。被试分为两组：一组要求被试尽量保证题目的质量；另一组要求被试尽量广开思路，尽量多定题目。然后请两位专家对两组被试所定标题按 7 个等级评定其质量。结果发现：第二组被试在各种质量上的题目数量都比第一组多；从高质量题目的绝对数量来比较，第二组显著多于第一组。这个实验表明，广开思路有利于发展创造性思维。因此，要培养学生广开思路，遇到问题从多个角度来考虑的习惯，以提高学生的创造力。

（二）远距离联想

越是创造力高的人，越能进行远距离联想。因此，培养一个人远距离联想的能力，有助于其创造力的发展。有一个研究是给被试三个互无关系的单词，要求被试联想出与这三个单词都有关系的第四个单词，每组算一题，共 30 题。结果发现创造力高的人在这套题目上的得分比创造力低的人高。

（三）多中心注意

越是创造力高的人，越能进行多中心注意。因此，培养个体注意分配能力，有利于其创造力的发展。有一项研究是采用双耳分听技术，给被试两耳同时呈现不同的内容。要求被试事先对某一只耳朵的信息加以注意。实验结束后，要求被试辨认一些材料，这些材料是事先没有规定的那一只耳朵听过的信息。结果发现创造力高的人，辨认成绩高于创造力低的人，表明创造力高的人，能够同时注意多种信息。

（四）类比推理

能够发现两种事物之间的类比关系，表明一个人能够把二者纳入同一个深层次的上位范畴中，这有利于把已掌握的关系，转用于本来是非常生疏的事物的关系之中。这是创造性思维发达的一种表现。因此培养个体类比推理的能力，有利于其创造性思维的发展，从而培养其创造力。例如，用行星围绕恒星运动的关系，类比原子结构中电子围绕原子核的关系。这就是一种创造性思维的表现。从本质上来看，类比推理是进行创造性思维时的原型启发。仿生学就是利用类比推理，受大自然中原型的启发，进行发明创造的。

（五）克服紧张

创造力高的人，在进行创造性思维活动时，情绪表现出异常的冷静和平稳。因此，培养一个人克服情绪紧张的能力，对于他们的创造性思维有促进作用。大家都知道，只有在一个人安静状态下，才能记录到其大脑皮层的 α 波。高尚仁研究发现，书法家在进行书法作品创作时，大脑皮层容易记录到 α 波。而初学书法的人在进行书法作品创作时，大脑皮层不易记录到 α 波。表明书法家在进行创作时，情绪更加平静。

（六）集体讨论

集体讨论又称头脑风暴法，是由亚历克斯·奥斯本提出来的一种培养创造力的方法。在进行创造性思维活动时，每个成员必须遵守以下规则：第一，对产生的想象不作好坏的判断；第二，最好想象是自由奔放的；第三，尽可能大量地进行想象；第四，产生想象的同时，要根据别人的见解加以修正，并进行若干组合，进而使想象更加完善。头脑风暴法的基本做法是：教师要先提出问题，然后鼓励学生尽可能多地寻找答案，不必考虑答案是否正确，同时教师也不对答案做评论，一直到所有可能的答案都找出来为止。在课堂教学中，贯彻该方法就是采用班组讨论法来解决问题。在遇到问题时，通过集体讨论，要求每个学生先从自己的角度提出解决问题的见解，这样能极大地拓宽学生解决问题的思路。而且在相互说出自己解决问题的见解时，还能在学生之间产生互动，能彼此间激发出解决问题的灵感，迅速提高学生的创造力。

（七）心理安全

美国心理学家罗杰斯提出，要想培养学生的创造力，必须要形成和发展学生的"心理安全"和"心理自由"。因为，创造性活动从本质上来讲就是与众不同，在一般人眼中是"异常的"。所以，有创造力的人，必须在心理上有"自由"和感到"安全"。其中，"心理自由"是"心理安全"的结果。罗杰斯认为，心理自由的人有下列特征：第一，他能够坦然承认自己的身份，而不怕被人笑话或奚落；第二，他至少能象征性地表达自己的冲动和思想，而不必压抑、歪曲或隐瞒它们；第三，他能幽默地和以不同寻常的方式来处理印象、概念和词句，而不会感到内疚；第四，他把未知的和神秘的东西或者视为要应付的严重挑战，或者视为儿戏。

第十章　在未来路上遇见更好的自己

本章是在未来路上遇见更好的自己，主要讲述了制订学业规划，圆满完成大学学业、制订职业规划，实现人生价值两方面的内容。

第一节　制订学业规划，圆满完成大学学业

一、学业生涯的特点

（一）独特性

每个人的生涯发展是独一无二的，学业生涯也是独一无二的。学业生涯是学生依据其自己的人生理想，为了自我实现而逐渐展开的一种独特的学习历程。不同的学生有不同的学业生涯，也许某些学生在学业生涯的过程中有某些相似之处，但其实质可能是完全不一样的。

（二）发展性

人是生涯的主动塑造者。学业生涯是一个动态的发展历程，学生在校学习的不同阶段会有不同的要求，这些要求会不断地发展与变化，学生也会随之不断地成长和完善。

（三）综合性

学业生涯以学生角色的发展为主轴，也包括了其他与学习有关的角色，如公民、子女等，涵盖人生整体发展的各个层面的各种角色。

（四）共性和个性相结合原则

学业生涯规划既要反映学生发展的共性问题，又要满足不同学生的个性需求，有效地培养和发展学生的兴趣、爱好、特长，让学生的先天禀赋和个性潜能得到

充分的发展，以解决学生发展中存在的抑制学生个性与特长的问题。

二、制订学业规划的原则

（一）可行性原则

学业生涯规划是针对学生的实际提出的实践性原则。所谓可行性，就是指制订出来的生涯规划切实可行，具有现实性、可能性和可操作性；每个阶段的目标以及达到目标的方法力求科学、合理，是学生经过努力能够达到的。

（二）可调节原则

学业生涯规划具有发展性的特点，不是孤立、静止不变的，它应该能够使学生根据社会需求的发展变化和学生个体主观条件的变化，随时修正自己的生涯规划，在阶段性的目标上，可以根据进展的程度，酌情提高目标或降低目标。

（三）最优化原则

学生要力求自我身心和谐，使个人的性格、兴趣、知识和能力等与目标达到和谐统一，实现优化组合。

大学生学业规划建议如表 10-1-1 至 10-1-7 所示。

表 10-1-1 思想道德修养计划

思想道德修养计划	
1	树立正确的人生观、价值观、道德观，坚持正确的人生价值取向，坚持"利人利己"的人生策略
2	积极参加党、团活动和党校培训，争取在大四上学期前加入中国共产党或者成为入党积极分子
3	至少获得一项个人荣誉称号：优秀学生、三好学生、优秀学生干部、精神文明奖、美德奖、优秀共青团员、优秀毕业生等
4	讲究诚信，坚持认真学习，坚持考试不作弊，坚持诚实守信
5	每学年至少参加一次青年志愿服务或义务解说、义工、爱心奉献等公益活动，并在其中发挥作用

（续表）

	思想道德修养计划
6	每学期至少做一件对寝室、班级、学校、社会有益的事
7	从小事做起，提升自我人文修养，如注重公德和公共卫生，不乱扔烟头和垃圾，不污染环境，不在公共场合大声说话等
8	微笑面对每一天，和每个认识的人微笑着打招呼，向遇到的老师说声"老师好"
9	心存感激，常常给父母、亲朋打个电话或写封信，尤其在节日期间，要多问候
10	举止文明，言行得当，不做有损大学生形象的事
11	拥有阳光心态，每天早晨面对朝阳深吸一口气，对自己说："今天又是新的一天，无论怎样都要以阳光心态来面对！"
12	培养同情心，学会换位思考，学会替他人着想，常常与人交流
13	学会自己放松，能够自我调节，如参加自己喜欢的文体活动，列出自己的三大优点，洗个热水澡，换个发型，穿上最喜欢的衣服，还可以邀约两三个好友一起逛街或看部喜欢的电影
14	学会与人分享，常常与人交流，分享自己的快乐和痛苦

表 10-1-2 专业学习及专业拓展计划

	专业学习及专业拓展计划
1	完成教学计划规定课程的学习，并顺利通过考试，不挂科
2	认真参加选修课学习，加强人文素质修养的提升
3	通过学位英语、大学英语四级（六级）考试或英语专业四级（八级）的考试
4	按时顺利毕业，并获得毕业证书和学位证书

专业学习及专业拓展计划
5	在安排好第一课堂学习的前提下，积极参加第二课堂活动，并在其中发挥自己的作用
6	认真听取学术讲座，并从中获得相应启迪
7	利用寒暑假，开展"三下乡"活动、社会调查、打工、勤工俭学等社会实践活动，尽可能利用第三学年寒暑假开展专业实践活动
8	至少参加一次"挑战杯"、数学建模、电子设计大赛、英语大赛、科技学术与创新创业等各类学科竞赛活动，并通过各种大赛培养自己的能力

表 10-1-3　个人能力和特长发展计划

个人能力和特长发展计划
1	找到自己感兴趣、有优势的"点"专精下去，坚持在该领域每天至少学习半小时以上，争取到毕业时在某方面有一定特长
2	树立个人品牌意识，突出个人亮点，如热情、乐于助人、忠诚、认真、严谨、负责、专业等
3	毕业前至少具备一技之长，如外语、计算机、写作、演讲、书法、绘画、表演、主持、音乐、舞蹈等
4	争取担任一届校、院、团、班级、寝室等干部，或者社团、刊物负责人，并努力培养自己的组织能力
5	参与一次班级或院系大型活动的组织工作，并积极培养自己的协调能力
6	至少参加一个与兴趣、特长或专业相关的社团

表 10-1-4　职业资格与技能证书获取计划

职业资格与技能证书获取计划
1	获一项与专业或选定职业相关的专业资格证书，如工程师证、教师证、律师证、秘书资格证等
2	至少获取一项证明自己特长的证书，如雅思、托福、GRE、英语四（六）级、计算机等级、普通话等级、驾照、书法与绘画等级、器乐等级证书等
3	尽量获得一项学校、学院（系）颁发的竞赛获奖证书

表 10-1-5　习惯养成计划

习惯养成计划		
学习习惯养成	1	一心向学，利用所有闲暇时间直接或间接做与学习相关的事
	2	定时定量学习，每天保证固定学习时间，规定必须完成的学习任务，包括必须完成的外语单词和语法，数理化的定理、定义、公式，中文的字、词、义等的记忆任务
	3	联系课堂，深入思考，善于提出问题和不同见解
	4	注意养成良好的学习和生活习惯，保护好身体，不要以牺牲身体为代价而追求成绩提升
	5	坚持写日记和读书笔记，把自己的心得和体会真实记录下来
	6	常常去图书馆饱览群书
	7	将每天上网愉乐时间减少半小时，用于阅读、文体活动或与人交流
生活习惯养成	8	遵守学校的作息时间
	9	坚持晨练和早读
	10	常常参加体育锻炼或文娱活动
	11	注重个人卫生、饮食卫生
工作习惯养成	12	遵守时间
	13	诚实守信
	14	兢兢业业
	15	快乐工作
克服不良习惯	16	主动工作
	17	善于抓住重点工作，善于分配时间
	18	坚持不懈，善始善终
	19	克服投机取巧，立足踏实工作
	20	克服马虎轻率，坚持仔细认真
	21	克服浅尝辄止，坚持进行到底
	22	克服推托借口，善于勇往直前
	23	克服嘲弄抱怨，善于自查原因
	24	克服吹毛求疵，学会包容别人
	25	克服眼高手低，能够实事求是

表 10-1-6　读书计划

	读书计划
1	在大学四年中，至少阅读 20 本对自己有用的书籍，此外阅读自己喜爱的相关杂志、报纸、文献等

表 10-1-7　毕业去向计划

	毕业去向计划
1	本科课程结束时初步确定毕业去向：就业、考研还是出国深造
2	大三上学期最终确定毕业去向，根据毕业去向选修相关课程

四、学业规划的意义

随着信息时代的到来，终身学习已成为 21 世纪的生存理念。大学生涯作为人生的新起点，大学生们更要主动应对日新月异的知识更新和技术革命，否则无法适应信息社会给人们的工作和生活带来的变化。心理学认为，人的学习与发展过程，是人在意向心理活动的主导控制下，能动而有选择地获取科学文化知识，提高认识、发展各种智能并形成科学世界观及相应道德品质和行为习惯的过程。一年级是大学的基础，就像楼房的基础一样，基础打得愈牢，楼房就能盖得愈高。因此，制订学业生涯规划应全方位地渗透到学生的学习生活中，不仅作为一个理念，而且要通过科学、有效的途径和方法，指导学生形成适合每个个体的学业规划方案，分解所要实现的目标，落实步骤、措施，最终达到个人生涯发展目标并满足社会发展需要。

（一）有利于让学生更好地认识自我，确定发展目标

我国中小学的目标教育主要是社会理想教育，对学生自身的生涯规划没有做过较全面的指导，学生在选择、决定生活和职业发展方向时没有主人翁意识，也没有每一阶段都要为自己确立合理的目标的意识。进入大学后，面对众多选择必须由自己来决定的局面时，一部分学生目标模糊，没有清醒的认识，不知道自己适合做什么，不知所措。还有一部分学生目标多变，今天觉得考研有出路，想继续深造；明天又想多学点技能，早点找工作，结果到头来都没有准备好。

学业生涯规划的前提是做好自我认识和自我评估，这是实施生涯设计的关键。

学生需要从兴趣、特长、性格、能力、道德水准、社会中的自我评估等方面深入地了解自我，通过分析自己适合做什么，对什么感兴趣，最想做什么，以及自己的性格弱点、劣势，来确定发展目标。

只有在充分认识、分析自己的基础上确定的发展目标才是科学的、可行的。因为确定发展目标时，既不能把目标订得太低，使学习达不到一定的紧张度，影响成就感的获得；又不能把目标订得过高，力不能及，而导致挫折感、自卑感的产生。

（二）有利于让学生更好地完成学业，提高就业竞争力

大学生有远大的理想，有较高的成才期望值，有强烈的独立意识，但不少人缺乏自律、自控能力，学习也缺乏主动性和自觉性。因此，在制订学业生涯规划以后，学生能更清楚自己每个阶段应该做什么，接下来需要达到什么样的要求。学业生涯规划相当于一个约束和激励机制，它由一个个阶段性的目标组成，能指引学生逐步前进。学生在达到阶段性目标的时候，会看到自己明显的进步，获得成就感，可以激励学生去更加努力地实现下一个阶段性目标。

同时，学生在完成学业的过程中，锻炼了自己，提升了素质，获得了就业所必需的专业知识、技能，培养了自己的交际能力、人际沟通能力、管理能力等，为将来的就业增加了竞争的砝码，提高了就业竞争力。

（三）有利于帮助新生度过适应期

长期以来，我国的基础教育都是应试教育，教师采用"填鸭式"的教育方式，点点滴滴，面面俱到，学生听课、作业、考试等教学环节都由教师亲自安排，学生习惯了被动学习，缺乏主动性和自主性。而进入大学后，教学方式比较灵活自由，教师讲课时抽象阐述较多，提纲挈领，一般只讲授重点难点、思路结构和关键性的问题，其他内容则需要学生转变学习方式，靠自学理解来完成。这需要学生化一段时间来适应。

学生经过初中、高中长时间的艰苦奋斗，考入大学后会产生放松学习的心理，很多学生会产生迷惘感和盲目感，不知道自己下一步该干什么。由于生活、学习环境的改变，他们需要时间和心理调整来重新适应新的生活和学习模式。教师指导学生进行学业生涯规划有助于帮助新生缩短适应时间，尽早开始有目标、有计划的大学生活。

（四）有利于终身学习

按照传统的人生设计法则，学习和工作是截然不同的两个阶段。人在年轻的时候，要在学校好好读书，为今后的工作和生活做好准备。而当人们一旦走上工作岗位后，学习便成了一件可有可无的事情，学与不学全凭个人兴趣。

然而，在进入知识经济时代的今天，人生中学习和工作这两个阶段之间的界限变得模糊了。无论你是本科生还是博士生，也无论你如何讨厌学习，那种把从学校毕业当作学业生涯的终结，拿到毕业证就与学习"拜拜"的观念都行不通了。科学技术的飞速发展，使你不可能在在校学习期间就掌握终身受用的知识，因为许多知识在今天看来还是新的，再过几年就可能被淘汰，而你未来工作所用到的许多东西，在你学习期间可能还尚未产生。所以，我们应该而且必须把从学校毕业当作学业生涯的新起点，并在此基础上，对一生的学习进行重新规划和设计。

五、学业规划设计指导

大学是人生的关键阶段。这是因为，大学生进入大学后开始追求自己的理想、兴趣。这是大学生离开家庭第一次独立参与团体和社会生活。这时，你不再单纯地学习或背诵书本上的理论知识，第一次有机会在学习理论的同时亲身实践；这时，你不再由父母安排生活和学习中的一切，而是由你自己自由地处置生活和学习中遇到的各类问题，支配所有属于自己的时间。

大学是人生的关键阶段。因为，这可能是你一生中最后一次有机会系统性地接受教育，最后一次能够全身心建立你的知识基础，也可能是你最后一次可以将大段时间用于学习的人生阶段，甚至可能是最后一次可以拥有较高的可塑性、集中精力充实自我的成长历程。这也许是你最后一次能在相对宽容的、可以置身其中学习为人处世之道的理想环境。

大学是人生的关键阶段。在这个阶段里，所有大学生都应当认真把握每一个"第一次"，让它们成为未来人生道路的基石；在这个阶段里，所有大学生也要珍惜每一个"最后一次"，不要让自己在不远的将来追悔莫及。在大学的学业生涯里，大家应该努力为自己编织生活梦想，明确奋斗方向，奠定事业基础。

从进入学校的第一天开始，学生们就必须从被动转向主动，必须成为自己未来的主人，必须积极地管理自己的学业和将来的事业。理由很简单：因为没有人比你更在乎自己的工作与生活。"让大学生活对自己有价值"是一种责任。许多学生到了临毕业时才开始做人生和职业生涯的规划，而一个主动的学生应该从进入大学时就开始规划自己的学业和未来的职业。

（一）要仔细考虑三个问题

这三个问题即：我可以往哪方面发展，我喜欢往哪方面发展，我最有可能往哪方面发展。也就是在规划自己的学业之前，先弄清楚自己属于哪个类型的人，起点是什么，最喜欢做什么，希望自己成为什么样的人等等。如果自己不知道要到哪儿去，也许哪儿也去不了。

（二）要把握好四个准则

每个人只有一次生命，人生之旅只发行单程车票，学业也好，职业也罢，如果规划不好，很可能一路上坎坎坷坷。因此，在做学业规划和职业规划时，要遵循四个准则：

1. 择己所爱

兴趣是最好的老师，是最初的动力，是事业腾飞的引擎。调查表明，兴趣与成功有着明显的正相关性。纵观古今历史，正是对兴趣的无悔追求才造就了一代又一代的杰出人物。大学生在规划自己的学业目标时，务必考虑自己的特点，珍惜自己的兴趣，择己所爱，选择自己喜欢的专业方向和研究领域。

2. 择己所长

任何职业都要求从业者掌握一定的技能，具备一定的条件。年轻的大学生可能兴趣广泛，强项较多。不妨采用比较优势原理，观察周围的同学，研究他们的长短，然后做出选择。千万要注意选择最有利于发挥自己优势的专业方向和研究领域。

3. 择世所需

既要充分考虑未来，分析社会不断发展变化的需求，又不能盲目跟风，因为最热门的并非是最好的。选择社会需要又最适合发挥自身优势的专业方向和研究领域才是最好的。

4. 择己所利

不可否认，规划好自己的学业，是为了将来有更好的谋生手段；通过职业劳动，为社会做贡献、创造财富。但第一动机在于个人生活的幸福。利益倾向支配着每个人的学业规划和职业选择。大学生在确定自己的专业方向和研究领域时，要考虑到自己的预期收益（包括收入、地位、自我实现程度等），这种预期收益要求实现幸福的最大化。

（三）要认真走好四步路

1. 审视自我，评估环境，构建资源网

审视自我包括了解自己的兴趣、特长、性格、学识、技能、智商、情商、思维方式方法、期望等。评估环境包括了解市场需求、行业动态、就业前景、周围人们对自己的评价、现有的和潜在的有利和不利的条件等，这是做好学业规划的基础和资源。

2. 确立目标

这是制订学业规划的关键，目标确立要以自己的最佳才能、最优性格、最大兴趣、最有利的环境等信息为依据。同时，目标要确立在美好的憧憬之上，否则确立的目标不会远大。

3. 制订策略

制订策略即制订实现学业规划的行动方案。实施策略如同阶梯，要做到要求明确、具体可行。行动方案要包括如何提高学习效率，计划学习哪些知识、掌握哪些技能，如何开发自己的潜能，如何参加社会实践，怎样克服学业规划道路上的各种艰难险阻，怎样安排时间等方面的措施。

4. 调整和修正目标

现实社会中种种不确定因素的存在，要求学业规划的设计具有一定的弹性，以便于自己及时反省和修正学业目标，变更实施措施与计划。一份有效的学业规划设计，是人生路上的一盏明灯。大学新生只有上好了这堂必修课，才能够赢在起跑线上，找到通往成功的最佳途径，实现自我，成就自我。

第二节　制订职业规划，实现人生价值

一、职业规划的类型

按照规划的时间维度，职业规划可分为短期规划、中期规划、长期规划和人生规划四种类型。

短期规划：即两年以内的规划，主要是确定近期目标。

中期规划：一般为2~5年内的职业目标和任务，是最常用的一种职业规划。

长期规划：即5~10年的规划，主要是设定较长远的目标，以及为实现此目标应采取的具体措施。

人生规划：即整个职业生涯的规划，时间长达 40 年左右，主要是设定整个人生的发展目标和阶梯。

从字面上看，个人职业规划从短期到中期，再到长期，直至整个人生规划，如同台阶一样一步步地发展。但在实际操作中，跨度时间太长的规划往往由于环境和个人自身的变化难以把握，而时间跨度太短的规划意义又不大，所以，一般人们把个人职业规划的重点放在 2~5 年的中期规划，这样既便于根据实际情况设定可行目标，又便于随时根据现实的反馈进行修正或调整。

二、职业规划的基本原则

（一）社会需求原则

职业是社会性活动，它必定受到社会的制约，如果职业脱离社会需求，将很难被社会接纳。大学生进行职业规划时要把握社会对人才的需求状况，以社会需求作为出发点和归宿点，这样的职业规划才具有现实性和可行性。

此外，个人的职业发展与社会发展有着密切的关系。个人要求社会提供适宜发展的条件，满足个人的需要；同时，个人也必须为社会做出贡献，完成自己的社会义务。个人的发展必须顺应社会的发展，在追求个人发展的同时，不仅不能损害社会发展，还要推动社会发展。只有社会发展得好，社会中的每一位成员才可能有更好的自我发展。

（二）利益结合原则

利益结合原则即个人发展要与企业发展和组织发展相结合，应处理好个人与企业、个人与组织间的关系，寻找个人发展与企业发展、组织发展的结合点。

个人的职业发展，无论是就业还是自主创业，都离不开企业或其他社会组织。个人是在一定的组织环境和社会环境中发挥才干的，必须接受组织的现实状况，认可组织的目标和价值观念，并把自己的价值观念、知识技能和刻苦努力集中于组织的需要和发展上。因此，在进行职业规划时应遵循利益结合原则，对自己进行恰当的定位。

（三）提升能力原则

职业规划必须与提高综合能力相结合。知识经济时代是崇尚创新、呼唤创造力的时代。因此，在自我的职业规划中，应注重培养推陈出新、追求创意、以创新为荣的意识；要使自己具有广博的知识和开阔的视野；要树立终身学习的意识以适应瞬息万变的社会形势，跟上时代发展潮流；要注重个性发展，要用已有知识探索未知世界，解决新问题，创造新机会，努力成为社会中的强者。

在此过程中，还应认识到个人智慧的局限性和团结协作的重要性，培养团队精神；在人际交往中培养良好的沟通能力，与他人友好合作。唯有如此，才能在职业生涯发展中不断提升自己的综合能力，才能更好地应付知识经济时代的各种挑战。

（四）时间梯度原则

人的生命是短暂的，职业生涯则更为短暂。我们从 20 岁左右开始工作，到 60 多岁退休，其间只有 40 年左右的时间。除去其他活动的时间，真正直接用于工作的时间非常有限。时间梯度原则就是根据自己的短期目标和中长期目标，确立每一个目标的开始时间和结束时间，按期完成任务。如果没有明确的时间规定，就会失去职业规划的目的和意义。

（五）发展创新原则

发展原则包括两个方面的含义：一是综合考虑时间和地域因素，确定这个职业未来有无前途。例如，很多资源性行业尽管当前效益很好，但一旦资源枯竭，企业和个人都要面临艰难的转型；二是要确定这个职业是否符合自己的兴趣，能否发挥自己的专长，自己在这个职业岗位上有无发展前途。

创新原则是指在职业生涯发展过程中不断创新，开拓新思路，使用新方法，发现新问题，制订新目标。我们可以分析许多成功人士的职业生涯发展历程，并以此作为自己进行职业规划的重要参考。

（六）综合评价原则

综合评价原则即对职业生涯进行全过程和全方位的综合评价。一个人的发展是分阶段的，发展目标也是分阶段完成的，因此要注意对阶段目标的进展和实现情况进行评价，适时进行反馈和调整，使职业生涯朝着正确的方向发展。同时，综合评价原则也可以促进个人在职业生涯、个人事务、家庭生活三方面协调发展。

三、大学生职业规划的常见问题

大学生职业规划一般可分为五个步骤：第一，认识自我；第二，认识环境；

第三，职业定位；第四，制订计划与措施；第五，反馈与调整。大学生就业和生涯规划中常见的问题集中体现在这五部分中。

（一）认识自我中的问题

1.认识自我的途径单一

90%以上的学生都是通过职业生涯测评系统来认识自己。实际上大学生在制订职业规划时需要与周围熟悉的朋友、家人和老师多点沟通，充分清晰地了解自己，并且听取他们的建议去反复修正规划，而不是独自一个人想出来的。

2.认识自我的内容不够全面

大部分学生只分析了个人的兴趣、爱好、特长、性格、价值观、个人的优缺点，没有谈到个人的情商、思维方式，而这些因素对职业生涯有着非常重要的影响。美国哈佛大学心理学家丹尼尔·戈尔曼指出，真正决定一个人能否成功的关键，是情商而不是智商。情商水平高的人，社交能力强，外向，不易陷入恐惧或伤感，对事业较投入，富于同情心，情感生活较丰富但不逾矩。思维方式是人们大脑活动的内在程式，它对人们的言行起决定性作用。思维是智力活动的核心成分，思维方式的不同体现了每个学生智力和能力的差异。所以，对个人情商和思维方式的认识是自我认识的关键。

（二）环境分析中的问题

1.环境分析只有普遍性没有特殊性

大部分人都分析了家庭、学校、社会（政策、法律）等环境对自己的影响。对家庭环境，着重分析家庭经济情况的好坏、家庭期望，没有分析家族文化。对学校环境，只简单了解学校性质，没有了解社会认可程度、校风、专业以及适应本专业的工作领域。对就业形势的评估，也只是从宏观的角度来分析问题，犯了"大而全"错误，缺乏针对性。

2.关注职位能力不够，对行业、职位了解的途径单一

对职位所需能力关注不够，即职位需要具备什么能力。很多学生不清楚未来职业的工作内容、工作环境、任职条件（所需的知识、能力、经验和证书等）以及相适应的职业兴趣类型。大部分人是通过互联网对行业、职业进行了解，认识单一。大学生还可以通过多种途径，例如报纸、人才招聘会、行业展览会、生涯人物访谈等，来了解职业信息。

（三）职业定位中的问题

除了定位分析不明和专业与职业关联度小外，大部分学生目标订立得过于理想化。有些同学是专科生，选择的职业却偏偏是大学教授。理想的计划是专科毕业后通过专升本考试，本科毕业后，然后参加考研，然后读硕士、博士，最后是大学教书，慢慢评上教授。当初只能考上专科院校，这说明自己在读书方面或考试方面就不是很有优势，现在制订职业规划用自己不是特别擅长的方面来与当初考上本科的同学竞争，这取得成功的机率可能不大或只能说是理想化。学生最好根据自己的专业知识做出职业规划，最重要的是抱着积极而又务实的心态，接受从底层做起积累经验。

（四）计划执行中的问题

计划的可实施性不强，想当然的多，结合实际的少。大学毕业后的计划只是对未来职业的各个岗位的具体描述，而且多是从互联网搜索得来的，并没有与实际相结合。未来职业是计算机行业方面的管理人员，如基层管理（一年）- 初级管理（两年）- 中级管理（三年）- 高级管理（五年）。这个计划是如何制订出来的呢？是请教了在职人员，还是自己想当然呢？大学生应该多和社会职场人士沟通、交流，获取足够的行业、企业和职位信息，那么就可以保证职业规划的社会性和可实施性。应该结合自己的测评报告，发挥自己的长处，尽量使计划执行不再是凭空想象。

（五）反馈修正中的问题

部分学生根本就没有反馈修正这个步骤，而且计划与备用方案之间缺乏内在联系。反馈应该坚持"吾日三省吾身"。有些学生这部分过于简单化，只是提到如果未能按原计划实行，那么就从事别的工作，并没有确实可实施的备用方案。如计划是报社的广告营销工作，备用方案是保险公司销售人员，以致计划与备选方案都行不通。

总之，大学生职业规划存在这样的倾向，自我认识简单化，环境分析普遍化，职业定位、计划执行理想化，反馈修正省略化。对策应是自我认识全面化，环境分析个性化，职业定位、计划执行实际化，反馈修正灵活化。

四、影响职业规划的因素

影响职业规划的因素很多，可以分为社会因素、家庭因素和个人因素。具体分析如下：

（一）社会因素

人类社会确实存在着严格的层次划分。每个社会都存在不平等的情况，差别在于划分的原则不同，有的是基于宗教信仰，有的则基于经济基础。社会上所存在的不平等会影响我们的职业生涯。

每个所出生的环境，对他们未来的生活、机遇都有着比较大的影响。受过较高教育的父母对待孩子教育的方式，与没有受过高等教育的相比便有较大的差异。本身对世界给予他们的机会毫不知情，四周环境似乎生来就是如此。没有察觉到他们的社会关系正深深地影响着他们日后的生活及工作。

每个学校教诲学生的态度都不一样。从掌握职业的角度来看，最重要的一点是，层次低的学校的学生谈的是"找工作"，层次高的学校的学生则关心"拓展事业"。一所低层次学校的老师这样形容一般学生常有的态度："这里的学生大多把工作看作是学校的延伸。他们希望找工作，但只把工作当作是必须去做的义务，好以此赚钱维持生活。他们中的大部分在离开学校后，都没有什么追求进步的意识，而是能够找个饭碗，仅此而已。"从这个观点来看，最糟糕的事恐怕是很多学生都看不出学校里的教育和生命中的现实有何联系。

社会学家要替人划分他所处的社会阶层时，常常先问这个人的职业。数十年来，社会学家已经认识到，职业和社会阶层关系密切，虽然彼此的界限模糊，但职业发展的确是阶层衍生的结果。

首先，属于某一社会阶层和职业必然构成某种形态，由此形成个人不同的兴趣和追求。其次，属于某一社会阶层的人，都有一种可以被察觉的特征，而此种特征则足以影响别人，尤其是雇主。假若某人的特征获得雇主的认同或欣赏，工作的机会就较易获得。

社会阶层算是比较封闭的一种形态，因为人往往只喜欢和他们自己那个阶层的人聚合，比邻环境只吸引某阶层范围内的人。同样的，友谊形态也与社会阶层相关。社交圈为某一类型的人提供机会，社会学家所称的"生存机会"多半即由社交圈所决定。

虽然社会阶层深深地影响职业生涯，但是阶层界限并非牢不可破。它不但有变动的可能，而且是被人接受的。事实上，很多人为了提升自己的社会地位，有时候他们需要离开原本的阶层，加入他们工作及生命旅程上的新阶层。对于社会阶层变动的重要性，美国人鲍比说："我生长在一个贫困的工人家庭中，我知道如果我想成为一个从事自由职业的人，这个背景会是个挂在脖子上的重担。所以我变化口音，与中产阶层的人交往，渐渐变得文雅起来。现在我的一举一动都是这个样子。这是个经过深思熟虑后的选择。"

一个人的社会阶层一旦建立，就像模子里的果冻，很难再得以改变。阶层限制了人们可能获得的满足标准。也许，企业只就社会阶层来挑选员工的时代正在逐渐改变，但是，社会阶层在目前多少仍是一大束缚。

（二）家庭因素

这是对别人（多为家人或朋友）、对社会及对财务状况所承担的义务。任何年满18周岁的成年人必定会受到各种义务的束缚。正如品学兼优而自动放弃研究生考试免试资格的一名大学生所说："父母年事已高，体弱多病，我得先找一个工作以减轻他们的负担，等到条件成熟时我会再考回学校来的。"某校中文系的一名毕业生，从跨入大学的那天起便立志成为一名记者，但最后在毕业生就业协议书上签下的不是某某报社，而是一家企业。在鉴于协议书的那一刻，他感慨万千，那是一种放弃曾经无限痴迷的梦想之后无奈的叹息："我没有冒险的资本，我不能那么自私，只为我自己潇洒而不考虑家人，一份高薪稳定的工作对我来说比较合适，至少在最近几年应该是如此。也许有一天，当我还有那份痴迷和激情时，而我又找到更好的起点时，我还会重新选择。"

（三）个人身心健康状况

健康是诸多影响因素中最具影响力的一项，对于职业的选择特别重要，几乎所有的职业都需要有健康的身体。譬如，录音师依靠听力，教师依靠嗓音，邮递员依靠双腿。与人的健康不幸的问题相仿的是因酗酒、吸毒等"蓄意"造成的不良健康。

有的人经历过重大的健康衰退，他们回想起来，倒觉得遭遇病痛，常常可以因此重新评价、定位个人生命中什么更为重要。例如，人到中年因心脏病发作，往往会影响此后的整个职业生涯，发病者通常会因此日益警觉人生的宝贵和特殊。当事物有用时，人们常常不知道珍惜，失去了才知道多么宝贵。所以，年轻的大学生在拥有健康时应好好珍惜和爱护，应从父辈那里汲取经验教训，须明白宝贵的健康对职业的发展是多么的重要。

人不管遇到哪方面的疾病，他的行动或多或少都要受到限制。对身心健康的关切，与有效的职业规划直接相关。事实证明，凡是积极追求健康的人，大多满意他们过去的职业经历。他们看重生命，关心健康，执着追求。紧张忙碌的职业会导致压力的产生，因此，采取一些锻炼身体的技巧，以适度的压力激励自己，但又不伤害身体是十分重要的。

（四）个人教育程度

教育是赋予一个人才能、塑造人格从而促进个人发展的活动。获得不同教育程度的人，在个人职业选择或被选择时，具有不同能量。一般来说，接受过较高水平教育的人，在就业以后会有较大的发展；在职业不如意时，再次进行选择职业的能力和竞争力也较强。另外，人们所接受教育的专业、学科门类，对职业生涯也起着决定性的作用。人们在选择职业、转换职业时往往与所学的专业有一定的联系，或以该专业的理论知识、技术能力为基础，流动到更高层次的职业岗位上。因此，教育职业的进展深受正规教育或专业培训的影响，教育程度是事业成功中不可缺少的因素。凡是社会阶层高过其父母所属阶层的人都觉得，教育是改变其社会地位的主要动力。但是，对大多数人的职业而言，未必尽然。雇主往往对录用者的能力高低有更大的兴趣，而不只注意他们所具备的教育资格。一般来说，他们要找的是既受过正规教育，又具备某些没有固定规范的个人发展潜力强的人。

（五）性别因素

虽然男女平等的观念已经普及多年，但性别因素仍然扮演着重要的角色。

目前，尽管我国社会提倡男女平等，但明显的区别还是存在。一般人差不多都认为，卓著的事业是男人的幸福。有些女性对自己在事业上能做出出色的成绩感到怀疑，因为她们还要把自己的精力分给家务和家人。有些女性认为事业比较重要，但并非所有的女性都是如此。

因此，所谓职业规划与事业成功之间的相关，全看你的希望与努力而定。男性事业和女性事业间的不平等，可以用两个方法加以判断，那就是把它当作是生理差异所致而完全接受；或者把它当作是不公平的历史产物，而以过失看待。心理学家一直在争论，两性间的态度、价值、行为和需要的差异，到底是来自基本的生理差异，还是社会环境？这个问题颇为重要。假如你相信两性基本上相同，那么你的性别应该不会影响你的职业选择与事业成功；反之，如果你相信两性间真有重大的差异，那么，不管是男性或女性，其所具备的不同天性都会反映在事业中。

事实上，很少人能完全漠视性别问题——雇主在态度上通常歧视女性，而雇员在行动上也歧视女性。每个人都必须充分发展自己的性别特色，并使自己能够获得成功，当然，这就与职业的选择密切相关了。

（六）对自我的认识

人们对自我能力及性格的定义，往往也决定了自己的行为。很多人承认，由于缺乏自信，他们不去追求特殊的愿望。假若能够给自己灌输信心，则他们的行为就可能截然不同。自我形象强烈限制职业抉择，但这点差异可借内心的潜意识来解释。有些心理学家喜欢把"自我观"说成"心理图"。这张图的比例和内容由个人决定。他（她）也许认为一切如实，但事实上这张图可能完全是虚构的，或者可能画出实际不存在的内容和界限。

自我形象有时候是一种限制，因为它会导致过度膨胀的自我。有人过高估计自己的能力，结果因为别人不承认其才能而产生愤怒、受伤之感。

一切以事业为主的人应该找出一个真实的自我形象，勿使自我过度膨胀，或者让自我形象含有不切实际的华丽幻想。在两极平衡的最佳状态中必须融合自信和谦虚。

五、职业规划的步骤

职业规划是个周而复始的连续过程。一般认为，大学生进行职业规划主要包括以下几个步骤：

（一）自我评估

自我评估就是对自己进行全面分析，通过自我分析认识自己、了解自己，因为只有认识了自己，明确了自己的长处，才能正确选择自己要从事的职业，才能选定适合自己发展的职业生涯路线。

自我评估包括对自己的气质、性格、兴趣和能力进行评估，也就是"知己"。弄清"我是谁"，是进行职业规划的基础，也是职业规划的难关。认识自己是一件很困难的事，尤其是能认识自己的短处则更加困难，不能准确地认识自己的长处、短处，不能"兴其利，改其弊"，也是无法实现自己的职业目标的。

不适当的自我评估包括过高的评估和过低的评估。过高的评估往往使自己脱离现实，意识不到自己的条件限制，甚至自傲狂妄，由自信走向自负；过低的自我评估，往往忽视自我的长处，缺乏自信，过于自卑。过高或过低的自我评估，对自己都是不公正的。在对自己进行评估时，既要看到好的一面，又要看到不足的一面；既要对某一方面的特殊素质进行具体评估，又要对其他各方面的整体素质进行综合评估；既要考虑全面的整体因素，又要考虑其中占主导地位的重点因素。反之，任何一种片面、孤立、不分主次的自我评估，都不可能全面而正确地反映自己的整体素质状况。

在进行自我评估时，只有以客观事实为基础和依据，才有可能使自我评估趋于客观、真实。此外，还应以发展、变化的眼光看待自己，不但对自己的现实素质做出适当、全面、客观的评估，而且应当着眼于未来的发展变化，预见性地评估自己将来的发展潜力和前景。

（二）环境分析

每个人的人生目标是在符合社会这个大环境要求的前提下才得以实现的，在制订职业规划时就必须十分清楚地分析环境，明确社会的价值取向，了解社会政治经济、科学文化、自然环境等方面的态势，才能知道"我可以做什么"，才能使自己的职业规划具有实际意义和可行性，才能做到"顺势而为"。

大学生要从分析家庭、社会环境和职业社会的需求出发，了解市场、行业发展趋势，认清环境为自己带来的有利与不利条件。这里最重要的是政治风云、经济兴衰，还有科学文化潮流、社会时尚，乃至自然灾害、饥荒、瘟疫等，无疑都深刻地影响着我们的职业规划。只有对这些环境因素进行充分了解和深刻分析，才能做到在复杂的环境中趋利避害，使职业规划具有实际意义。

（三）确定目标

职业生涯目标是个人对未来职业生活的构想和规划。大学生应当确立明确的职业生涯目标，即明确自己毕业后准备从事什么行业、什么职业。当然，任何人的职业理想都要受到社会环境和社会现实的影响和制约，因此，在确定职业生涯目标时，大学生应当以社会发展的需求为客观依据，以自己的兴趣爱好和能力为主观依据。

在初步确定了自己的职业生涯目标之后，为了使目标具有可行性，可以设计一个相对长期的目标，在具体的大学生涯中，需要对长期目标进行分解，细化成中短期目标，这样才能够有针对性地逐步实现自己的长期目标。

一般说来，大学生应根据大学阶段的不同情况，确定不同的奋斗目标，具体如下：

大学一年级。探索和了解。首先了解自己所就读的专业或者自己理想的专业近几年的就业状况；其次，多与老师、学长等进行交流，了解专业发展情况；再次，多参加学校的活动，增强自己的人际交往能力，发掘自己的潜力；最后，努力打好学习基础，使未来的学习生涯有一个良好的开端。

大学二年级。基本定向。通过一年的学习生活，应该对自己的未来有一个相对确定的方向，如确定自己是考研深造还是就业，要根据不同的情况开展不同的学习生活。在大方向上，有意识地培养自己的能力和综合素质。

大学三年级。努力和冲刺。这个时候，应该很清楚自己毕业后的去向，要考研、出国深造或是就业。

大学四年级。分化决定。首先要检验自己确定的方向是否明确；其次，要回头看看前三年的准备是否充分；接着，要根据自己的实际情况，积极利用学校提供的条件，扩大自己的目标成效。

（四）选择职业生涯路线

职业生涯路线是指一个人选定职业后选择从什么途径去实现自己的职业目标。在职业发展道路中，每个人都有适合自身发展的路径，但彼此各不相同。我们可以选择不同的行业，在同一行业里也可以选择不同的企业，在同一企业里还可以选择不同的岗位和职位。同时，在职业发展道路中还有行政管理路线和专业技术路线两种发展方向可供选择。由于发展路线互不相同，所以在职业规划中，我们必须做出选择，以便使自己的学习、生活和工作沿着设定的职业生涯路线或预定的方向前进。在选择职业生涯路线时，可以根据志向取向、能力取向和机会取向三个方面进行选择（图 10-2-1）。

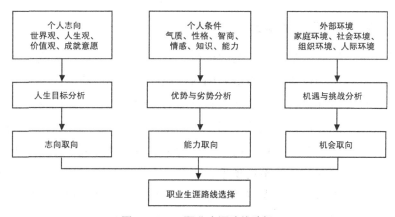

图 10-2-1　职业生源路线选择

（五）职业规划的实施

"千里之行，始于足下。"制订的规划再好，如果不实施，也是不可能实现既定目标的。这里所说的实施就是将完成目标的具体措施付诸行动，对大学生来说，主要包括学习、社会实践、技能培训等。例如，具体学习哪些技能、怎样提高能力、如何开发自己的潜能等。

（六）反馈与修正

在人生的发展阶段，由于社会环境的巨大变化和一些不确定因素的存在，会使我们的个人发展与原来制订的职业规划有所偏差，这就需要对规划进行修正和适当的调整，以更好地符合自身发展和社会发展的需要。

反馈与修正过程是个人对自己的不断认识过程，也是对社会不断认识的过程，是使职业规划更加有效的有力手段。其内容主要包括以下几个方面：

（1）自我条件重新剖析，即在实践的基础上重新认识自己、分析自己，找到自己的优势与不足。

（2）生涯机会重新评估，即结合现实的组织环境和社会、经济环境，分析自己未来发展的空间及可能性。

（3）职业生涯目标修正，即根据实际情况，重新思考与确定自己的人生与职业发展目标，使其更加切合自己的情况，更加有利于自己的发展。

（4）调整生涯发展策略，即根据新的情况和目标，重新制订和调整生涯发展策略，强化自己的优势，弥补自己的不足。

六、职业规划的意义

（一）有助于顺利完成学业

大学生能否适应教学要求、教学环境、教学过程，并通过实践环节，掌握各种各样的专业知识和技能，逐步培养创新意识，提高创新能力？大学生是否都能设计自己的成才目标，有目的地建立起自己的知识结构，更好地发挥自己的主观能动性及潜力？这些问题首先需要教育工作者对学生进行积极的引导才能解决。特别是指导学生进行职业规划，这不但有助于学生顺利完成学业，还可以帮助学生克服他们自身存在的一些不良现象，诸如，大三学生过早地"辛勤忙碌"——找工作，一部分人似乎觉得大三的功课已无足轻重，老师不抓，能逃就逃；毕业论文写得好与差都无所谓；认为早一天寻找工作，就能多一个选择机会；等等。

（二）有助于大学生克服求职中存在的问题

著名作家柳青曾经说过："人生的道路虽然漫长，但紧要处常常只有几步，特别是当人年轻的时候。"[①] 大学生就业是人生关键的一步，他们毕竟涉世未深，经验不足，择业目标不确定，容易在千千万万的职业面前眼花缭乱、无所适从、见异思迁。目前大学生择业中存在的很多问题就足以说明这一点。

以下一些求职者面试的问题，令人深思：

（1）求职者自称自己很合格，如果没有被录用，就证明公司管理人员不称职。

（2）求职者趴在地上填写申请表。

（3）求职者嚼着口香糖并不时地吹泡泡儿。

（4）求职者在严肃的面试中不停地咯咯地笑。

（5）求职者戴着耳机，还说自己能同时听招聘人员说的话和音乐。

（6）一位头发凌乱的求职者突然说声对不起就离开了，几分钟后带着假发回到办公室。

（7）求职者要求看面试主持人的履历，以便弄清这位人事主管是否有资格来判断自己。

（8）求职者宣称自己还没有吃午饭，随即在面试办公室吃汉堡包和炸薯条。

（9）在面试过程中求职者一句话也没说站起来就走了。

（10）一位求职者穿着运动服参加面试，开口要求应聘的职位是财务副总裁。

另外，有的大学生由于择业心理素质差，择业技巧和方法掌握得不好，或因受消极因素的影响，面试效果往往不理想。那么，大学生究竟如何按照自己的主、客观条件参与择业竞争，把握机会呢？我们认为，开设就业指导课可以为大学生提供解决问题的途径和办法，为他们顺利择业打好基础。

（三）有利于大学生重视素质和能力的培养

就业指导课的开设有益于大学生明确：当今全球各个国家之间日趋激烈的经济、科技乃至综合国力的竞争，实质上是智力和人才的竞争。建设社会主义强国需要高素质的人才，即有献身社会、报效国家的理想和道德，有坚实的科学基础和文化素养，务实而富于创新的开拓能力以及具备强健身心素质的人。素质是一个人在成长过程中逐渐形成的，是科学知识的学习和文学艺术的感受相互融合的结果。这种结果，反映在个人的方方面面。所以，大学生应注重对自己各方面能力的培养，特别是注重对使用现代科技工具的能力和语言表达能力的培养。我们

---

① 柳青. 创业史 [M]. 北京：中国青年出版社 .2009 年 .

在对毕业生跟踪调查中发现，不少人在工作中由于不能熟练地运用科技工具，其能力在人们眼中大打折扣。还有不少学生经过几年的大学学习，语言表达能力不强，不能明确地表达思想，措辞，普通话说不好，直接影响到社会对自己语言表达能力的认可。所以，大学生应该主动补课，弥补自己的不足。学校及时开设就业指导课有利于解决这些问题。

（四）有助于大学生树立正确的择业思想

当代大学生在社会的发展中迎来了许多新的机遇，同时又面临着更加严峻的挑战，特别是人事制度的改革，国家各级政府机构精简、人员分流，国企单位下岗人员增多，大城市人才济济，等等，这都给大学生就业带来了一定的难度。在挑战面前，大学生必须树立正确的择业理想，必须认识自我，把握自己身心特点，把择业理想建立在能够胜任的，能发挥自己优势的基础上，这样才是科学的。成功＝机遇＋掌握机遇的能力，在社会主义中国，个人获得成功的机遇很多，如果大学生具有掌握机遇的能力，就能找到适合自己的位置。教育、引导大学生树立正确的择业思想，就要使他们充分认识到，理想的职业要靠实践去实现，只有在实践中才能加深对社会的理解，正确处理理想与现实、个人与社会、人与人的关系，通过自己的职业为社会、为人民服务。

总之，成功的职业生涯设计对于毕业生的择业乃至一生的发展都有重要的意义，它有利于学生明确人生的奋斗目标，制订培训计划，从而能够自己控制自己的命运。劳动是劳动消耗的过程，更是劳动者自我价值实现的过程，不同的职业、不同的工作岗位对劳动者能力的要求不同，所收获的社会回报的程度也不同。而对社会来说，成功的职业生涯设计将使毕业生对自己未来从事的职业科学定位，能够正确认识社会竞争和自身在社会中的价值，比较顺利地解决就业问题，从而施展自己的才华，促进社会发展和进步。职业生涯设计对于人生道路来说具有战略意义，至关重要。决策正确，则一帆风顺，事业有成；反之，则弯路多多，损失多多，乃至苦恼多多，教训多多。

七、职业规划的调整

随着时代的进步，科技信息飞速发展，社会政治、经济、文化等各个方面也在不断地变化发展，这就会对我们的职业生涯产生一定的影响，因此，在职业规划实施的一定阶段，应根据实际情况对自我的职业规划进行调整。

（一）职业规划调整的必要性

调整职业规划的必要性主要体现在以下三个方面：

首先，职业规划是一个动态的概念，需要不断根据内外的变化做出调整。职业规划不是一劳永逸的，事物都是处在运动变化中的，职业规划同样需要随着时间的推移进行相应的变化。大学生正处在对自己、对社会的逐步认识过程中，自身的价值观也正处于逐渐成熟的时期，加之现实的种种不确定因素，已经制订的职业规划有时会因实际情况而有所偏差，这就需要及时对规划做出调整，从而保证个人的职业生涯顺利发展。

其次，职业生涯的不同阶段会面临不同的机遇和挑战。适时地调整可以让特定阶段的目标更现实可行。职业生涯目标是分阶段的，每个阶段都面临着无数不可预测的因素。由于自身和外部环境条件的变化，人们需要根据一定的期望或新的需要对规划进行调整。如个人计划的改变、家庭的突发事件、婚姻状况的变化等等，都会对个人有所影响，大学生们应该认识到如何调整目标、计划及行动，以适应种种变化。

最后，职业规划的调整有利于实现自我价值的最大化。进行职业规划，是希望自己的时间得到最有效的利用、能力得到最大限度的发挥，自我价值得到充分的实现。人的一生中，其兴趣、能力及目标是会随着年龄的增长而有所变化，随着个人知识、能力、经验、阅历及自信心等的增长，个人对自己的期望也越来越高，进而会对自己的职业生涯提出更高的要求，这个不断积累、不断提升的过程，有利于最大限度地实现自我价值。

（二）调整职业规划的时期

每个人职业发展的进程各不相同，其目标的实现程度也有所差别，每个人的职业生涯中，至少有四个时期会陷入"认不清发展道路"的迷雾中，会突然感觉到过去对社会、对工作、对自己的认识似乎发生了某些错误，而自己长期养成的行为习惯好像变成了事业的"绊脚石"，想改变自己，又不忍心放弃过去的付出，想变换生活方式，又担心新的选择未必最适合自己。而此时恰恰就是需要对自己的职业规划进行调整的时期。这四个时期分别是：

1. 第一个时期（14—22 岁）

在这个阶段，个人承担学生与求职者双重角色。主要的疑问是："我是谁？""我能做什么？"迷茫的主要原因是缺乏自信和社会经验。此时，可以通过不断地进行知识积累，拓展视野；通过各种科学的方法和测评，深入了解自己、客观评估自己；通过向家人、老师及专业人士咨询，获取有价值的可行性建议，进而做出职业规划。

2. 第二个时期（22—28 岁）

这一时期个人进入工作领域，逐渐熟悉组织文化，了解组织行情，建立初步的人际关系网后，开始衡量组织所提供的信息，如工作环境、职业种类、待遇等与自己的"职业梦想"是否匹配，开始偏重于提升或是更长远的发展。主要的疑问是"理想和现实不相符，我是不是需要重新选择？"迷茫的主要原因是个人的发展目标与组织提供的机会和职业通路不一致。

这一时期需要重新检查自己的职业目标，更进一步确定自己真正喜欢的行业和工作应该是怎样的，并调整下一职业发展阶段的目标和前景，适时地抓住下一个职业发展机遇。

3. 第三个时期（28—35 岁）

这是个人职业发展的重要阶段。这个阶段，个人积累了比较丰富的经验，承担起工作的责任，发挥并发展自己的能力，为提升或进入其他职业领域打基础。这一阶段属于稳中求进的时期，主要的疑问是：选择稳定的生活状态，还是选择继续提升或第二次创业。

这一时期是最需要"充电"的时期。大学生已经在社会上闯荡了三五年，知道自己缺什么、要什么，所以迫切需要充电，根据需要来提升自己。在这一阶段人们对新知识的态度就像海绵吸水一样。因此，这一时期可以安排继续学习的计划。

4. 第四个时期（35—45 岁）

主要的疑问是："接下去的岁月，应该做些什么？"有些人可能会成为管理者或咨询顾问；有些人可能仍然保持着自己原来的工作，继续专业钻研，保持技术权威地位；还有一些人，可能要被提升承担更大的责任，可能要被组织转换到另一横向职业领域，有的离开组织。在机会面前，很多人不敢贸然决定，因为从心理上理解了人生的有限，而自己也开始重新衡量事业和家庭生活的价值。在大约35—45 岁之间，会发生职业生涯危机，这正是人们通常说的"中年危机"。

"中年危机"是大部分上班族可能面对的问题，但正好也借此时对自身未来生涯再做一次思考。这个过程需要综合考虑多方面的因素，如行业专业知识、经济能力、家庭负担状况、人脉积累、身体条件、心理承受能力等等，进而确定自己未来时期的职业发展规划。

参 考 文 献

[1] 郑起越.论学科竞赛对提高大学生自身综合素质的重要性 [J].产业与科技论坛，2022，21（02）：82-83.

[2] 谭健烽，蔡静怡.疫情背景下大学生参与公益活动的影响因素研究 [J].高教学刊，2022，8（01）：27-30.

[3] 杨耿胤.大学生课外体育锻炼指导策略 [J].佳木斯职业学院学报，2022，38（01）：152-154.

[4] 林娟.大学生体育锻炼阶段及影响因素的研究——以上海理工大学为例 [J].青少年体育，2021（11）：107-110.

[5] 李庆，谷少伟.基于学科竞赛的创新型人才培养模式研究 [J].北京教育（高教），2021（11）：95-96.

[6] 许晓红.大学生身体素质影响因素及提高策略 [J].当代体育科技，2021，11（26）：131-133.

[7] 王晨馨.学生社团活动的育人价值及其策略分析 [J].就业与保障，2021（16）：178-179.

[8] 杨耿胤，韦贤辉.高职大学生身体素质水平与学校体育改革 [J].当代体育科技，2021，11（11）：229-232.

[9] 崔一喆，王秋菊，韦春波，等.大学生参与实习实践的方式创新与应用 [J].科技风，2020（36）：184-186.

[10] 谢明薇，梁凤花，练永芳.大学生身体素质影响因素及策略 [J].当代体育科技，2020，10（05）：240-241.

[11] 罗匡，张珊明，祝海波，等.大学生心目中理想大学形象的调查与反思 [J].煤炭高等教育，2020，38（01）：68-73.

[12] 齐海涛.每周一次体能课对大学新生体质的影响 [J].体育世界（学术版），2020（02）：171-172.

[13] 姬建锋，万生新.大学生创新创业教育 [M].西安：陕西人民出版社，2019.

[14] 沈丽娟.社团活动对高职学生就业能力影响因素分析 [J].南宁职业技术学院学报，2018，23（05）：51-57.

[15] 赵建华.大学生实践能力的概念、结构与影响因素分析 [J].中国大学教学，2009（07）：67-69.

[16] 李龙，李晨光，陈恒英，等.大学生心理健康教育 [M].重庆：重庆大学出版社，2018.

[17] 王雨静，郭雷.大学生实习与就业中的权益维护 [M].北京：中国政法大学出版社，2018.

[18] 李旭，邵昌玉，郑涵予.大学生心理健康与积极成长 [M].重庆：重庆大学出版社，2018.

[19] 吴亚梅，龚丽萍.大学生创新创业教程 [M].重庆：重庆大学出版社，2018.

[20] 王淙一，漆昌柱.大学生人际关系与家庭功能的相关性研究 [J].教育学术月刊，2017（09）：96-102.

[21] 王长青.大学生职业生涯规划与发展 [M].南京：南京大学出版社，2017.

[22] 胡楠，郭冬娥，李群如，等.大学生职业规划与就业指导教程 [M].北京：人民邮电出版社，2017.

[23] 曹勇.当代大学生社会实践的理论探索与实践创新 [M].重庆：重庆大学出版社，2015.

[24] 于涛，阿不都卡迪尔·艾海提，陈蕾，等.大学生心理发展与教育 [M].北京：人民邮电出版社，2015.

[25] 戴庆，熊馨，林洁梅.信息检索与应用 [M].北京：人民邮电出版社，2014.

[26] 吴海峰.大学图书馆阅读文化的多视角研究 [M].郑州：大象出版社，2014.

[27] 艾东明.大学生体质健康研究 [M].北京：新华出版社，2014.

[28] 沈秀琼.大学图书馆导读策略 [M].北京：人民邮电出版社，2013.

[29] 李青云.网络文化下的大学生人际交往 [J].剑南文学（经典教苑),2012(06)：271.

[30] 秦海燕.大学生人际交往存在的问题及对策研究 [J].改革与开放,2010（04)：99.